Axel Johannessen

Die epidemische Verbreitung des Scharlachfiebers in Norwegen.

Eine von der Universität zu Kristiania mit der goldenen Medaille des Kronprinzen

belohnte Preisschrift

Axel Johannessen

Die epidemische Verbreitung des Scharlachfiebers in Norwegen.
Eine von der Universität zu Kristiania mit der goldenen Medaille des Kronprinzen belohnte Preisschrift

ISBN/EAN: 9783743314207

Hergestellt in Europa, USA, Kanada, Australien, Japan

Cover: Foto ©Thomas Meinert / pixelio.de

Manufactured and distributed by brebook publishing software (www.brebook.com)

Axel Johannessen

Die epidemische Verbreitung des Scharlachfiebers in Norwegen.

Die epidemische

Verbreitung des Scharlachfiebers

in Norwegen.

Eine von der Universität zu Kristiania mit der goldenen Medaille
des Kronprinzen belohnte Preisschrift.

Von

Dr. Axel Johannessen.

Kristiania.
Verlag von Jacob Dybwad.
1884.

Vorwort.

Die Resultate, zu welchen diese Abhandlung gekommen ist, sind wenig bestimmt, und die Folgerungen nur mit schwachen Umrissen gezogen.

Aber — wie ich die wissenschaftliche Arbeit auffasse, habe ich vor Augen, dass es nicht deren Ziel und Aufgabe ist, luftige und ephemäre Hypothesen aufzubauen, sondern ernst und gewissenhaft an den Grundmauern zu arbeiten und zu dem Gebäude beizutragen, welches zukünftige glücklichere Geschlechter errichten sollen.

Daher ist es mein Bestreben gewesen, so sorgfältig und genau als möglich die nicht wenig zahlreichen Thatsachen und Erfahrungen, die in unserer einheimischen Literatur vorliegen, zu sammeln, nach den modernen Anschauungen zu ordnen und sie in den Gesichtskreis der allgemeinen medicinischen Auffassung hinein zu bringen, mit bestimmtem Hinweis auf diejenigen Punkte, worin sie von derselben abweichen oder dieselbe berichtigen — und, wo ich geglaubt habe etwas Neues geben zu können. stets dasselbe mit der grösstmöglichen Reservation vorzubringen. Möglich ist es, dass die Genauigkeit langweilig geworden ist, und dass die Thatsachen Gefahr laufen, unterzugehen in der grossen Menge Namen und Zeitangaben. Aber — das Buch ist ja nicht ausschliesslich für ein ausländisches Publikum bestimmt, für welches die specifischen Verhältnisse meines Vaterlandes fern und gleichgültig sind, es sucht auch seinen Leserkreis unter den Collegen in der Heimath, welche die genannten Weitläufigkeiten vollkommen verstehen werden.

In dem Abschnitt „Literatur" habe ich — vielleicht etwas ausführlicher als nöthig — die Norwegischen Medicinalberichte behandelt. Der Grund hierfür ist theilweise der, dass soweit mir bekannt, eine solche Zusammenstellung nicht vorliegt, theilweise der, dass ich die Bedeutung der Medicinalberichte als Angabequellen präcisiren und für

dieselben als verhältnissmässig sichere und genaue Materiale, Anerken-
nung verlangen möchte.

Ich mache darauf aufmerksam, dass sich in den Berechnungen
Tabelle VIII, IX und X (z. B. für die Stadt Kristiania) einzelne Punkte
nicht übereinstimmend zeigen; dieses hat seinen Grund darin, dass in
Tabelle VIII zum Theil die Volkszählung für jedes Jahr (Kristiania)
theils die b e r e c h n e t e Einwohnerzahl für jedes Jahr benutzt wurden,
während in Tabelle IX und X die Resultate der Volkszählungen für
1865 und 1875 angeführt wurden. Ebenso werden Tabelle IV auf
der einen Seite und Tafel A und B auf der andern Seite nicht ganz
übereinstimmen. Dieses hat seinen Grund darin, dass zu den Tafeln
sämmtliche bekannte Fälle benutzt wurden, wogegen auf Tabelle IV
nur die von den Aerzten angemeldeten angeführt sind.

Ein Jeder, der weiss, was es sagen will, ein Buch in einer
fremden Sprache auszugeben, wird leicht die Schwierigkeiten zu wür-
digen verstehen, mit welchen ich zu kämpfen gehabt habe, und bitte
ich um ein schonendes Urtheil über Sprachfehler und Mängel.

Ich muss sehr bedauern, dass die ersten Bogen schon gedruckt
waren, als ich die Gelegenheit bekam, mich mit der zweiten Ausgabe
von Hirsch: „Handbuch der historisch-geographischen Pathologie" bekannt zu machen.

Die Citate in der Einleitung Seite 4 ff. sind meistentheils nach
Häser: „Lehrbuch der Geschichte der Medicin. Jena 1875", denn nur
wenige von den Originalwerken sind mir zugänglich gewesen.

Inhaltsverzeichniss.

— ‒

Druckfehler.

Seite 96, 2. Zeile von unten: fest, abgehärtet, statt widerstandsfähig.
Seite 140: A r n s heim statt Drontheim.

Einleitung.

In der Geschichte der Menschheit geschieht es wohl einmal, dass neue Krankheiten wie aus unbekannter Tiefe plötzlich auftauchen, um in voller Waffenrüstung ihren Verheerungszug durch alle Völkerschaften, alle Alter, alle Stände anzutreten. Es geht dann, wie damals, als die Mongolen und Tartaren Europa überschwemmten, wo der Schrecken und die Verzweiflung Hand in Hand gingen mit dem Staunen über das Dunkle und Geheimnissvolle, das den Ursprung des Feindes umgibt, und über das Proteushafte und Unberechenbare in seiner Erscheinung und Kriegsführung, und dazu kommt noch — was das Schlimmste ist — die trostlose Erkenntniss der Unzulänglichkeit und des Unvermögens, die Gefahr abzuwenden und dem heranstürmenden Unglücke einen wirksamen Damm entgegenzusetzen.

Eine solche Krankheit war das Scharlachfieber, als es zum ersten Mal im Anfang des 17. Jahrhunderts in Europa auftauchte und damit den Anfang seines epidemischen Auftretens machte.

Allein — wie Niemand zweifelt, dass die Hunnen und Mongolen schon existirten, bevor sie ihre Wanderungen anfingen. so darf man doch wohl mit Wahrscheinlichkeit annehmen, dass diese „neuen" Krankheiten mehr nur als ein plötzliches Auflodern bereits glimmender Kohlen betrachtet werden müssen und keineswegs als wirklich neu entstanden aufzufassen sind.

Wohl ist es wahr, dass die moderne Naturwissenschaft so manches „Warum?" und „Wie?" nicht beantworten kann. welches man von den verschiedensten Seiten an dieselbe richtet. aber darum kann sich dieselbe doch schwerlich mit der Berufung auf eine Art von generatio aequivoca abspeisen lassen; es ist nur dem ganzen Charakter und der strengen Nüchternheit dieser Disciplin gemäss, wenn sie sich das Entstehen einer Krankheit nicht anders als in Analogie mit constatirten

Thatsachen denken kann und darum ihre Gesetze und eigenthümliche Logik auch auf derartige Krankheiten anwendet und auch in ihnen ein bestimmtes Verhältniss zwischen Ursache und Wirkung zu erkennen begehrt.

Es ist also gewiss mit Unrecht, dass einzelne Verfasser (z. B. Bohn in Gerhardts Handbuch der Kinderkrankh. B. II, S. 252) das Scharlachfieber wie eine zweite Minerva im Anfang des 17. Jahrhunderts völlig fertig hervorspringen lassen, — oder wie Andere (z. B. Hirsch, Handbuch der histor.-geograph. Pathologie B. I S. 235) jede Bestrebung durch das Mittelalter und Alterthum hinauf den Spuren der Krankheit nachzuforschen in absurdum zu reduciren suchen.

Es scheint im Gegentheil nicht allein der vorliegenden Krankheit, sondern auch des medicinischen Denkens und der naturwissenschaftlichen Anschauung im Allgemeinen wegen von keinem unbedeutenden Interesse sein zu müssen, die Entwickelungsgeschichte des Scharlachfiebers — oder vielmehr die Verbindung und den Zusammenhang desselben mit der Vorzeit und den Weg aus der dunklen verworrenen Tiefe, bis es zum vollen Verständnisse an den Tag tritt, zu untersuchen.

Die moderne Auffassung kennt nur eine Weise, auf welche das Scharlachfieber entsteht, nämlich Austeckung und wieder Ansteckung. Die Ansicht, dass das Scharlachfieber, wenn auch nur ein mal auf andere Weise — von selbst, autochthon — entstanden ist, und die Consequenzen dieser Ansicht können mit der naturwissenschaftlichen Auffassung der jetzigen Zeit und den wohlconstatirten Thatsachen nicht in Einklang gebracht werden.

Von diesem Standpunkte betrachtet scheint es der modernen Krankheitsauffassung völlig gemäss, zu versuchen, ob es nicht gelingen möchte, allenfalls ein Streiflicht über die frühere Geschichte des Scharlachfiebers zu werfen.

Ein solcher Versuch wird allerdings mit bedeutenden Schwierigkeiten verbunden sein, denn man muss bedenken, dass der Begriff: acute exanthematische Krankheiten, als specifische Krankheitsprocesse betrachtet, eine der allerneuesten Zeit angehörige Abstraction ist. Die Aerzte des Alterthums und Mittelalters sahen in diesen sehr oft nur verschiedene Offenbarungen der „Febris pestilens", zu welcher sie einen grossen Theil der epidemischen Krankheiten zählten.

Allein — diese Verwirrung der Auffassung und dieser Mangel an Verständniss dieser Krankheitsprocesse ist es nicht, was der medicinische Geschichtsschreiber als specifisch für die älteren Zeiten ansieht: gerade bis zu unseren Tagen trifft man Confusion. Geschweige, dass Wedemeyer in seiner ausgezeichneten Schrift: Historia scarlatinae nuper Göttingae grassat. (1785) die Meinung äussert, dass die Masern „beim Uebergange der discreten Flecken in eine gleichmässige Röthe" sich allmählich in Scharlachfieber verwandeln, so erzählt der französische Kliniker Bouchut[1]), dass sogar zu seiner Zeit (1835—1845) das Scharlachfieberexanthem an der Pariser Akademie fast als eine einfache Hautentzündung betrachtet wurde.

Und macht man sich mit der Literatur vom Anfange dieses Jahrhunderts, welche sich mit dem Verhältnisse zwischen Scharlachfieber und Diphtheritis beschäftigt, bekannt, wird es frappant sein, wieviel Verwirrung bei der Anschauung der Reciprocität dieser beiden Krankheiten existirt: man wird dann sehen, dass Diphtheritis zuweilen für eine neue Krankheit vom Anfange des 17. Jahrhunderts (also gleichzeitig mit dem Scharlachfieber)[2]), zuweilen für eine von den Alten wohl gekannte und beschriebene Krankheit[3]) erklärt wird, wie sie bald als eine besondere Affection[4]), bald als eine mit „Febris scarlatina" oder allenfalls mit einer „scarlatinosen Constitution"[5]) immer verbundene Krankheit aufgefasst wird, bald, dass sie mit dem Scharlachfieber verbunden sein kann, sowie, dass dies nicht der Fall zu sein braucht[6]).

Man wird sich also nicht wundern, dass in einer noch ferneren Vorzeit Unklarheit über die genannten Verhältnisse geherrscht hat.

Gewiss ist es, dass man annehmen muss, dass Diphtheritis von den Alten gekannt gewesen ist. Littré hat in seinem Werke: Oeuvres d'Hippocrate X, 1 ff. auf den von Hippocrates in Epidemior. libr. VI beschriebenen „Husten" in Perinthus in Thrakien aufmerksam gemacht, wo ungefähr 40 Tage nach dem „Husten" Nyktalopie, Angina und Lähmungen entweder der Ober- oder Unterextremitäten

---

[1]) Histoire de la médecine et des doctrines médicales 1873 (citirt nach Jul. Petersens: Lägekunstens Historie. Kjöbenhavn 1876, Side 159).

[2]) Vergl. Munk: Om de herskende Sygdomme i og omkr. Skien 1824. „Eyr" 1ste B. 1826.

[3]) Monroe: Sammlung auserles. Abhandl. z. Gebrauch für prakt. Aerzte. B. 5. S. 193.

[4]) Sprengel: Prognostische Geschichte der Arzneikunde. Th. 5 S. 425.

[5]) J. P. Frank: De curandis hominum morbis. Mannheim 1792. Lib. 11. § 175; auch Heberden: „Commentoren", übersetzt von Niemann, Leipzig 1805, 5, 30 u. 33.

[6]) Vergl. Bang: Praxis medica. Hafniæ 1818 pag. 170 u. 191.

sich einstellten. Ebenfalls wird im Talmud eine Krankheit: Askera ($\check{\varepsilon}\sigma\chi\alpha\varrho\alpha$) erwähnt, die als Epidemie auftreten kann.

In seiner Schrift: De morbis acutis hat Aretäus die berühmten Ulcera aegyptiaca vel syriaca [1]) beschrieben, die nach Häsers [2]) Ansicht sich unzweifelhaft auf Diphtheritis beziehen, die aber von Anderen (z. B. Munk a. a. O.) für scorbutisch gewesene Ulcera oder sogar Aphthæ gehalten werden, — was man doch nicht nach dem Durchlesen der betreffenden Stelle haltbar finden kann.

Auch Archigenes [3]) erwähnt die diphtheritischen Ulcera.

Merkwürdig klar ist die Beschreibung von Aëtius über die Pest- und Brandwunden im Schlunde und seine Andeutung der Lähmung des Velum palatinum.

Die Erwähnung der Diphtheritis ist bei den arabischen Aerzten zu unbestimmt, um in Betracht zu kommen.

Im Mittelalter kamen häufig Epidemien der Diphtheritis, die man Equinanci, Pestilentia faucium und dergleichen nannte, vor. — Die ersten deutlichen Nachrichten der neueren Zeit rühren von Spanien her, wo sie von 1583—1618 wüthete. Von 1620 an verheerte sie abwechselnd Italien und Spanien. Es giebt nur einen Verfasser (Mercatus: Charta imperialis de morbo suffocativo Madr. 1620), der andeutet, dass ein Exanthem damit verbunden war.

Uebrigens scheint es, als wenn man Diphtheritis bis zu den grossen Epidemien in England, Frankreich und Deutschland Anfangs und Mitte des 18. Jahrhunderts von den acuten exanthematischen Krankheiten ausgeschlossen hätte, und als ob diese Epidemien [4]) die Meinung hervorgebracht haben, dass Diphtheritis mit dem Scharlachfieber [5]) identisch sei — welche Meinung ja auch in unseren Zeiten an vielen Stellen die allgemeine ist.

Soll man einen Versuch machen, die Geschichte einer exanthematischen Krankheit zu schildern, muss man sich — wie oben erwähnt — genau erinnern, dass die Blattern, Masern und das Scharlachfieber vom Anfange an ineinander fliessen. Die Blattern differenziren sich zuerst, oft aber confluiren die Krankheitsbegriffe. Die Stelle, wo

---

[1]) Aegypten und Syrien werden auch zu unseren Zeiten häufig von Diphtheritis verheert.

[2]) Lehrbuch der Geschichte der Medicin und der epid. Krankh. III S. 430.

[3]) Häser: Histor.-pathol. Untersuchungen II. S. 272.

[4]) Häser a. a. O. S. 466.

[5]) Es scheint demnach, als wenn die von Hirsch a. a. O. S. 235 angeführte Meinung von einer schon in den früheren Zeiten stattgefundenen Zusammenmischung des Scharlachfiebers und der Diphtheritis nicht Stich hält.

„Morbilli" — welches die lateinische Uebersetzung von Rhazes' Hasbah ist und worin das Scharlachfieber bestimmt einbegriffen zu sein scheint — zum ersten Mal genannt werden, findet sich in der Schilderung des arabischen Geschichtsschreibers El Wagidis [1]) (im Anfange des 9. Jahrhunderts) von der Belagerung Mekka's im Jahre 569 oder 571 während des sogen. „Elephantenkrieges". Damals wurde das Heer der Abyssinier von einer Krankheit aufgerieben, deren Ursprung man dergestalt beschreibt, dass „Vögel" mit Steinen, die sie auf die Belagerer fallen liessen, vom Meere kamen. So erschienen zuerst Elgedri (Blattern) und El hasbah [2]) (Morbilli).

Es verdient bemerkt zu werden, dass diese Belagerung in die Zeit der justinianischen Pest (531—580) fällt. Zwar darf man sich nicht für berechtigt halten — wie Krause [3]) es gethan hat — aus den Worten: ἐς τὸν λαιμὸν κατῄει (stieg in die Kehle hinab) in Evagrius' Beschreibung dieser Pest zu schliessen, dass genannte Seuche Scharlachfieber gewesen ist. Aber beim Durchlesen der Beschreibungen von [4]) Evagrius [5]) und Procop [6]) erhält man den bestimmten Eindruck, dass ausser einer Art Bubonpest oder im Verein mit derselben andere, wahrscheinlich exanthematische Krankheiten vorgekommen sind [7]).

Es scheint auch mehr als Zufall, wenn der französische Verfasser Marius von Avenches von einer in Italien und Frankreich im Jahre 570 herrschenden Krankheit berichtet, welche offenbar als Pocken gedeutet werden muss, und Gregor von Tours [8]) für das Jahr 580 erwähnt: Magna igitur eo anno lues in populo fuit: Valetudines variae milinae ... u. s. w. Willan übersetzt milinae mit „sicknesses of the miliary kind". Der Ausdruck selbst scheint darauf zu deuten, dass „Morbilli" am Schlusse des 6. Jahrhunderts im westlichen Europa bekannt gewesen sein dürften.

Es kommt mir vor, als ob die zusammentreffenden Beschreibungen

---

[1]) Sprenger: The life of Mohammed (1857).

[2]) Sprenger a. a. O. S. 35.

[3]) Krause: Ueber das Alter der Menschenpocken und anderer exanthemat. Krankheiten. Hannover 1825.

[4]) Häsers Uebersetzung.

[5]) Evagrius Hist. ecclesi IV, 29.

[6]) Procop: De bello Persico II S. 22.

[7]) Malfatti: Hufelands Journal XII, Heft 3, S. 120 erklärt auch die Tukydideische Pest für Scharlachfieber, diesem aber gegenüber kann man in die Bemerkung von Hirsch einstimmen, dass das Scharlachfieber eine Art Koran zu sein scheint, worin Jeder findet, was er sucht.

[8]) Hist. Franc. IV. 14.

als ein Fingerzeig zur Deutung der grossen Epidemien, welche zu den genannten Zeiten Europa heimsuchten, benutzt werden können.

Die erste selbstständige Abhandlung über „Morbilli" ist die berühmte Schrift von Rhazes: De variolis et morbillis („Dschedrij" und „Hasbah"). Er sieht „Morbilli" für eine Varietät der Pocken, mit grösserer Gefahr aber als diese verbunden, an [1]): „Morbillus autem est majoris timoris quam variolae nisi in oculo." Er sieht eine Verunreinigung des Blutes im Fötalleibe mit dem während der Schwangerschaft nicht ausgeschiedenen Menstrualblute als Ursache der Krankheit an. Die Krankheit beruht nun — unter dem gebrauchten Bilde der Gährung des Weines — auf einem Auflodern dieser Stoffe und ist desshalb ein für die Gesundheit nothwendiger Process. „Hasbah" tritt oft nach einem warmen und trockenen Herbste auf.

Der griechische Uebersetzer, der im 14. Jahrhundert lebte, giebt „Hasbah" mit: εὐλογία wieder und setzt hinzu: „grössere Hitze im ganzen Körper, Entzündung und Glanz der Haut, hauptsächlich aber starke Röthe des Schlundes sind die gewöhnlichen Zeichen der εὐλογία".

Der erste griechische Arzt, welcher „Hasbah" beschreibt, ist Synesius, der im Anfange des 11. Jahrhunderts eine Bearbeitung der arabischen Schrift „das Reisehandbuch" (Zadal Masafer) von Abu Dschafer Ahmed el Dschessar (gewöhnlich Algazirah genannt) lieferte. Diese in mehreren Beziehungen räthselhafte Schrift, deren Name ἐφώδης ist, beschreibt Krankheitsformen, die mit Pocken und Scarlatina miliaris grosse Aehnlichkeit haben.

Die beste Kenntniss der Ansichten der Araber über Morbilli erhält man durch das Studium der Schriften der abendländischen Arabisten, wie des Constantius Africanus, Michael Scotus, Petrus Hispanus und anderer, sowie sie in einer von Häser aus der Vergessenheit hervorgezogenen Schrift von Grüner: de variolis et morbillis fragmenta medicor. arabistum u. s. w., Jena 1790 zusammengestellt sind. — Ausser den früher genannten Ansichten von Rhazes werden „Morbilli" (der Galenischen Humoralpathologie gemäss) als in einer gewissen Beziehung zur Galle stehend beschrieben, während Pocken zum Blute in Beziehung stehen sollen. „Morbilli" können zu jeder Zeit vereinzelt vorkommen, oft aber gewinnen sie sehr bedeutende Verbreitung und sind dann häufig Vorboten der Pest. Von einzelnen, besonders späteren Aerzten wird ein Contagium, das jedoch eine untergeordnete Rolle spielt. erwähnt:

---

[1]) Rhazes: Divisiones, cap. 159.

„Et nos addimus, quod quandoque moventur a contagione ex aliqui-
bus" (Menghus Faventinus). Die genannten Aerzte beschrieben „Morbilli" als eine Abart der Pocken, nicht des Exanthems wegen, welches
sie zu unterscheiden gut verstanden, sondern wegen der Gleichheiten
der Ursache und der Vorläufer. Dagegen scheint es aus mehreren
Berichten hervorzugehen, dass der gemeine Mann verschiedene Be-
nennungen der Krankheiten, welche die Aerzte unter „Morbilli" rechneten, hatte. So nannte das Volk in Mailand diese Krankheit „Sofersa" und „Rossagia".

Bei du Cange heisst es[1]: „Sturola vel scurolae, Gallio
Rougeolle". — Michael Scotus erwähnt vier Krankheiten, die jeder
Mensch durchmachen muss: variolae, sturolae, fersæ (wahrscheinlich
mit sofersa identisch) und scabies humida vel sicca. —

Nach dem oben Angeführten scheint es nicht unwahrscheinlich
anzunehmen, dass zu den Namen des gemeinen Mannes, Sofersa,
Scurola[2]), Rougeolle, Rossagia, und den „Morbilli" der Aerzte auch
das Scharlachfieber gezählt wird, und dass man hierdurch den rothen
Faden, wenn auch schwach und wenig markirt, erblicken kann.
Desshalb aber braucht man nicht zu läugnen, dass das Scharlachfieber in den letzten zwei Jahrhunderten an Häufigkeit mag zugenommen haben. Man soll als Causalitätsmomente nur die ver-
mehrte Communication, die Verbesserung der Diagnose, die abneh-
menden Pockenepidemien andeuten, wodurch (cf. Häser a. a. O. S. 69)
es denkbar sein kann, dass eine grössere Zahl Kinder vom Scharlachfieber ergriffen werden können.

In der neueren Zeit ist es wiederum vom gemeinen Manne, dass
man Andeutungen des Scharlachfiebers finden kann, indem in Volks-
schriften von dem 16. Jahrhundert hie und da von „Rothsucht" gesprochen wird[3]).

Um das Jahr 1550 beschreibt Ingrassia[4]) ein acutes Exanthem,
das bestimmt auf das Scharlachfieber hinzuweisen scheint: „Alteram
vero idcirco rossaniam nuncupant, quonam maculae per universum cor-

---

[1]) Häser III. B. S. 67.

[2]) „Scurola" scheint (cf. Häser a. a. O. S. 69) schon im Namen auf Scarlatina hinzudeuten.

[3]) Häser a. a. O. S. 383.
    Häser (a. a. O. S. 421) erwähnt eine von Corradi (annali III, S. 56) hervor-
gezogene Nachricht, wo der Name Scarlatina zum ersten Mal genannt wird.
Also rührt der Name nicht von England, wie Bohn meint (a. a. O. S. 253) oder
von Sydenham, dem Hirsch denselben zuschreibt (a. a. O. S. 253), her.

[4]) De tumoribus praeter naturam. Neap. 1535.

pus plurimae magnae ac parvae, ignitae ac rubrae cum vix effatu digno tumore, instar multa seorsum distincta erysipelata, dispersae sunt, ut totum corpus ignitum appareat. Utrumque horum [1]) vulgaris ut ejusdem generationis cum variolis et morbillis existimant."

Im Jahre 1583 kam auf Sicilien eine „erysipelasartige Epidemie", welche man sicherlich als Scharlachfieber auffassen muss (Corradi annales II), vor. Allein die ersten unzweifelhaften Nachrichten von dem epidemischen Auftreten desselben fallen in die erste Hälfte des 17. Jahrhunderts.

Schon 1624 kam Gregorius Horst's: „Kurtze nothwendige Bericht. Erstens, Von den Vrschlechten oder Kindsblattern, wie auch Masern, Röteln, Rotesucht oder Kindsflecken u. s. w., Giessen 1624" heraus; es sind aber Daniel Sennert in Wittenberg und sein Schwiegersohn Döring in Breslau (1627), denen die Ehre für den ersten klaren und deutlichen Bericht über das Scharlachfieber gebührt.

Die Beschreibung Sennerts ist zum Theil von der oben erwähnten Schrift Ingrassias geliehen, enthält aber mehrere gute, selbständige Observationen, z. B. die Abschälung und die Wassersucht: „cutis sqvamarum instar decidit, mox pedes ad talos et suras usque intumescunt, hypochondria laeduntur, respiratio difficilior redditur, tandemque abdomen intumescit."

Hirsch (a. a. O. 235) behauptet, dass das Beziehen Sennerts auf Ingrassias „Rossania" „entschieden mit Unrecht" geschieht, führt aber doch keinen Beweis dafür. Es scheint mir diese Behauptung auch wenig haltbar zu sein; erstens ist nämlich die Beschreibung Ingrassias, was das Exanthem und die Krankheit betrifft, deutlich und klar, zweitens hat man zu bedenken, dass Sennert (oper. VI. pag. 403) sich auf Ingrassia bezieht nicht allein bei der Beschreibung des Exanthems, sondern auch bei der Schilderung der Localisation der Krankheit im Pharynx und in anderen Organen — sogar in den Gelenken („ut in arthriticis"); Sennert ist auch selbst davon überzeugt. dass die von ihm beschriebene Krankheit mit der von Ingrassia beschriebenen identisch ist. Dass die Meinung, nach welcher die Beschreibungen dieser beiden Verfasser derselben Krankheit gelten, auch früher die allgemeine gewesen ist, geht aus einer Göttinger Dissertation vom Jahre 1793 von einem Norweger [2]) hervor. Hier wird ausdrück-

---

[1]) Die „andere" Art Ausschlag, welche früher erwähnt wird, scheint „miliaria" zu sein.

[2]) Nelle: De epidemia scarlatina in Norvegiæ oppido Frederikshald observata pag. 10.

lich gesagt, dass der italienische Name des Scharlachfiebers, „Rossalia",
im 17. Jahrhundert von den Breslauer Aerzten adoptirt wurde.

Etwas später als Sennert und Döring beschrieb Winsler [1]) eine
Epidemie des Scharlachfiebers in Brieg (1642) und Fehr ebenso eine
in Schweinfurth (1652).

Winsler beschreibt das Scharlachfieber als „Morbilli ignei" und
macht — wie auch Sennert — aufmerksam auf die Angina: „qui
quidem statim de summa deglutiendi difficultate conquesti sunt, etsi
nihil tumoris vel intra vel extra conspiceretur. Nonnulli suffocati
sunt".

Aus diesen beinahe gleichzeitigen Beschreibungen will Hirsch
(pag. 235) den Schluss ziehen, dass die Krankheit früher kaum gekannt gewesen sein konnte; er findet es nämlich auffallend, dass nach
der Arbeit Sennerts und theilweise von dieser unabhängig mit
einem Male eine derartige Literatur hervorwächst. Dieser Auffassung
kann aber mit der Einwendung begegnet werden, dass man selbst in
unsern Tagen häufig sieht, wie eine neue Krankheit, wenn dieselbe
einmal „entdeckt" ist, eine Reihe Beschreibungen und Beobachtungen
veranlasst, ohne dass es Jemandem einfällt, die Präexistenz der betreffenden Krankheit in Zweifel zu ziehen. Auch daran ist zu erinnern, dass sowohl die früheren Verfasser wie auch Sennert die Krankheit als selten beschreiben (Sennert: „Rarior quam variolis et morbillis"). —

Muss nun aber auch den Deutschen die Ehre zuerkannt werden,
die ersten klaren Beschreibungen der Krankheit geliefert zu haben,
so ist das Scharlachfieber in das allgemeine medicinische Bewusstsein
doch erst von England aus durch Sydenham und Morton eingeführt worden.

Der Letztgenannte erwarb sich ein grosses Verdienst durch die
Genauigkeit seiner Schilderung der Krankheit, trug aber nicht wenig
zu der Confusion bei, die in Bezug auf die Auffassung derselben geherrscht hat, indem er dieselbe nur als eine Abart der Masern ansah.
Sydenham accentuirte dagegen auf Grund seiner Beobachtungen
während der Epidemien in London von 1661—1675 die Specificität
der Krankheit, wenn er auch ihre Bedeutung noch verkannte („morbi
nomen, vix enim altius assurgit").

Die furchtbare Epidemie in London 1689 brachte jedoch richtigere
Ansichten über die Gefährlichkeit der Krankheit zur Geltung.

----

[1]) Winsler: Ephemer. natur. curios.

Es liegt nicht im Plane dieser Arbeit, auf die alten, „die epidemische Constitution" betreffenden Hypothesen und auf die supponirte Alternirung zwischen den typhösen und den pestartigen Krankheiten auf der einen Seite und den acuten Exanthemen auf der anderen näher einzugehen; ein paar Punkte verdienen jedoch eine nähere Beachtung: Nachdem das stark typhöse Gepräge des 17. Jahrhunderts in der Pest, welche Europa in den ersten Decennien des 18. Jahrhunderts verheerte, so zu sagen culminirt hatte, hatte es den Anschein, als ob die bis dahin zurückgedrängten exanthematischen Krankheiten und acuten Entzündungen neue Kraft gewonnen hätten, und dieselben erlangten zwischen dem Jahre 1725 und 1770 eine grosse Ausdehnung.

Hauptsächlich waren es das Scharlachfieber, die Rose, Dysenterie, das Wochenfieber und „Angina maligna", welche sich nun zeigten. Um 1750 wurde Frankreich vom Scharlachfieber verheert; England war schon seit 1739 von einer heftigen gangränösen Angina heimgesucht worden. In den 50er Jahren kam das Scharlachfieber dazu. Um diese Zeit (1750) erschien die berühmte Arbeit Fothergills, in welcher die Contagiosität stark betont und zugleich ausgesprochen wird, dass die Infection beim Einathmen des Giftstoffes stattfindet.

Besonders gegen 1770 nahm das Scharlachfieber einen bedeutenden Aufschwung und breitete sich — theilweise in Verbindung mit Diphtheritis über einen grossen Theil Europas aus. Im Norden trat das Scharlachfieber in dieser Periode [1]) in den Jahren 1735, 1741, 1748 auf, welche drei Epidemien als sehr ausgebreitet geschildert werden — ferner 1760 und 1762 — für welche Jahre eine „Constitutio scarlatinosa" [2]) angenommen wird — und endlich in den Jahren 1765—1766, 1770—1771. —

Zwischen 1770 und 1775, in welcher Periode die typhusartigen Krankheiten ziemlich ganz Europa verheerten, traten die acuten Exantheme mehr in den Hintergrund, um nach der Mitte der 70er Jahre wieder mit grosser Heftigkeit hervorzutreten. Besonders gilt dies vom Scharlachfieber.

Mehrere dieser Epidemien der Scarlatina waren gutartig, wie z. B. diejenige von 1790—1795, andere dagegen bösartig, wie z. B. diejenige im Jahre 1776, diejenige im Jahre 1785 in Genua und die grosse Epidemie in England und Deutschland, wo in Sachsen allein 40 000 Kinder der Krankheit unterlegen sein sollen (1795—1805). Im

---

[1]) Ilmoni: Bidrag till Historien om Nordens Sjukdomar. Helsingfors 1853. passim.

[2]) Ilmoni: 3. Theil, pag. 580.

Norden kam das Scharlachfieber in dieser Periode häufig vor; so in
Kopenhagen (1776—1777), in Schweden und Finland (1780—1782);
desgleichen in den 90er Jahren; die Krankheit scheint jedoch in
diesen letztgenannten Jahren weniger bösartig aufgetreten zu sein.
Hinsichtlich der Berichte über die grosse Bösartigkeit der Krankheit in England und Deutschland ist die Ansicht, die von einer Mehr-
zahl der unbefangenen Beobachter der damaligen Zeit getheilt wurde,
von ziemlich grossem Interesse, diejenige nämlich, dass der gegen den
Schluss des Jahrhunderts alleingewaltige Brownianismus mit seiner
schweisstreibenden und erhitzenden Behandlung in hohem Grade zu
der Malignität der Krankheit beigetragen habe [1]. —
Hier muss eine etwas dunkle Krankheit, die in Verbindung mit
dem Scharlachfieber gebracht wird, erwähnt werden, die sogenannten
„Friesel" nämlich, die, wie es scheint, erst im 17. Jahrhundert in
der Literatur aufgetreten sind. Die ersten, welche Epidemien hiervon beschrieben haben, sind: Hoppe: De purpura dissertatio medica,
Lips. 1652, und Welsch: Historia medica novum istum puerperarum
morb. continens, qui ipsis „der Friesel" dicitur. Lips. 1655. Welsch
beschreibt die Friesel als eine exanthematische Krankheit, besonders
bei Puerperae, und das Exanthem selbst als: „Rubor cum insigni calore,
cutis inaeqvabilis, asperitas, pruritus." Auf der Höhe der Krankheit
entwickeln sich Knoten: „seminis milii instar". Die Krankheit wird
oft von Convulsionen begleitet; in den geheilten Fällen tritt Abschuppung ein. Welsch nennt die Krankheit: „Febris maligna miliaris".
Gleichzeitige Verfasser sahen sie theils als eine Form der scorbutischen
Dyscrasie an, theils als eine aus Indien herstammende Krankheit,
theils als eine Folge des starken Gebrauches des Kaffees (Fr. Hoff-
mann). Boerhaave dagegen erklärte sie für ein Kunstproduct, eine
Wirkung der incitirenden Behandlung des Brownianismus [2].
Gegen das Ende des 18. Jahrhunderts hatte diese Meinung bei
den deutschen Aerzten Bürgerrecht erworben, woraus es zu erklären
ist, dass die Friesel im Anfange des 19. Jahrhunderts plötzlich aus
den pathologischen Lehrbüchern verschwanden.
Nach Hirsch [3] müssen die „Friesel" in zwei Abtheilungen getheilt werden; die eine, die er „Schweissfriesel" nennt, wird als epi-

---

[1] Vergl. Stieglitz: Versuch einer Prüfung und Verbesserung der jetzt gewöhnlichen Behandlungsart des Scharlachfiebers. Hannover 1807.
[2] Ilmoni: l. c. 3. Theil, pag. 44 ist theilweise auch geneigt, den Grund in
der angewandten Behandlung zu suchen, besonders aber doch in „der herrschenden
Krankheitsconstitution selbst".
[3] Handb. d. histor.-geogr. Pathol. pag. 256 ff.

demisch in einzelnen Districten von Frankreich, Deutschland und Italien beschrieben; die andere (die Friesel des 17. Jahrhunderts) fasst er als Morbilli, Scarlatina, dem exanthematischen Typhus und den Puerperalprocessen zugehörend, auf, die am nächsten als Sudamina oder Miliaria crystallina anzusehen sei. —

In den ersten Jahren des 19. Jahrhunderts herrschten wieder typhusartige Krankheiten vor, gegen welche die Exantheme zurücktraten. Scharlachfieberepidemien kamen allerdings häufig vor, besonders in Nordeuropa, gewöhnlich aber waren sie gutartig. Nach der grossen Typhusepoche nahm das Scharlachfieber einen starken Aufschwung, besonders nach 1824, und wurde sehr bösartig. Speciell wurde Frankreich im Jahre 1824 verheert und England, Holland, Dänemark, Pommern und Westphalen im Jahre 1826. Die Epidemie ging nach Seifert[1]) von Hamburg (1825) durch Mecklenburg nach Vorderpommern und Stralsund und trat im December in Greifswald unter den niedrigeren Classen auf. Nach einer Remission in der strengen Kälte im Januar 1826 breitete sie sich unter der Mittelclasse aus und erreichte in dem heissen Sommer unter stark ausgesprochener gastrischer Krankheitsconstitution einen hohen Grad von Bösartigkeit. —

In den Jahren 1830—1860 fluctuiren die exanthematischen Krankheiten sehr bedeutend. Sie steigen in den Perioden der Diphtheritis und Dysenterie und erreichen ihren höchsten Punkt in den heissen Jahren 1834, 1846, 1857 und 1861.

Zur Zeit der Cholerapandemien (1830—1834, 1847—1856) gehen sie wieder zurück.

Von 1832 bis 1837 entwickelte sich eine Pandemie von Scharlachfieber, die sich von St. Petersburg nach Schottland und von Dänemark nach Ungarn und der Schweiz ausbreitete.

Von 1852 bis 1862 war das Scharlachfieber gleichfalls bedeutend ausgebreitet mit den grossen Diphtheritisepidemien zusammen.

Ausserhalb Europas trat das Scharlachfieber zum ersten Male in Nordamerika im Jahre 1735 auf. Die Krankheit hielt sich im Anfange im Norden und breitete sich die atlantische Küste entlang aus. Von 1791—1793 trat sie im Innern des Continents auf. In unserm Jahrhundert ist sie ziemlich ausgebreitet und steht in Rapport zu den

---

[1]) Nosologisch - therapeutische Bemerkungen über die Natur und Behandlung des Scharlachfiebers. Greifswald 1827.

europäischen Krankheitsverhältnissen. Auf Grönland kommt sie selten vor [1].

Im Jahre 1829 trat sie zum ersten Male epidemisch in Südamerika auf; 1832 in Brasilien, wo Rio Janeiro von 1839—1843 ernste Epidemien aufzuweisen hat.

Im Jahre 1848 trat sie in Neu-Zeeland auf; 1849 in Californien. In Kleinasien kommen einzelne Fälle von Scharlachfieber vor, während der östliche Theil Asiens vollständig frei davon ist. Auch in Afrika hat es keine Ausbreitung gefunden. Seltene Fälle kommen in Aegypten, Algier, Madeira, auf den Azoren vor.

---

[1] Ebenso auf Island. Bis zur Zeit Panums (1847) war auf den Färöern kein Fall von Scharlachfieber vorgekommen.

Literatur.

Ehe ich zu der Beschreibung der epidemischen Verbreitung des Scharlachfiebers in Norwegen übergehe, werde ich mir erlauben. eine Uebersicht über die betreffende norwegische Literatur zu geben.

Die wichtigste Quelle, die Ausbreitung des Scharlachfiebers in Norwegen kennen zu lernen, sind die officiellen Medicinalberichte der Aerzte. Solche wurden schon am Ende des vorigen Jahrhunderts angeordnet.

Die Verordnung vom 17. April 1782 gebietet den Landphysici in Dänemark, Berichte über möglich vorkommende ansteckende Krankheiten an das Collegium medicum in Kopenhagen einzusenden; — durch das königl. Schreiben vom 29. Januar 1791 wurde diese Verordnung auch für Norwegen geltend gemacht.

Die Verordnung vom 5. September 1794 § 4 gebietet jedem Priester, jedem angestellten Arzte und jedem Gutsbesitzer am Ausgange jedes Jahres dem betreffenden Amtmanne vollständige Berichte über venerische, scorbutische oder andere gefährliche, besonders ansteckende Krankheiten, die sich im Kirchspiel, District oder Gut geäussert haben mögen, zuzustellen.

Durch das Canzelleicircular vom 20. December 1803 an sämmtliche Obrigkeiten in Dänemark und Norwegen wurde es den Aerzten auferlegt, bis zum Ausgange jedes Jahres an die Oberbehörde genaue und vollständige Medicinalberichte einzusenden. welche Berichte von der Oberbehörde unverzüglich an das Gesundheitscollegium in Kopenhagen übersandt werden sollten. Die Rubriken. die besonders in Betracht kommen. sind hinsichtlich des Medicinalwesens im Allgemeinen folgende: 1) welche Krankheiten haben am meisten grassirt — besonders Blattern, Krätze. venerische Krankheit und — für Norwegen — „Radesyge"; 2) welche von diesen Krankheiten haben ihren Grund in der Beschaffenheit der Nahrungsmittel oder im Mangel an solchen; 3) Fortgang der Vaccination; 4) Mortalität. besonders

unter neugeborenen Kindern und Wöchnerinnen; 5) unglückliche Er-
eignisse; 6) Anzahl der Aerzte und 7) Hebammen; 8) über Kur-
pfuscherei.

Durch das königliche Schreiben vom 27. Januar 1807[1])
wurde ein besonderes Gesundheitscollegium für Norwegen errichtet.
In der Instruction, die mit dem königl. Schreiben vom 7. Februar
1810[1]) gegeben wurde, heisst es im § 26: „Das Gesundheitscollegium
in Norwegen hat die in Folge des dänischen Canzelleischreibens vom
20. December 1803 verordneten jährlichen Medicinalberichte zu em-
pfangen — — — —, und einen Generalbericht, worin das Wichtigste aufgenommen werden soll, zu verfassen, und denselben nebst
dem Gutachten des Gesundheitscollegiums, falls es für nöthig gefunden
wird, einen solchen hinzuzufügen, an das Gesundheitscollegium in
Kopenhagen einzusenden."

Durch die königl. Resolution vom 25. Mai 1815 wurde
das Gesundheitscollegium aufgehoben und die Geschäfte desselben
wurden dem dritten Departement übertragen.

In einem Schreiben des Gesundheitscollegiums vom 30. Juni 1815[2])
wird über die Medicinalberichte der Aerzte geklagt: mehrere von
diesen „stehen in Ausführlichkeit, Ordnung und Uebersicht zurück;
einzelne sind sogar ohne den geringsten Werth."

Ein Schreiben des Departements des Kirchen- und Unterrichts-
wesens vom 23. August 1830 an sämmtliche autorisirte Aerzte bestimmte, dass diese den im Schreiben vom 20. December 1803 verordneten Medicinalbericht: 1) über epidemische, endemische, contagiöse
Krankheiten; 2) über den Einfluss der Witterung auf den Gesundheits-
zustand; 3) über die Armenkrankenpflege, Krankenhäuser u. s. w.;
4) die Mortalität; 5) Badeeinrichtungen; 6) Veranstaltungen gegen
Krankheiten, Vaccination u. s. w.; 7—9) Apotheker, Aerzte, Hebammen;
10) gesetzliche Obductionen und endlich 11) über arzneiwissenschaft-
liche, physikalische, chemische u. s. w. Observationen und Beobachtungen — bis zum Ausgang des Monats Januar durch die betreffende
Oberbehörde an das Departement einsenden sollten.

Auch jetzt scheinen diese Berichte nicht genügend gewesen zu

---

[1]) Nach 2 Originalschreiben, die sich im Reichsarchive befinden zwischen „Do-
cumenter fra Sundhedskollegiets Archiv. 1810—15." Die übrigen Verordnungen
und Schreiben sind nach: Thurmanns Samling af Love o. s. v. vedkommende
Læger. Kristiania 1851; Munk: Love for Medicinalvæsenet, Kjöbenhavn 1804;
Langberg: Norsk Medicinallovgivning Kristiania 1881.

[2]) Beretning om Sundhedstilstanden og Medicinalforholdene i Norge (Beilage
zu „Medicinalberetninger for 1869" pag. 163).

sein, indem das genannte Departement in einem Circular vom 16. Mai 1843 an sämmtliche Aemter sich über dieselben beklagt.

Durch die k ö n i g l i c h e R e s o l u t i o n vom 30. November 1852 wurde ein Schema angegeben, wonach die Medicinalberichte abgefasst werden sollten.

Durch das Rundschreiben des Departements des Innern vom 8. Februar 1861 wurden jedem Stiftamtmanne und Amtmanne die nach Ueberlegung mit der medicinischen Gesellschaft in Kristiania ausgearbeiteten Verzeichnisse der Todesursachen, die noch gelten, übersandt.

Durch die k ö n i g l i c h e R e s o l u t i o n vom 17. December 1864 wurde das jetzt geltende Reglement für Abgabe der Medicinalberichte verordnet.

Die Medicinalberichte für 1803 — 1813 sind unzugänglich; sie befinden sich wahrscheinlich im Archiv in Kopenhagen [1]).

Für 1814 liegen Auszüge der Medicinalberichte der Aerzte in „Beretning om Sundhedstilstanden og Medicinalforholdene i Norge 1814 afgiven til det kongelige Sundhedskollegium for Norge", der in dem Medicinalberichte für 1869 (Seite 163) abgedruckt ist, vor.

Für 1815—1816 sind Erklärungen in „Underdanigst Indberetning fra Politi Departementet om Medicinalvæsenets Tilstand i Norge i Aarene 1815 og 1816" als Beilage zu dem Medicinalberichte für 1870 gedruckt (Seite 152).

Für die 3 genannten Jahre ist keine Auskunft über Scharlachfieber zu finden.

Für 1817 liegen die originalen Medicinalberichte der Aerzte geordnet im Archiv des Medicinalcomptoirs, von wo sie mir gefälligst ausgeliehen sind.

Die originalen Medicinalberichte für 1818—1830 befinden sich im „Reichsarchive" [2]), wo sie von mir durchgegangen sind.

Für 1818—1824 sind nur einzelne und theilweise defecte und maculirte Medicinalberichte da, die zu einer gesammten Darstellung der Medicinalverhältnisse nicht benutzt werden können, und die Nichts in Bezug auf das Scharlachfieber enthalten [3]).

---

[1]) Die „Collegial-Tidende" für den dänischen Staat giebt keine Auskunft in dieser Beziehung.

[2]) Im „Reichsarchive" mit „18. März 1872 Nr. 3" bezeichnet.

[3]) Mündlichen Mittheilungen im „Reichsarchive" zufolge ist es anzunehmen, dass die vorliegenden Berichte nur gerettete Reste einer bedeutendern und genaueren Sammlung sind, die auf irgend eine Weise maculirt worden ist.

Für 1825 und 1826 sind die Berichte genau geordnet und — wie es scheint — ziemlich vollzählig, so dass sie im Texte als Anfang zu dem zusammenhängenden Berichte über das Auftreten des Scharlachfiebers hier im Lande benutzt worden sind.

Seit 1827 liegen die dem Departement in Folge des königlichen Schreibens vom 25. Mai 1815 obliegenden Generalberichte gedruckt vor:

Für 1827	in	E y r	4.	Band	1829.
„ 1828	„	„	5.	„	1830.
„ 1829	„	„	6.	„	1831.
„ 1830	„	„	7.	„	1832.
„ 1831	„	„	8.	„	1833.
„ 1832 ⎱	„	„	10.	„	1835.
„ 1833 ⎰					
„ 1834	„	„	11.	„	1836.
„ 1835	„	Departements Tidende	9.	Jahrg.	1837.
„ 1836	„	„	10.	„	1838.
„ 1837	„	„	11.	„	1839.
„ 1838	„	„	12.	„	1840.
„ 1839	„	„	13.	„	1841.
„ 1840	„	„	14.	„	1842.
„ 1841	„	„	15.	„	1843.
„ 1842	„	„	16.	„	1844.
„ 1843	„	„	17.	„	1845.
„ 1844	„	„	18.	„	1846.

Der Bericht für 1845 ist·nicht gedruckt, liegt aber geschrieben im Referatprotokoll des Medicinalcomptoirs vor: M. B. 1842 Nr. 2: „Medicinalberetning for 1845." Das Protokoll ist mir gefälligst vom Medicinalcomptoir ausgeliehen gewesen.

Für 1846	in	Norsk Magazin for Lægevidenskab.				Band	II	1848.
„ 1847	„	„	„	„	„	„	III	1849.
„ 1848	„	„	„	„	„	„	IV	1850.
„ 1849	„	„	„	„	„	„	V	1851.
„ 1850	„	„	„	„	„	„	VI	1852.
„ 1851	„	„	„	„	„	„	VIII	1854.
„ 1852	„	„	„	„	„	„	IX	1855.

Für 1853—1878 sind Medicinalberichte besonders gedruckt vorhanden.

Als statistisches Material lassen die Berichte im grossen Ganzen sich vor 1862 schwer benutzen (vgl. das Rundschreiben vom 8. Februar 1861); jedoch werden erst nach 1864 (vgl. die königl. Resolution vom 17. December 1864) die Zahlenangaben mehr zuverlässig und genau. Es springt auch in die Augen, dass die Medicinalberichte von dieser Zeit ab mit jedem Jahre an Klarheit und Uebersichtlichkeit und — was man wohl berechtigt ist auszusprechen — an Vollständigkeit und Zuverlässigkeit gewinnen. Dieses Moment muss bei der Beurtheilung der nachfolgenden Beschreibung und der ausgearbeiteten Tabellen wohl beachtet werden. —

Andererseits enthalten aber diese älteren Berichte so viel Stoff und so manche klare und deutliche Beobachtung, dass wir — das jüngere Geschlecht — für die Arbeit und die Gedanken, die in diesen Berichten niedergelegt sind, nur dankbar sein können; denn es wird nur dadurch möglich, das zu sammeln, was in diesen Berichten zusammengehört, und in grossen Zügen ein Bild vom Zustande in den verflossenen Jahren zu geben und — selbst wenn die Details fehlen — eine Skizze von dem Gesundheitszustande und den Krankheitsverhältnissen in den älteren Zeiten zu entwerfen — in specie an diesem Orte vom Vorkommen des Scharlachfiebers. —

Von Ungenauigkeiten, die oft auf die Beurtheilung besonders der Verhältnisszahlen störend wirken, ist eine besonders hervortretend, die nämlich, dass in den älteren Berichten eine gewisse Zahl Todter ohne die entsprechende Zahl Behandelter aufgeführt ist. Dieses wird möglicherweise zum Theil dadurch ausgeglichen, dass es vielleicht mitunter vorgekommen ist, dass nicht sämmtliche Todesfälle unter den von den Aerzten Behandelten zur Kenntniss der Aerzte gekommen und berichtet sind.

Ebenso geschieht es oft — auch vorzüglich in den älteren Berichten —, dass man darüber in Ungewissheit ist, ob die angeführten Zahlen sämmtliche bekannte Fälle enthalten oder bloss die behandelten.

Ferner sind Städte und ihre Umgebungen (z. B. Kristiania und Aker) öfters zusammengefasst.

Was auch sehr störend wirkt, ist die häufige Umregulirung der ärztlichen Districte, wodurch Theile von ihnen nicht allein zu andern Districten in demselben Amte, sondern auch zu andern Aemtern übergehen. Es ist desshalb nicht zu umgehen, dass manche Ungenauigkeit sich auf diese Weise einschleicht. Um in dieser Beziehung so viel als möglich gleichartige Verhältnisse zu schaffen, bin ich für die Jahre 1853—1861 der Districtseintheilung, so wie sie im Jahre 1860 vorliegt. gefolgt, und habe vermittelst der ziemlich genauen Angaben, welche Kirchspiele und Harden der Sitz der Krankheit waren, die älteren Districte zur Eintheilung des genannten Jahres umregulirt. — In derselben Weise — aber leichter, weil die Angaben genauer sind —

sind die Districtseintheilungen im Zeitraume von 1862—1878 zu der Districtseintheilung im Jahre 1878 umregulirt. Hierdurch glaube ich eine grössere Gleichartigkeit und eine mehr zuverlässige Grundlage für die statistische Arbeit und die vergleichende Uebersicht erreicht zu haben. Es scheint mir, als ob die einzelnen Ungenauigkeiten und Fehler, die aus einer solchen Umregulirung entspringen können und die wesentlich durch eine weniger genaue Angabe der betreffenden Harden verschuldet werden, wenig zu bedeuten haben im Vergleich zu der Verwirrung, die die natürliche Folge einer ungleichartigen und jedes Jahr wechselnden Districtseintheilung sein würde.

In der Tabelle III ist eine möglichst genaue Angabe über die königl. Resolutionen, die die Districte verändert haben, aufgenommen, indem ich die Districtseintheilung im Jahre 1860, die in der Tabelle II vollständig angegeben ist, als Ausgangspunkt genommen habe [1]).

In Verbindung mit dem Vorhergehenden werde ich hier ein Verzeichniss über die n o r w e g i s c h e L i t e r a t u r — ausserhalb der Medicinalberichte —, die das S c h a r l a c h f i e b e r behandelt, geben.

Die meisten der im Folgenden genannten Abhandlungen und Bemerkungen werden in dem Texte genauer erwähnt. —

Die erste Stelle, wo ich überhaupt einen Bericht über das Scharlachfieber in Norwegen habe finden können, ist in einer alten Göttinger Dissertation enthalten, die mir durch das gefällige Entgegenkommen des Herrn Bibliothekars Drolsum von der Bibliothek der Universität zu Kopenhagen geliehen worden ist. Der Titel ist:

De

Epidemia scarlatina

in Norvegiæ oppido Fredrikshald

Annis 1787 sq. observata

qvod

— — — — — —

examinandum proposuit

Fridricus Christianus Nelle [2])

Norvegus.

Hafniæ 1793.

---

[1]) Die früheren Districtseintheilungen sind in Kiær: „Norges Læger" zu sehen.
[2]) Als practicirender Arzt in Skien gestorben 1821.

Nach einer weniger wesentlichen Einleitung im Geiste der Zeit über Phlogiston u. s. w. erzählt der Verfasser, dass neben anderen epidemischen Krankheiten in Fredrikshald in den Jahren 1787 und 1788 auch das Scharlachfieber geherrscht hat.

Die Krankheit soll unter drei Formen aufgetreten sein:

1) Scarlatina benigni generis, die in 7 Tagen zur Genesung führte;

2) Scarlatina maligni generis, wo die Eruptionen „quasi cutis succo ribesio conspersa" waren;

3) Scarlatina cum febre putrida.

Diphtheritis wird nirgendwo als mit dem Scharlachfieber zusammengehörend erwähnt; dagegen werden „maculæ in faucibus" als „albae, postea brunnae et in suppurationem transeuntes" beschrieben. Oedem in den Füssen wurde vom 8. bis zum 10. Tage auftretend beobachtet. Mehr Weiber als Männer sollen erkrankt sein, jedoch starben nicht mehr Weiber als Männer, woraus der Schlusssatz gezogen wird, dass die Sterblichkeit unter den Männern grösser ist.

Von besonderem Interesse ist der Abschnitt über die Aetiologie des Scharlachfiebers:

„Einige," heisst es, „haben geglaubt, dass die Krankheit von der Galle [1]) oder von Decompositionsproducten herzuleiten sei; nach meiner Erfahrung aber greift die Krankheit beinahe sämmtliche Menschen unter 30 Jahren in den Häusern, wo sie herrscht, an."

Er behauptet, eine Familie in Fredrikshald gekannt zu haben, wo das Scharlachfieber herrschte und deren Familie in Bergen eine gewisse Zeit nachher die Krankheit bekam, „ex quo concludere licet, fomitem morbi per litteras ad illos fuisse translatum, et postea in plures domos propogatum. Id quod indicare videtur miasma contagiosum, idqve cum miasmate variolarum et morbillorum perqvam esse conformem." Der Sitz der Krankheit sei hauptsächlich stratum mucosum, wovon sie sich nach den „Verlängerungen der Haut", Fauces, Larynx, Cavitas pectoris, Ohren und Nase verpflanzt.

Die Natur der Krankheit sei räthselhaft.

Die Ursache zu Hydrops, die „saepius" der Scarlatina folgt, sucht er in der Beschaffenheit der Haut während der Desqvamation, indem diese dann so dünn wird, dass sie gegen die schädlichen Einflüsse der Luft keinen Widerstand leisten kann.

Das Scharlachfieber soll hinsichtlich der Heftigkeit des Auftretens je nach der Beschaffenheit der Luft und Witterung verschieden sein.

---

[1]) Vergl. die Einleitung.

so dass die Epidemien während Kälte, Schnee und Nordwind bösartig werden.

Als ein medicinisch-historisches Curiosum werde ich mir erlauben, folgende Bemerkungen in Rücksicht auf diese Abhandlung, die seiner Zeit eine pièce de résistance für das norwegisch-dänische medicinische Publicum war, mitzutheilen:

Iris[1]) 1793 pag. 324 enthält eine anerkennende Anzeige von dieser Abhandlung. Med. Dr. und Landphysicus in Fredrikshald Seip erklärt aber dann in „Kjöbenhavns lærde Efterretninger" (1793 pag. 494)[2]), dass im Jahre 1787 und im folgenden Jahre in Fredrikshald gar keine Scharlachepidemie gewesen sei; „ich habe doch", so schreibt er, „wenigstens im Winter 1787, als ich diesen Herrn Doctor Nelle und seinen Bruder wegen Faulfieber curirte und im Sommer und Herbst 1788, während Nelle als Regimentsfeldscherer sich bei dem Regiment, das zuerst 3 Meilen von hier bei Fredriksstad campirte und später nach Schweden marschirte, aufhalten musste — die ganze Praxis in dieser kleinen Stadt in Händen und dadurch selbstverständlich Gelegenheit genug gehabt, Nachricht von der betreffenden Epidemie des Scharlachfiebers, falls sie wirklich existirt hätte, zu bekommen; ich bin desshalb auf das Vollkommenste davon überzeugt, dass die betreffende Scharlachfieberepidemie aus der Luft, womit der Verfasser der Dissertation in seiner Vorerinnerung einen Theil zu schaffen gehabt haben soll, gegriffen ist. Dieser Umstand ist um so viel mehr zu beklagen, weil versichert wird, dass das vom Dr. Nelle — so wie gesagt — erdichtete Scharlachfieber sehr gut abgehandelt ist."

Dr. Seip erwähnt ein von Dr. Nelle geführtes Obductionsprotocoll, worin der letztgenannte grosse Unwissenheit in Pathologie und Orthographie bezeugt.

„Lærde Efterretninger" für 1794 pag. 185 hat einen ziemlich scharfen Artikel gegen „Haandläger" (Chirurgen), die nach dem medicinischen Doctorgrade per fas et nefas streben, obschon sie die medicinischen Doctores verachten.

Die Schrift selbst wird als „gut gesammelt, geordnet und un-

---

[1]) Maanedsskriftet Iris; von S. Paulsen herausgegeben; April, Mai und Juni 1793. Kopenhagen.

[2]) Kjöbenhavns lærde Efterretninger 1793, 2. Heft.

tadelhaft" gelobt, es wird aber angenommen, dass irgend ein „gut-
herziger Doctor legitime promotus" dieselbe verfasst habe. In dieser
Weise scheint es nicht unmöglich, den Diener Lars oder den Kutscher
Kristian, ja jeden armen Aufpasser zum Doctor medicinae in Göttin-
gen promovirt zu bekommen."

Dass Hr. Nelle der wirkliche Verfasser ist, wird also wohl
zweifelhaft sein; dessen ungeachtet behält die Abhandlung ihren
Werth als einen interessanten Beitrag zur damaligen Auffassung des
Scharlachfiebers. —

Die erste Stelle in unserer einheimischen Literatur, wo das
Scharlachfieber genannt wird, ist in
Eyr, 1. Band 1826, Seite 219, wo Dr. H. Munk in seiner Abhandlung: „Om de mest herskende Sygdomne i og om Skien 1824"
das Verhältniss des Scharlachfiebers zu Angina gangrænosa und Diphtheritis erwähnt.

In Eyr, 5. Band 1830 Seite 59 wird nach Archives générales de
médecine 1828 eine Krankengeschichte von „Scarlatina artificialis nach
Belladonna" referirt und knüpft die Redaction die Bemerkung hieran,
dass Belladonna als Schutzmittel gegen Scharlachfieber zu empfehlen ist.

In Eyr, 7. Band 1832 Seite 139 wird in einem Auszuge nach
„The colera, London gazette 1832" erwähnt, dass die Incubationszeit
für Scharlachfieber zwischen 3 und 6 Tagen ist.

In Ugeskrift for Medicin og Pharmacie 1. Jahrgang
1842, S. 1 beschreibt Kallevig unter dem Titel „Medicinsk Nyt fra
Kristiania" die Scharlachfieberepidemie daselbst 1841—1842.

Ebendaselbst Seite 4 wird nach der „Medic.-chirurgischen Zei-
tung" der Aufsatz von Dr. Malin über ammon. carbon. bei Scharlachfieber referirt.

Ebendaselbst Seite 15 erwähnt Döderlein in seinem Medicinalbericht für 1841 das Vorkommen des Scharlachfiebers in diesem
Jahre.

Ebendaselbst Seite 23 erwähnt Kloumann in „Correspondanceefterretninger" das Vorkommen des Scharlachfiebers in Farsund 1841.

Ebendaselbst Seite 102 wird in „Correspondanceefterretninger
von Bergen" das Scharlachfieber in dieser Stadt im Jahre 1841 erwähnt.

Ebendaselbst Seite 223 erwähnt Krafft in seinem Medicinalbericht für 1841 das Vorkommen des Scharlachfiebers in Flekkefjord
in demselben Jahre.

Ebendaselbst Seite 226 erwähnt Kjölstad in seinem Bericht

vom Districtschirurgiat söndre Gudbrandsdalen 1841 das Vorkommen des Scharlachfiebers in den Pfarrhöfen Gausdals und Ringebos.

Ebendaselbst Seite 229 beschreibt Wittkugel die Scharlachfieberepidemie in Stavanger 1841.

Ebendaselbst Seite 241 erwähnt Baumann in seinem Medicinalberichte für 1841 (Ryfylke) das Auftreten des Scharlachfiebers in seinem Districte und seinen Gebrauch von Belladonna als Prophylacticum.

Ebendaselbst Seite 48 und in Ugeskrift for Medicin og Pharmacie für 1843 Seite 46 erwähnt Professor Holst in seinen Medicinalberichten das Scharlachfieber in Kristiania 1841—1842.

Ebendaselbst Seite 23 und im Norsk Magazin for Lägevidenskab. 4. Band Seite 107 demonstrirt Steffens die Lungen eines Kindes, das an dem Scharlachfieber gestorben war. Die Lungen waren mit grösseren und kleineren Abscessen angefüllt.

Ebendaselbst Seite 62 und 95 und im Norsk Mag. for Lägevidenskab. 4. Band 1842 Seite 105 f. (Lägeforeningens Möder am 14. und 25. Februar 1842) wird die ziemlich scharfe Discussion betr. die Scharlachfieberepidemie 1841—42 referirt, in welcher Discussion es auch versucht wurde, die Stellung des Belladonna als Schutzmittel zu präcisiren.

In Ugeskrift for Medic. og Pharm. 2. Jahrgang 1843 Seite 53 erwähnt W. Boeck in seinem Medicinalberichte für Kongsberg 1842 das Vorkommen des Scharlachfiebers daselbst.

Ebendaselbst Seite 51 beschreibt Lorenzsen in einem Medicinalberichte für Jarlsberg 1842 die Scharlachepidemie in Tönsberg in demselben Jahre.

Ebendaselbst Seite 55 beschreibt Bull in seinem Medicinalberichte für 1842 die Scharlachfieberepidemie in Mandal in demselben Jahre.

Ebendaselbst Seite 77 nennt Wisbech in seinem Medicinalberichte und Seite 93 Stadtphysikus Heiberg ebenso in seinem Medicinalberichte das Scharlachfieber in Bergen 1842.

In Norsk Mag. for Lägevidenskab. 6. Band 1844 Seite 251 erwähnt Sandberg die in Fredriksvaern 1843 vorgekommenen Krankheiten, unter andern Angina und Scharlachfieber.

In Forhandlinger i medicinsk Selskab am 17. December 1862 (Norsk Mag. for Lägev. 1862 S. 321) erwähnt Holst die Anwendung von kohlensaurem Ammoniak bei Scharlachfieber.

In Norsk Mag. for Lägev. 1865 Seite 697 referirt Lund eine Abhandlung von Dr. Rohde aus der Deutschen Klinik Nr. 1 über „Scarlatina und Diphtheritis".

In Norsk Mag. for Lägev. 1866 Seite 1082 referirt Professor Faye nach dem London Lancet und Boston Journal 1865 über „Scharlachfieber bei den Hausthieren", besonders bei den Hunden, Pferden und Schweinen.

In den Beilagen zu den Medicinalberichten für 1866 Nr. 1 giebt Dr. Bryn eine Uebersicht über die von ihm in Kongsberg in den Jahren 1847—1866 behandelten Krankhciten, darunter Scharlachfieber.

In den Beilagen zu den Medicinalberichten für 1867 Nr. VII beschreibt Dr. Höegh die Scharlachepidemie in „vestre Söndmöre" 1867.

In Norsk Mag. for Lägev. für 1867 Seite 193 liefert Thoresen eine Abhandlung über „Scarlatina".

Ebendaselbst Seite 124 referirt H. Vogt kürzlich die Untersuchungen M'Clintocks über das Scharlachfieber in dem Wochenbette.

In Forhandlinger i medicinsk Selskab, ausserordentliche Versammlung am 14. November 1866 (Norsk Mag. for Lägev. 1867), ist die Discussion wegen präventiver Maassregeln gegen Scharlachfieber aufgenommen.

In Forhandl. i med. Selskab 1867 Seite 102 ist eine Notiz vom Districtsarzt Jacobsen über die Ausbreitung des Scharlachfiebers in Aker im Jahre 1867 aufgenommen.

Im Norsk Mag. for Lägev. 1868 Seite 546 erwähnt Danielsen in einem „Beretning over Lungegaardshospitalets Virksomhed i 1865 bis 1867" einen Fall von Scharlachfieber unter den Aussätzigen, welcher mit Icterus gravis endete.

Ebendaselbst Seite 415 theilt Edv. Kaurin „Nogle Observationen under en samtidig Epidemie af Scarlatina og Morbilli" mit.

Ebendaselbst Seite 703 referirt M. Skjelderup nach der Wiener Wochenschrift über einen Vortrag von Dr. Eberts über Störungen am Sehorgan bei Typhus und Scarlatina. Der Redner fügt hierzu eine eigene Beobachtung von plötzlich entstandener Blindheit in dem Verlauf einer Nephritis scarlatinosa.

In Norsk Mag. for Lägev. 1869 Seite 161 theilt Thoresen in seiner Abhandlung: „Smittestoffenes Natur og deres Forhold til den menneskelige Organisme" seine Meinung über das Contagium bei Scharlachfieber mit.

In Nord. medic. Arkiv 2. Band 1870 liefert Thoresen eine

ähnliche Abhandlung: „Om Contagiernes Natur og deres Forhold til den menneskelige Organisme."

In Forhandlinger i med. Selskab 1869 Seite 170 wird über den Nutzen der präventiven Maassregeln gegen Scharlachfieber wieder discutirt.

In Forhandlinger i med. Selskab 1870 Seite 13 und 45 finden sich sehr scharfe Bemerkungen über das Discutiren der Verhaltungsmaassregeln gegen Scharlachfieber in den öffentlichen Zeitungen. (Die Schreibereien in den politischen Zeitungen werden hier übergangen.) •

In Forhandl. i med. Selskab 1871 Seite 50 werden einige Fälle von zweimaliger Erkrankung desselben Individuums an Scarlatina erwähnt.

In Norsk Mag. for Lägev. 1872 S. 49 liefert Thoresen seine zweite Abhandlung: „Om Skarlagensfeber".

In Nord. med. Arkiv 4. Bande 1872 Nr. 8 findet sich die Abhandlung des Hrn. Prof. Faye: „Betragtninger angaaende Sygdomme, der kunne udbrede sig epidemisk og ved Overförelse, med særligt Hensyn til Imödegaaelsen af Puerperalinfektion." Seite 9 und fg. wird Scharlachfieber erwähnt und werden die gegen dasselbe getroffenen Maassregeln kritisirt.

In Norsk Mag. for Lägev. 1873 Seite 59 erwähnt Prof. Faye in seinem Aufsatz: „Nogle Bemerkninger i Anledning af Cand. med. Thoresens Opfatning af nogle Punkter i min Fremstilling af epidemiske Forholde" ganz kurz das Verhältniss des Scharlachfiebers zu dem Puerperalfieber.

Ebendaselbst Seite 384 referirt Bidenkap über den Aufsatz Atkinsons in Edinb. med. Journal: „Ueber Verhaltungsmaassregeln gegen die Ausbreitung der zymotischen Krankheiten", worin Einreibung mit Oel und Bäder beim Scharlachfieber, wenn die Abschuppung anfängt und wenn sie vorbei ist, empfohlen wird.

In Forhandl. i med. Selskab 1873 S. 123 erwähnt Ludwig Faye zweimaliges Auftreten von exanthematischen Fiebern (besonders Morbilli) bei demselben Patienten.

In Forhandl. i med. Selskab 1876 Seite 173 theilt Koren einen Fall von Scarlatina mit, in dem Pyämie (Abscesse am Kopfe und an den oberen Extremitäten sowie Pemphigusblasen) sich entwickelte, nach welcher letzteren Krankheit die Genesung eintrat. Seite 178 referirt er einen anderen Fall von Pyämie nach Scarlatina, welcher aber tödtlich endete.

In Norsk Mag. for Lägev. 1877 Seite 934 wird eine Discussion in der New-York Academy of Med. über „die Behandlung des Scharlachfiebers" referirt.

In Forhandlinger i med. Selskab 1877 S. 66 theilt Koren Fälle von gleichzeitigen Erkrankungen an Scharlachfieber und Masern mit.

Ebendaselbst S. 68 theilt Malthe eine Beobachtung von zufälliger Inoculation von Scarlatina in einer Wunde mit.

In Norsk Mag. for Lägev. 1879 Seite 185 und 689

„	„	„	„	„	1880	„ 29
„	„	„	„	„	1881	„ 301
„	„	„	„	„	1882	„ 773

giebt Koren Mittheilungen aus den Lazaretten für Scharlachfieber 1875 bis 1877.

In seinem Buche: „Den offentlige Sundhedspleie" giebt Medicinaldirector Dahl eine Uebersicht über Ansteckungsverhältnisse und Prophylaxe beim Scharlachfieber (Kristiania 1880).

In Nord. med. Arkiv 13. Bande 1881 Nr. 11 geht Edw. Bull in seiner Abhandlung: „Fragmentariske Studier over Brightske Sygdomme" des Näheren auf das Verhältniss zwischen Scharlachfieber und „geschwollener, blasser, nicht amyloider Niere" ein.

In Norsk Mag. f. Lägevidensk. 1881 Seite 901 erwähne ich in meiner Abhandlung: „Et Par Tilfälde af acut morb. Brightii". das Verhältniss der acuten Nephritis zum Scharlachfieber. —

Uebersicht

über die epidemische Verbreitung des Scharlachfiebers in Norwegen 1817 und 1825—1878.

1817.

Vom Herbst ab war das Scharlachfieber über einen grossen Theil von Ringerike und Hadeland, sowie in der Stadt Kristiania ausgebreitet.

In den Aemtern Nordlands und Finmarkens herrschte eine ausgebreitete Epidemie einer Ausschlagskrankheit, die wahrscheinlich das Scharlachfieber war.

1825.

Scharlachfieber hatte eine bedeutende epidemische Ausbreitung in den Städten Kristiania und Moss; ebenso in Mandal, wo die Krankheit bösartig war, sowie mehr sporadisch in Fredrikshald, Tönsberg und Skien. In der Stadt Drontheim kamen theilweise die Friesel vor.

1826.

Scharlachfieber war epidemisch ausgebreitet in der Stadt Kristiania und in Dröbak; ebenso in Numedal und Sandsvær.

1827.

Scharlachfieber kam in der Stadt Kristiania vor, sowie in den Aemtern Laurvig, Buskerud und Drontheim.

1828—1829.

Scharlachfieber wird in diesen 2 Jahren nicht erwähnt.

1830.

Vom Scharlachfieber wird nur erwähnt, dass es sich in Kragerö im Herbst gezeigt habe; in der Stadt Bergen kamen einzelne Friesel vor.

1831.

Scharlachfieber kam vereinzelt in Holmestrand, in Drammen und in der Stadt Bergen, wo auch Friesel erwähnt sind, vor.

1832.

Scharlachfieber zeigte sich in Drammen und Holmestrand; von der letztgenannten Stadt wird auch angegeben, dass die „Rötheln" allgemein gewesen sind. Von Drammen, Ringerike und Bergen werden mehrere Fälle von Friesel erwähnt.

1833.

Scharlachfieber kam in Fredrikshald, östre Nedenäs und in der Stadt Tromsö vor.

1834.

Scharlachfieber kam bei Dröbak, in Fredrikshald, Fredrikstad, sowie in dem District östre Nedenäs vor.

1835.

Scharlachfieber war epidemisch in der Stadt Kristiania, in den Aemtern Akershus, Smaalenene, Jarlsberg-Laurvig, Nedenäs und — mehr vereinzelt — Buskerud.

1836.

Scharlachfieber trat als eine gelinde Epidemie in den Aemtern Buskerud, Jarlsberg-Laurvig und Bratsberg auf; ausserdem in der Stadt Tromsö, wo es drohte bösartig zu werden. Mehr sporadisch kam die Krankheit in den Aemtern Akershus und Hedemarken vor.

1837.

Scharlachfieber trat als Epidemie in der Stadt Drontheim und im Tromsö-District auf; mehr vereinzelt in der Stadt Kristiania, in dem Amt Smaalenene, in und um Skien, sowie in Fosen.

1838.

Scharlachfieber trat epidemisch in der Stadt Drontheim als Fortsetzung der Epidemie des vorigen Jahres auf. Ausserdem wird die Krankheit nicht erwähnt.

1839.

Scharlachfieber kam als bösartige Epidemie in der Stadt Bergen vor; als mehr gutartige Epidemie im Amte Romsdal.

1840.

Scharlachfieber kam in der Stadt Bergen in den drei ersten Monaten des Jahres als Fortsetzung vom vorigen Jahre epidemisch und gutartig vor; epidemisch und bösartig in der Gegend von Langesund; sporadisch in Fredrikshald.

1841.

Scharlachfieber kam epidemisch und bösartig in Kristiania und Umgegend vor, sehr bösartig in Stavanger, Ryfylke und Söndhordland. Mehr gutartig waren die Epidemien in Skedsmo, Flekkefjord und Moss. Sporadisch kam die Krankheit in Drammen, Ringebu und Gausdal sowie Lyngdal vor. Im Helgelands District zeigten sich sporadische Fälle von Scharlachfieber gleichzeitig mit „einer bösartigen Halskrankheit".

1842.

Scharlachfieber kam in der Stadt Kristiania als Fortsetzung vom vorigen Jahre vor, in Drammen, Kongsberg, in Jarlsberg und Laurvig, in Skjeberg, in Smaalenene, in Fredrikshald, Arendal, Kristiansand, Mandal, Stavanger, in welcher letztgenannten Stadt die Krankheit eine Fortsetzung von der Epidemie vom vorigen Jahre war, an Flekkefjord, in Vesteraalen im Amte Nordland und in Hammerfest; in allen diesen Plätzen war die Krankheit mehr oder weniger gutartig; sehr bösartig war die Epidemie in indre Sogn.

Sporadisch trat die Krankheit im Kirchspiel Aker auf, in Fredrikstad, Rukkestad, im Landphysicat Bratsberg, in Lyngdal, Ryfylke (vom vorigen Jahre fortgesetzt), in der Stadt Bergen (ebenso). Söndhordland (ebenso), Röros und Tromsö.

1843.

Scharlachfieber kam epidemisch vor in Drammen, in Kongsberg mit Umgegend als Fortsetzung vom vorigen Jahre; ebenso als Rest vom vorigen Jahre im Landphysikat Jarlsberg, in Holmestrand und in Ryfylke. In Fredriksvärn und Fredrikshald waren kleinere und gutartige Epidemien. In Grimstad eine bösartige Epidemie. Sporadische Fälle in Porsgrund, Brevig, Laurvig und Söndhordland; auf der letztgenannten Stelle als Rest nach den zahlreichen Fällen des vorigen Jahres.

1844.

Scharlachfieber trat als Fortsetzung der Epidemie der 2 letzten Jahre in Fredrikshald auf. Ausserdem epidemisch in Kristiania. Die Krankheit trat mit sporadischen und gutartigen Fällen in Dröbak, Fredrikstad, Valders und Röros auf. Bösartige, sporadische Fälle sind im Kirchspiele Stange auf Hedemarken verzeichnet.

1845.

Scharlachfieber kam epidemisch und gutartig vor in Moss, Drammen, Fredriksvärn, Kragerö, und als eine besonders ausgebreitete Epidemie in Grimstad. Sporadisch zeigte es sich in Dröbak. Fredrikstad, Sarpsborg, Kongsberg und in Laurvigs District.

1846.

Scharlachfieber trat epidemisch auf an der südwestlichen Küste, besonders in Kragerö als Fortsetzung vom Jahre 1845 und im Amte Nedenäs. Im Allgemeinen war die Epidemie von einem gutartigen Charakter. Sporadisch kam es in Drammen, auf Ringerike und in und um Mandal vor.

1847.

Scharlachfieber trat nirgends als Epidemie auf; sporadisch in Drammen, Arendal, Grimstad und im Amt Nordland.

1848.

Scharlachfieber war ebenso wie im vorigen Jahre selten. Es kam sporadisch vor in der Stadt Kristiania, Kristiansand, Bergen und in Senjen im Amt Finmarken.

1849.

Scharlachfieber kam nur vereinzelt in Kristiania, Fredrikshald und Mandal vor.

1850.

Scharlachfieber wird nur als sporadisch in der Umgegend von Drontheim erwähnt.

1851.

Scharlachfieber kam sporadisch vor in Kristiania, Drammen, Svelvig, Fredrikshald, Bergen, Söndmöre und Tromsö — überall gutartig.

1852.

Scharlachfieber trat als Epidemie in Solör-Odalen, Tönsberg und Bergen auf. Sporadische Fälle kamen in Tromsö vor.

1853.

Scharlachfieber war nicht sehr ausgebreitet; es kam oft mit Masern zusammen vor. Die Krankheit trat vereinzelt auf in Trygstad. nordre Østerdalens District, Drammen, Tönsberg, Horten, Röros und Tromsö; in der letztgenannten Stadt als Rest der Epidemie des Jahres 1852.

1854.

Scharlachfieber war mehr ausgebreitet als im vorigen Jahre; die Krankheit kam auch dieses Jahr an mehreren Stellen mit Masern zusammen vor. Sie trat epidemisch auf in der Stadt Kristiania. im Amte Akershus, in Fredrikshald, im Hvalöernes District, Rödenäs und im Kirchspiele Ringsaker.

Sporadisch in Moss, Fredrikstad, Drammen, Lillehammer, Skien. Brevig, der Stadt Bergen und Tromsö. Gewöhnlich war die Krankheit gutartig.

1855.

Scharlachfieber, das auch dieses Jahr mit Masern zusammen auftrat, hatte eine grosse Ausbreitung.

Die Krankheit trat epidemisch auf besonders um den „Kristianiafjord" herum, demnächst in der Stadt Kristiania, in den Aemtern Akershus und Smaalenene, an welchen letzten Stellen sie eine Fortsetzung vom vorigen Jahre war; ferner in Solör-Odalen, im Amt Jarlsberg-Laurvig, Näs Eisenwerk und in der Stadt Bergen.

Sporadisch kam sie auf Hedemarken als Rest von der Epidemie des vergangenen Jahres vor, ausserdem in Lillehammer, Jevnaker, Drammen, Skien, Arendal und Tromsö. Sie war im Ganzen genommen mittlerer Intensität.

1856.

Scharlachfieber kam als Fortsetzung und weitere Ausbreitung der Epidemien vom Jahre 1855 vor. Die Krankheit war ziemlich bösartig und riss viele Kinder hinweg. Epidemisch kam sie in der Stadt Kristiania vor, in den Aemtern Akershus und Smaalenene mit bedeutender Ausbreitung; in den Aemtern Jarlsberg-Laurvig und Bratsberg, aus welchen besonders die Districte Laurvig und Kragerö verheert wurden. Gegen den Schluss des Jahres wurde die Epidemie in den Aemtern Nedenäs und Lister-Mandal ausgebreitet.

Sporadisch kam Scharlachfieber in den Aemtern Hedemarken, Kristians und Buskerud, in der Stadt Bergen, Drontheim und nordre Fosen vor.

1857.

Scharlachfieber kam an mehreren Orten vor als Fortsetzung der Epidemie von 1855—56. Die Krankheit war oft bösartig. Sie trat im Anfang des Jahres in Kragerö epidemisch auf als Fortsetzung von 1856 und breitete sich allmählich über Nedenäs aus, besonders in Oster-Risör und Tvedestrand. Ebenso im Herbste im Rakkestad District.

Sporadisch kam sie in Fredrikstad, söndre Osterdalen, Drammen, Kongsberg, Kristiansand, Farsund und Stavanger vor.

1858.

Scharlachfieber kam als ausgebreitete und gutartige Epidemie in Smaalenene dem Glommen entlang vor, zunächst als Fortsetzung der Epidemien der vergangenen Jahre; im Amtsphysikat Hedemarken als Fortsetzung von 1857; in Svelvig mit Umgegend und in Röros sowie in Tolgen.

Die Krankheit war epidemisch und bösartig auf der Strecke von Arendal nach Kristiansand. wie im vergangenen Jahre auf der Strecke von Kragerö nach Grimstad, sich vom Osten nach Westen ausbreitend. Sporadisch kam sie in Eidsvold, Drammen, Kongsberg, Stavanger und in der Stadt Bergen vor.

1859.

Scharlachfieber kam am meisten in localen Epidemien vor; demnächst im Amte Hedemarken, in vestre Nedenäs, Soon und in dem Landphysikat Jarlsberg. An diesen sämmtlichen Orten gutartig. Bösartig dagegen in övre Romerike und in Mandal.

Sporadisch kam es in der Stadt Kristiania vor, im Amte Smaalenene als Rest der Epidemie daselbst, die im Jahre 1854 anfing, in Drammen, Kragerö, Kristiansand, Stavanger, in der Stadt Bergen, in Röros und söndre Fosen.

1860.

Scharlachfieber war dieses Jahr von geringerer Bedeutung, weil es wesentlich sporadisch oder in localen Epidemien vorkam.

Epidemisch kam die Krankheit in Solör-Odalen vor, wo sie ziemlich bösartig war. Wahrscheinlich in Verbindung mit derselben eine Epidemie in Eidsvold; als Rest vom vorigen Jahre kam sie in Ullensaker, Laurvig und Mandal vor; als Fortsetzung in Stavanger und Bergen.

Sporadisch in Höland, Drammen und Grimstad.

Von mehreren Seiten werden Complicationen mit der ausgebreiteten diphtheritischen Halskrankheit, die in vielen Fällen den Tod bewirkt haben soll, erwähnt.

1861.

Scharlachfieber trat auch dieses Jahr wesentlich sporadisch oder in kleineren Epidemien auf.

Epidemisch kam die Krankheit nur in Drammen und Umgegend als weitere Entfaltung der sporadischen Fälle der vergangenen Jahre vor. Vereinzelt trat sie im Amte Hedemarken auf, in Solör-Odalen als Rest der Epidemie von 1860, in der Stadt Kristiania und im Amte Kristian.

1862.

Scharlachfieber war im ersten Halbjahre wenig ausgebreitet, wurde aber im zweiten Halbjahre in mehreren Gegenden des Landes epidemisch.

Die Krankheit trat epidemisch auf in der Stadt Kristiania, im südlichen Theil des Amtes Smaalenene, in Drammen, Eker, Holmestrand, Hadeland-Land, Kristiansand, vestre Ryfylke und Bergen.

Sporadisch in den Aemtern Akershus und Hedemarken, in vestre Nedenäs, indre Sogn und in dem Amte südl. Drontheim.

1863.

Scharlachfieber, das am Schlusse des vorigen Jahres angefangen hatte sich auszubreiten, nahm im Jahre 1863 bedeutende Dimensionen an und kam in sämmtlichen Aemtern vor. Die Epidemien erreichten ihre Höhe im ersten und zweiten Vierteljahre und nahmen gegen den Schluss des Jahres ab, mit Ausnahme vom Amte Finmarken, wo die Krankheit erst im zweiten Vierteljahre epidemisch auftrat und im dritten Vierteljahre ihre Höhe erreichte.

Epidemisch trat sie in der Stadt Kristiania auf, wo sie indessen im Verhältniss zu dem vorigen Jahre und den ersten 4 Monaten des Jahres stark im Abnehmen begriffen war; hier, wie auch im Amte Akershus war sie eine Fortsetzung vom vorigen Jahre; ebenso epidemisch und vom vorigen Jahre fortgesetzt im Districte Hvalöerne, in Fredrikshald, in den Aemtern Buskerud und Jarlsberg-Laurvig, in Hadeland-Land, Faaberg, Arendal, Stavanger (fortgesetzt und ausgebreitet von der Epidemie des vorigen Jahres in vestre Ryfylke), in der Stadt Bergen, wo die Epidemie bösartig war, und in Tromsö. An einzelnen Stellen war die Epidemie bösartig.

Mehr sporadisch kam die Krankheit im Amte Hedemarken vor, in Kristiansand, Mandal, Flekkefjord, mehreren Orten im Amte nördl. Bergenhus, Drontheim, Stenkjär, Alten, Sydvaranger und Vadsö. Im Amte Nordland wurden ein paar Fälle von Hydrops scarlatinosus erwähnt. Uebrigens wird Hydrops als häufige secundäre Todesursache angegeben.

1864.

Scharlachfieber, das am Anfange des Jahres in vielen Gegenden epidemische Ausbreitung hatte, nahm im ersten Viertel des Jahres an Häufigkeit ab, nahm aber mit dem Herbste und bis zu dem Schlusse des Jahres wieder ziemlich bedeutend zu, indem die Krankheit sich nach den Gegenden ausbreitete, die früher von der Epidemie verschont gewesen waren, besonders nach den nördlichen Theilen des Landes. Ausser den gewöhnlichen Complicationen wesentlich mit Diphtheritis und Hydrops werden von mehreren Stellen auch Gehirnleiden als eine häufige Complication erwähnt.

Die Krankheit kam epidemisch und als Fortsetzung des vorigen Jahres vor in Eidsberg, Tönsberg, im Amte südl. Bergenhus, in der Stadt Bergen und Tromsö, wo sie bösartig war, in den Aemtern Buskerud, Hedemarken, Kristian, nördl. Bergenhus und Romsdal, wo sie mehr bösartig war.

Als neue Epidemie trat sie auf in Horten, Tjömö, Tvedestrand, Kristiansand, im Amte nördl. Drontheim, in Bodö, Alstadhoug,

Brönnö, Skjärstad, Stegen, Malangen, Senjen, Alten und Vadsö, wo sie mehr gutartig war, in Flekkefjord, nordre Ryfylke, Kin und ytre Nordfjord, sowie im Amte südl. Drontheim, wo sie mehr bösartig war.

Sporadisch kam sie in Kristiania, im Amte Akershus und in Skien vor.

1865.

Scharlachfieber kam etwas über doppelt so häufig vor, als im vorigen Jahre. Theils dauerte die Krankheit in manchen Gegenden vom vorigen Jahre fort, theils breitete sie sich von hier weiter nach andern Plätzen aus. Sie kam besonders im nördlichen Theile Norwegens und in der ersten Hälfte des Jahres vor.

Sie hatte in manchen Gegenden eine bösartige Natur; Nierenkrankheiten, Wassersucht, Gehirnleiden, geschwollene Halsdrüsen waren gewöhnliche Nachkrankheiten. Als Epidemie und fortgesetzt vom vorigen Jahre trat sie gutartig auf in Kristiansand, Tvedestrand, in den Aemtern nördl. Bergenhus, Romsdal, südl. Drontheim, Nordland und Finmarken: mehr bösartig im Amte Smaalenene, in Horten, Tönsberg, im Districte Hedemarken und in den Aemtern südl. Bergenhus und nördl. Drontheim, mit Ausnahme von ytre Namdal.

Als neue Epidemien kam sie in Lesje vor, wo sie bösartig zu sein schien, wurde aber nicht von einem Arzt behandelt, — und in Höivaag in Nedenäs, wo sie gutartig war.

Sporadisch kam sie in Kristiania vor, im Amte Akershus, in Stavanger, vestre Ryfylke, in der Stadt Bergen und in ytre Namdal.

1866.

Scharlachfieber trat mit ungefähr gleicher Häufigkeit in den beiden Halbjahren auf, hatte aber bedeutend weniger Ausbreitung als im vorigen Jahre, besonders in Betreff der drontheimischen Aemter. Im Stifte Kristiansand war sie am meisten ausgebreitet im zweiten Halbjahre. Sie war in diesem Jahre bedeutend gelinder, ausgenommen in den Aemtern Bratsberg, Romsdal und Nedenäs, wo Nierenkrankheiten und Wassersucht gewöhnliche Nachkrankheiten waren.

Sie trat im zweiten Halbjahre epidemisch auf in der Stadt Kristiania, in Ullensaker, im Amte Smaalenene, wo sie eine viermal so grosse Ausbreitung hatte als im Jahre 1865, in Horten, Tönsberg, Solör-Odalen, Kongsvinger, Skien, Holden, Kragerö, im Amte Nedenäs, besonders in Arendal, in Kristiansand, Farsund, Flekkefjord, Stavanger, in den Aemtern südl. Bergenhus, Romsdal, südl. und nördl. Drontheim und Nordland, besonders in Brönnö, Alstadhoug und Skjärstad.

Sporadisch in Drammen und auf Eker, in den Städten Bergen und Tromsö und im Amte Finmarken — sämmtliche als Reste nach und Fortsetzung von der Epidemie im vorigen Jahre.

1867.

Das Scharlachfieber hatte eine viel grössere Ausbreitung als im vorigen Jahre; die Krankheit war mehr ausgebreitet in den Stiften Kristiania und Bergen; etwas mehr auch im Stifte Hamar.

Die Krankheit wird in den Aemtern Akershus, Smaalenene, Stavanger und südl. Bergenhus, sowie in indre Söndmöre als gelinde beschrieben; als bösartig in der Stadt Kristiania, in Sigdal, Solör-Odalen, sowie theilweise in vestre Söndmöre. Hydrops und Otorrhöen werden als häufig vorkommend angegeben. Am Ende des Jahres herrschte die Krankheit noch in der Stadt Kristiania, in den Aemtern Jarlsberg-Laurvig und südl. Bergenhus, in der Stadt Bergen und im Amte Tromsö, während sie in den Aemtern Kristiansand, Lister-Mandal, nördl. Drontheim, Nordland und Finmarken verschwunden zu sein schien. Als Fortsetzung vom vorigen Jahre herrschte die Krankheit in Kristiania, in den Aemtern Akershus und Smaalenene, in Drammen, im Amte Jarlsberg-Laurvig, in Solör-Odalen, Kongsvinger, in den Aemtern Bratsberg, Nedenäs, Lister-Mandal, Stavanger, nördl. Bergenhus und Romsdal, in Frosten, Levanger Vefsen und Alstadhoug.

Als neue Epidemie trat sie im Districte Hedemarken auf, in Evje, indre Söndhordland, ytre Hardanger, indre Nordhordland, in der Stadt Bergen und in Vestlofoten. Im Amte Nordland hielt sie sich am meisten an den Meerbusen, während sie im Jahre 1866 mehr an der Küste entlang vorkam.

Sporadisch trat die Krankheit in Hadeland-Land, Hammerfest und Loppen auf.

1868.

Scharlachfieber war weniger häufig als im vergangenen Jahre. Die Krankheit war abnehmend in den Stiften Kristiansand, Bergen und Kristiania; mehr ausgebreitet in den Stiften Hamar und Drontheim. Sie wird im Amte Tromsö als gelinde geschildert, als bösartig im Districte Aker und in den Aemtern Buskerud und Hedemarken. Wassersucht war eine häufige Nachkrankheit. Am Ende des Jahres war die Krankheit am meisten ausgebreitet in den Aemtern Smaalenene, Buskerud, Hedemarken und südl. Drontheim.

Die Epidemien setzten sich fort vom vergangenen Jahre in der Stadt Kristiania, in den Aemtern Akershus, Smaalenene, Buskerud. Jarlsberg-Laurvig, in Solör-Odalen, südl. Osterdalen, Hadeland-Land.

3 *

im Amte Bratsberg, in der Stadt Bergen, Drontheim, nördl. Fosen und Tromsö.

Neue Epidemien traten in Lille-Elvedalen, Inderöen und Alten auf. Sporadisch kam die Krankheit in den Aemtern Nedenäs, Lister-Mandal und Stavanger vor.

1869.

Scharlachfieber hatte eine bedeutend grössere Ausbreituug als im vorigen Jahre, während die Mortalität der Krankheit kleiner war. Die Krankheit hatte iu den Stiften Kristiania, Hamar und Drontheim bedeutend zugenommen, in den 3 übrigen Stiften aber war sie wenig ausgebreitet. Sie kam epidemisch und mehr gutartig vor in Ullensaker und Follo, in den Aemtern Smaalenene, Buskerud. Jarlsberg-Laurvig, Hedemarken, Kristian und südl. und nördl. Drontheim; mehr bösartig iu den Städten Kristiania und Kristiansund. In Drammen und auf den Hvalöerne muss die Krankheit auch als mehr bösartig charakterisirt werden.

Sporadisch trat sie in Aker und Höland auf, in den Aemtern Bratsberg, Nedenäs, Lister-Mandal und südl. und nördl. Bergenhus, sowie in der Stadt Bergen und im Stifte Tromsö; meistentheils war sie eine Fortsetzung vom vorigen Jahre.

1870.

Scharlachfieber hatte grössere Ausbreitung als im vorigen Jahre, während die Mortalität der Krankheit noch etwas geringer war. Die Krankheit hatte in den Stiften Kristiania, Kristiansand, Bergen und Tromsö zugenommen, dagegen abgenommen iu den Stiften Hamar und Drontheim. Sie dauerte am Ende des Jahres als Epidemie fort an mehreren Stellen in den Stiften Kristiania und Hamar, im Amte Nedenäs, in der Stadt Bergen und im Amte Finmarken; wogegen sie in den Stiften Bergen und Drontheim sehr abgenommen hatte.

Sie trat epidemisch und mehr gutartig und als eiue Fortsetzung vom vorigen Jahre in der Stadt Kristiania auf, im Amte Akershus, iu Fredrikshald, in den Aemtern Hedemarken und Kristian, in Haugesund und Karmöen, vestre og midtre Söndmöre und Inderöen, mehr bösartig im District Sarpsborg, in Drammen, im Landphysikate Jarlsberg, in Tvedestrand, östre Moland, Surendalen, Röros, Levauger und Stenkjär.

Sporadisch kam die Krankheit vor iu den Districten Hof und Laurvig, in deu Aemtern Lister-Mandal und nördl. Bergenhus, in der Stadt Drontheim, in Fosen, Lyngen, Alten und Vadsö.

1871.

Scharlachfieber erreichte eine bedeutende Ausbreituug: es war die bis dahin gekannte grösste Anzahl von Fällen angemeldet und das Mortalitäts-Procent war auch höher als bisher. Die Krankheit war in den Stiften Kristiania, Kristiansand und Bergen am meisten ausgebreitet. Mit dem vergangenen Jahre verglichen, zeichnet sich besonders das Stift Kristiansand durch eine bedeutend grössere Häufigkeit der Krankheitsfälle aus; von den übrigen Stiften hat die Krankheit im Stift Tromsö etwas zugenommen, während sie im Stift Drontheim etwas abgenommen hat und in Hamar ungefähr unverändert blieb.

Von den Aemtern fand die bedeutendste Zunahme in denjenigen im Stift Kristiansand statt, besonders im Amte Stavanger, sowie in den Aemtern südl. Bergenhus, Akershus und Jarlsberg-Laurvig. Bedeutende Abnahme der Krankheit hat in der Stadt Kristiania und in den Aemtern Romsdal und nördl. Drontheim stattgefunden.

Scharlachfieber kam epidemisch und grösstentheils als Fortsetzung und Erweiterung der Epidemien des vorigen Jahres vor in der Stadt Kristiania, in den Aemtern Smaalenene (bösartig in Sarpsborg), Akershus, Buskerud (gelinde), Jarlsberg-Laurvig (bösartig), Hedemarken, Kristian, Bratsberg, Nedenäs (bösartig in vestre Aamli), Lister-Mandal (bösartig in Lyngdal und Undal). Stavanger (bösartig) und südl. Bergenhus (besonders der Küste entlang), in der Stadt Bergen, in den Aemtern nördl. Bergenhus, Romsdal, südl. Drontheim, nördl. Drontheim (bösartig in Stenkjär), Nordland (bösartig), Tromsö (bösartig) und Finnmarken (bösartig).

1872.

Scharlachfieber trat nach der bedeutenden Steigerung im Jahre 1871 wieder mit einer bedeutend geringeren Anzahl von Fällen auf. — Die wesentlichste Abnahme zeigt das Stift Kristiania, dann das Stift Kristiansand. Nur in den 2 nördlichsten Stiften und namentlich im Stifte Drontheim trat eine Steigerung in der Zahl der Fälle ein. In den Aemtern südl. Drontheim und Nordland wurde die Zahl der Erkrankten bedeutend grösser, in den Aemtern Bratsberg und Lister-Mandal unbedeutend; dagegen wurde die Ausbreitung der Krankheit in den übrigen Aemtern des Reiches und besonders im Amte Stavanger, wo sie das Jahr vorher eine ausserordentliche gewesen war, mehr oder weniger verringert. Die Mortalität war ziemlich gross.

Scharlachfieber trat epidemisch und als Fortsetzung der Epidemien des vorigen Jahres auf in den Aemtern Akershus (abnehmend und gelinde), Smaalenene (abnehmend), Buskerud (abnehmend und gelinde), Jarlsberg-Laurvig (abnehmend und gelinde), Hedemarken (abnehmend und bösartig). Kristian (abnehmend und gelinde), Bratsberg (steigend und gelinde), Nedenäs (abnehmend), Lister-Mandal (etwas steigend und bösartig), Stavanger (steigend im Januar, darauf abnehmend) und südl. Bergenhus (abnehmend im zweiten Halbjahre, bösartig im ersten, gelinder im zweiten Halbjahre), in der Stadt Bergen und in den Aemtern nördl. Bergenhus, Romsdal, südl. Drontheim, nördl. Drontheim (ungefähr wie im vorigen Jahre, bösartig), Nordland (bösartig und ausgebreitet), Tromsö und Finmarken (abnehmend).

1873.

Scharlachfieber war fortwährend in Abnahme. Die Anzahl der angemeldeten Fälle ist die kleinste der letzten fünf Jahre und nur unbedeutend grösser als im Jahre 1868; auch ist das Mortalitäts-procent kleiner als im vorigen Jahre.

Sämmtliche Aemter zeigen eine grössere oder geringere Abnahme in der Ausbreitung der Krankheit mit Ausnahme von den Aemtern nördl. Drontheim und nördl. Bergenhus, in welchen die Krankheit eine grössere Ausbreitung als im Jahre 1872 hatte. Im Amte Sta-vanger, wo 1871 ungefähr 3000 Fälle angegeben wurden, waren 1873 nur 3 Fälle bekannt geworden.

Die Krankheit trat epidemisch in Ødemark in Smaalenene auf, in Hallingdal, im Amte Bratsberg, in Mandal, söndre und indre Midt-hordland, Kin, ytre Nordfjord, Söndmöre, söndre Nordmöre, in den Aemtern südl. und nördl. Drontheim und Nordland, sowie Tromsö: bösartig im Stifte Drontheim und im Amte Nordland.

Sporadisch in der Stadt Kristiania, im Amte Akershus, in Sandsvär, Laurvig, in den Aemtern Hedemarken, Kristian und Nedenäs, in Lyngdal und im Amte Stavanger.

1874.

Scharlachfieber war fortwährend in Abnahme — die bekannt ge-wordene Anzahl der Erkrankten ist die kleinste seit 1863.

Wegen des verstärkten Auftretens der Krankheit in der Stadt Kristiania und im Amte Akershus zeigt das Stift Kristiania einen kleinen Ueberschuss von Erkrankten gegen das vorige Jahr. Sämmt-liche übrigen Stifte zeigen dagegen eine grössere oder geringere Ver-minderung — besonders ist die Abnahme bedeutend im Stifte Dront-heim. Die grösste Ausbreitung hatte die Krankheit im Amte nördl. Bergenhus. Sie kam epidemisch in Aker und Ullensaker (gelinde) vor, in indre Nordfjord, wo sie von 1873 fortgesetzt war, Sogn, wo sie bösartig war, indre Söndfjord, Söndmöre, wo sie gleichfalls bös-artig war, wie auch in Sandö und Fränen, gleichfalls bösartig in midtre Fosen, im Amte nördl. Drontheim (gleichfalls bösartig) und in Nordland, wo sie am häufigsten war, gelinde und eine Fortsetzung von den Epidemien des vergangenen Jahres bildend, in Skjärstad und Folden war sie bösartig und ebenso in Vardö und Tromsö.

Sporadisch trat sie in der Stadt Kristiania auf, im Amte Smaalenene, in Drammen, in den Aemtern Hedemarken, Kristian, Jarlsberg-Laurvig, Bratsberg und südl. Bergenhus.

Die Krankheit kam in den Aemtern Nedenäs, Lister-Mandal und Stavanger nicht vor.

1875.

Scharlachfieber kam häufig vor und war sehr ausgebreitet.

Die Krankheit schien in der Stadt Kristiania am häufigsten gewesen zu sein, darnach in den Aemtern Romsdal, Nedenäs, Smaalenene, Lister-Mandal und Akershus; am seltensten trat sie in den Aemtern Tromsö, Finmarken und Stavanger, sowie in den bergenhusischen und oplandischen Aemtern auf. Im Verhältnisse zum vorigen Jahre hatte die Krankheit in allen Stiften, ausgenommen Tromsö, zugenommen. Die stärkste Steigerung hat in dem Stifte Kristiania, in dessen sämmtlichen Aemtern die Krankheit sehr ausgebreitet war, stattgefunden; demnächst ist die Steigerung am grössten im Stifte Kristiansand. Im Stifte Bergen, wo die angegebene Anzahl nur wenig unter derjenigen, wie im vorigen Jahre angegeben worden war, ist, kam die Krankheit wesentlich in Söndmöre vor, während sie im Amte nördl. Bergenhus, wo sie im Jahre 1874 grosse Ausbreitung gewonnen hatte, bedeutend abgenommen hatte. Im Stifte Drontheim hat die Steigung wesentlich das Vorkommen der Krankheit im Amte Romsdal verschuldet. Im Stifte Tromsö hatte die Krankheit ziemlich bedeutend abgenommen in den Aemtern Tromsö und Finmarken, während sie im Amte Nordland auf demselben Standpunkte geblieben zu sein scheint.

Die Ausbreitung der Epidemie war wesentlich folgende:

Ausgebreitete Epidemie in der Stadt Kristiania, in den Aemtern Akershus (bösartig) und Smaalenene, wo die Krankheit in dem Landdistrict Hvalöerne bösartig war, auf Modum, in Drammen in den letzten Monaten des Jahres, im Amte Jarlsberg-Laurvig, in Solör-Odalen, im District Hedemarken, in Kragerö (gutartig) östre og vestre Nedenäs, Arendal, im Amte Lister-Mandal (bösartig), in söndre Midthordland, im Amte Romsdal (bösartig), in midtre Fosen (gleichfalls) und im Amte Nordland, wo sie in Vefsen bösartig war.

Sporadisch kam sie auf Ringerike vor, im Amte Kristian, in Skien. Holden. Stavanger, in den Städten Bergen und Drontheim, in Stenkjär, Tromsö und Hammerfest.

1876.

Die Mortalität des Reiches in diesem Jahre ist die grösste seit den Jahren 1742 und 1773. .

Das Scharlachfieber hat im ganzen südlichen und im südlichen Theil des westlichen Norwegens einen wesentlichen Antheil an den Krankheitsverhältnissen dieser Gegenden gehabt.

In diesem Jahre ist die bis jetzt grösste Anzahl bekannter Fälle von dieser Krankheit angemeldet worden.

Sie erfuhr ihre grösste Ausbreitung im Stifte Kristiania; demnächst in den Stiften Hamar und Kristiansand und endlich im Stifte Bergen, wo sie wesentlich in der Stadt Bergen vorkam. Am seltensten kam sie im Stift Tromsö vor, demnächst im Stifte Drontheim.

In den Aemtern hat sie bedeutende Ausbreitung gehabt in Bergen (am meisten) und Kristiania. In den Landdistricten ist sie am meisten ausgebreitet im Amte Nedenäs vorgekommen; demnächst in den Aemtern Hedemarken, Bratsberg, Akershus, Smaalenene, Buskerud und Lister-Mandal. Im Amte Finmarken ist die Krankheit nicht vorgekommen, und im nördlichen und westlichen Theile Norwegens ist die Ausbreitung gering gewesen — ausgenommen im Amte Romsdal.

Im Verhältniss zum vergangenen Jahre hat die Krankheit in sämmtlichen Aemtern im südlichen Theil Norwegens mehr oder weniger zugenommen, so auch in den Aemtern Lister-Mandal und Stavanger, in der Stadt Bergen und — unbedeutend — im Amte nördl. Bergenhus.

Geringe Abnahme der Krankheit hat im Amte Romsdal stattgefunden.

Die Krankheit war bösartig in der Stadt Kristiania, in den Aemtern Akershus, Buskerud, Jarlsberg-Laurvig, Lister-Mandal, Stavanger und südl. Bergenhus, in der Stadt Bergen und im Amte Romsdal.

1877.

Von Scharlachfieber wurden in diesem Jahre etwas weniger Fälle als im Jahre 1876 angemeldet, nächst dem letzten Jahre aber die grösste Anzahl seit 1871. Die Krankheit hat die grösste Ausbreitung im Stifte Hamar gehabt: demnächst ungefähr dieselbe Ausbreitung in den Stiften Kristiania und Bergen, in welchen drei Stiften die Ausbreitung grösser als die durchschnittliche Ausbreitung für das ganze Reich gewesen ist; während die Stifte Kristiansand und Drontheim ungefähr die halbe Ausbreitung gegen die durchschnittliche gehabt haben und das Stift Tromsö noch weniger — oder das seltenste Vorkommen der Krankheit.

Unter den Aemtern zeigen Buskerud, Kristian und nördl. Bergenhus die grösste Ausbreitung, demnächst die Aemter Bratsberg, Smaalenene und Hedemarken; am wenigsten ausgebreitet scheint die Krankheit in den Aemtern Nordland, Stavanger und Lister - Mandal gewesen zu sein.

Im Verhältniss zum Jahre vorher ist das Auftreten der Krankheit in den Aemtern Tromsö und Finmarken, wo man nicht weiss, dass sie das Jahr vorher vorgekommen ist, zu bemerken. Rücksichtlich der Ausbreitung hat sie demnächst im Amte Kristian zugenommen und ausserdem mehr oder weniger in den Aemtern von südl. Bergenhus ab und nördlich die Küste entlang, ausgenommen das Amt Nordland, wo die Krankheit dieses Jahr sich wenig ausgebreitet zeigt.

Aehnliche Abnahme der Krankheit macht sich auch — allein in verschiedenem Grade — für den ganzen südlichen Theil und für den südlichen Theil des westlichen Norwegens geltend. Die grösste Abnahme hat im Amte Nedenäs, in den Städten Kristiania und Bergen und im Amte Lister-Mandal stattgefunden.

Die Krankheit war bösartig in Kristiania, in den Aemtern Akershus, Smaalenene, Buskerud, Hedemarken, Kristian, Stavanger und südl. Bergenhus, in der Stadt Bergen und in den Aemtern Romsdal und südl. Drontheim.

1878.

Das Scharlachfieber fing also im Jahre 1875 als Epidemie im südlichen Theile des Landes an, erstreckte sich im Amte 1876 über den südlichen Theil und das südliche des westlichen Theiles, erreichte im Jahre 1877 die Küste entlang nördlich ganz bis zum Amte Finmarken hinauf. 1878 erreichte die Krankheit eine grössere Ausbreitung im nördlichen Theile des Landes als im vergangenen Jahre. Im Amte Nordland war die Krankheit doch seltener als im Jahre 1877. Unter anderen Orten, wo sie in etwas grösserer Ausbreitung aufgetreten ist, können folgende genannt werden: im Amte Smaalenene: Sarpsborg und Fredrikshald; im Amte Kristian: Toten und Gudbrandsdalen; im Amte Bratsberg: die Districte Skien und Kongsberg. In sämmtlichen Aemtern im südlichen und westlichen Theile Norwegens — ausgenommen Stavanger — zeigt die Krankheit sich abnehmend und die angegebene Anzahl der im Reiche Behandelten ist bedeutend kleiner als 1877.

Die Krankheit trat mehr bösartig auf in der Stadt Kristiania, in den Aemtern Akershus, Buskerud, Hedemarken, Kristian, Stavanger, südl. Bergenhus, nördl. Bergenhus, Romsdal und südl. und nördl. Drontheim, sowie in mehreren Districten im Amte Tromsö.

Die folgende tabellarische Zusammenstellung wird die Verbreitung in den verschiedenen Aemtern und ärztlichen Districten zur Anschauung kommen lassen.

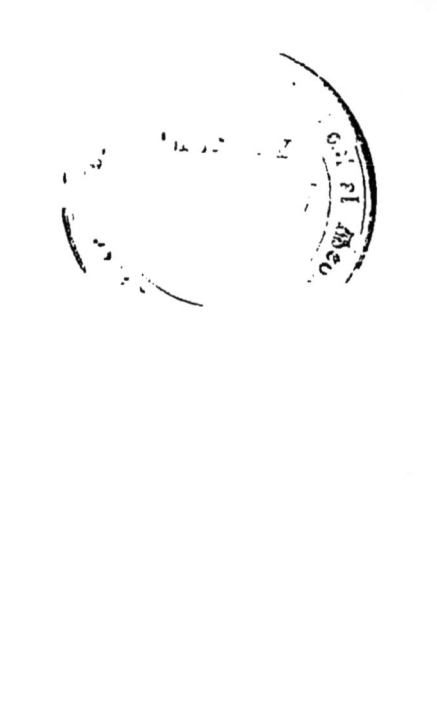

Tabelle II.

Das Vorkommen von Scharlach-Fieber in Norwegen
1853—1861

vertheilt auf Aemter und ärztliche Distrikte.

Die Distrikts-Eintheilung ist die für 1860 geltende.

Tabelle II, 1.

Kristiania und Akerhus Amt.

Jahr	Kristiania		Aker		Övre Romerike		Follo	
	Erkrankt	Gestorben	Erkrankt	Gestorben	Erkrankt	Gestorben	Erkrankt	Gestorben
1853	Nicht angegeben	1	—	—	—	—	3	—
1854	Viele Fälle	Nicht angegeben	Milde Epidemie	Nicht angegeben	Epidemie	—	Bösartige Epidemie	14
1855	97	6	Gutartige Epidemie 23	Mindestens 9[1])	Epidemie	Nicht angegeben	12	6
1856	Einzelne	—	—	—	Epidemie	—	—	—
1857	2	1	—	—	2	—	—	—
1858	40	3	—	—	Mehrere bösartige[2])	1	Mehrere	1
1859	62	4	2	—	136	16	20	1
1860	79	—	—	—	43	4	15	—
1861	11	—	—	—	—	—	1	—

[1]) Angegeben für Asker und Bærum 23 Behandelte, 2 gestorben. In Aker und Nedre Romerike 7 Todesfälle.
[2]) Angegeben für Eidsvold 9 Behandelte, 1 gestorben.

Smaalenenes Amt.

Tabelle II, 2.

Jahr	Rakkestad		Amtsphysikat		Hvalöerne und Fredrikshald	
	Erkrankt	Gestorben	Erkrankt	Gestorben	Erkrankt	Gestorben
1853	Einzelne Fälle	—	55 in Moss	—	—	—
1854	Epidemie	1	Vereinzelte Fälle	—	53	Mindestens 9
1855	Epidemie	—	Epidemie	Viele	Epidemie	Viele
1856	35	7	Epidemie	Nicht angegeben	—	—
1857	129	27	Einige	Mehrere	Einige	—
1858	137	20	40 in Fredrikstad	4	Einige	2
1859	30	mindestens[1] 3	24	mindestens[2] 5	Einige	—
1860	—	—	—	—	21	—
1861	—	—	2	—	9	—

[1] Angegeben für Rygge 30 Behandelte und 3 Todesfälle.
[2] In Sarpsborg und Umgegend 24 Behandelte, wovon 5 gestorben.

Buskeruds Amt.

Tabelle II, 3.

Jahr	Buskeruds Landphysikat		Ringerikes und Moduuns Distrikt		Numedals und Sandsvärs Distrikt		Hallingdals Distrikt	
	Erkrankt	Gestorben	Erkrankt	Gestorben	Erkrankt	Gestorben	Erkrankt	Gestorben
1853	17	—	—	—	—	—	—	—
1854	8	—	Epidemie[1]	Nicht angegeben	—	—	—	—
1855	Einzelne	Wenige	Epidemie[2] 120	17	—	—	Epidemie in Flaa und Krydsherred	Mehrere
1856	Epidemie in Lier	Viele	—	—	Mehrere	—	—	—
1857	Einzelne	—	—	—	5	1	—	—
1858	4	—	—	—	1	—	—	—
1859	1	—	—	—	7	1	—	—
1860	Mehrere Fälle	—	—	—	—	—	—	—
1861	47	1	17	11	—	—	—	—

[1] In Modum 65 Erkrankte, 13 gestorben.
[2] Von einem Arzte in Ringerike 55 behandelt, von denen 4 gestorben.

Tabelle II, 4.

Jarlsberg und Laurvigs Amt.

Jahr	Jarlsberg Landphysikat		Laurvigs Distrikt	
	Erkrankt	Gestorben	Erkrankt	Gestorben
1853	Vereinzelte	—	—	—
1854	—	—	—	—
1855	Mindestens[2] 254	Mindestens 30	Viele	Viele[1]
1856	85	18	394	68
1857	Einzelne	—	Mindestens[3] 12	5
1858	Mehrere[4]	4	—	—
1859	60[5]	4	Einige	—
1860	50	5	49	5
1861	39	—	Vereinzelte	—

1856

Horten......	25 „	2 „
Aasgaardstrand	6 „	16 „
Tönsberg....	54 „	56 „
Laurvig Distr.	321 „	6 „
Sandefjord...	47 „	6 „
Tjömö	26 „	

[1]) In Fredriksvaern 23 Behandelte, 1 Todesfall. In Sandefjord 28 Behandelte, 7 Todesfälle. In Tjönö 35 Behandelte, 2 Todesfälle.
[2]) Augegeben für Stokke 9 Behandelte, 3 Todesfälle; für Tönsberg 68 Behandelte, 8 Todesfälle; für Aasgaardstrand 20 Behandelte: für Horten 157 Behandelte, 12 Todesfälle.
[3]) Auf Birköen in Sandl. erkrankten 12, 5 starben; ausserdem mehrere Erwachsene und ein Kind an Wassersucht.
[4]) Angegeben für Tönsberg 5 Erkrankte, für Svelvig 4 Todesfälle.
[5]) 40 Todesfälle in Horten.

Hedemarkens Amt.

Tabelle II, 5.

Jahr	Solör und Odalens Distrikt		Hedemarkens Amtsphysikat		Söndre Østerdalens Distrikt		Nordre Østerdalens Distrikt		Trysil Distrikt[1]	
	Erkrankt	Gestorben	Erkrankt	Gestorben	Erkrankt	Gestorben	Erkrankt	Gestorben	Erkrankt	Gestorben
1853	—	—	—	—	—	—	25	1	—	—
1854	—	—	Mehrere Fälle	4	—	—	—	—	—	—
1855	69	Nicht angegeben	—	—	Mehrere Fälle	Einige	Mehrere Fälle	Nicht angegeben	—	—
1856	Einige	—	—	—	Einige	—	Einige	—	—	—
1857	—	—	Epidemie	Nicht angegeben	Einige	...	Ueber 30[2]	1	—	—
1858	—	—	Epidemie	Mindestens 13	—	—	—	—	—	—
1859	8	4	Nicht angegeben	9	2	—	Epidemie	3	—	—
1860	262	42	—	—	—	—	—	—	—	—
1861	8	1	1	—	—	—	—	—	—	—

[1]) Trysil Distrikt errichtet 1860.
[2]) Angegeben für Dalsbygden Annex; von Tolgen 30 Erkrankte, 1 gestorben.

Kristians Amt.

Tabelle II, 6.

Jahr	Hadelands und Lands Distrikt Erkr.	Gest.	Thotens Distrikt Erkr.	Gest.	Söndre Valders Distrikt Erkr.	Gest.	Nordre Valders Distrikt Erkr.	Gest.	Faabergs Distrikt Erkr.	Gest.	Ringebu Distrikt Erkr.	Gest.	Loms Distrikt Erkr.	Gest.	Lesje Distrikt Erkr.	Gest.
1853	—	—	—	—	—	—	—	—	—	—	—	—	—	—	—	—
1854	—	—	—	—	—	—	—	—	Einzelne Fälle	—	—	—	—	—	—	—
1855	Einzelne Fälle 4	Nicht angegeben	—	—	—	—	—	—	Einzelne Fälle	—	—	—	—	—	—	—
1856	—	—	—	—	—	—	—	—	6	—	—	—	—	—	—	—
1857	—	—	—	—	—	—	—	—	—	—	—	—	—	—	—	—
1858	—	—	—	—	—	—	—	—	—	—	—	—	—	—	—	—
1859	—	—	Nicht angegeben	5	—	—	—	—	—	—	—	—	—	—	—	—
1860	—	—	19	—	—	—	—	—	—	—	—	—	—	—	—	—
1861	—	—	—	1	—	—	—	—	—	—	—	—	—	—	—	—

Bratsberg Amt.

Tabelle II, 7.

Jahr	Bratsbergs Landphysikat		Kragerö Distrikt		Nedre Thelemarkens Distrikt		Øvre Thelemarkens Ostfjeldske Distrikt		Øvre Thelemarkens Vestfjeldske Distrikt		Tins Distrikt	
	Erkr.	Gest.	Erkr.	Gest.	Erkr.	Gest.	Erkr.	Gest.	Erkr.	Gest.	Erkr.	Gest.
1853	—	—	—	—	—	—	—	—	—	—	—	—
1854	Einzelne	—	Vereinzelte	—	—	—	—	—	—	—	—	—
1855	Viele	—	—	—	3	3	—	—	—	—	—	—
1856	Viele[1]	Viele	400	74	Mehrere	—	—	—	—	—	—	—
1857	Einzelne	—	91	18	—	—	—	—	Einzelne	—	—	—
1858	Einige	—	—	—	—	—	—	—	—	—	—	—
1859	Einige	—	Einige	—	—	—	—	—	—	—	—	—
1860	Einzelne Fälle	—	2	—	—	—	—	—	—	—	—	—
1861	Einige	—	—	—	—	—	—	—	—	—	—	—

[1] Angeführt für Porsgrund 41 Behandelte, von welchen 12 starben.

Tabelle II, 8.

Nedenæs und Raabygdelagets Amt.

Jahr	Arendals Stadtphysikat Erkr.	Gest.	Østre Nedenæs Distrikt Erkr.	Gest.	Vestre Nedenæs Distrikt Erkr.	Gest.	Aamlids Distrikt Erkr.	Gest.	Evje Distrikt Erkr.	Gest.	Sietersdalens Distrikt Erkr.	Gest.
1853	—	—	—	—	—	—	—	—	—	—	—	—
1854	—	—	—	—	—	—	—	—	—	—	—	—
1855	2	—	mindestens[1] 8	—	—	—	—	—	—	—	—	—
1856	—	—	—	2	—	—	—	—	—	—	—	—
1857	Viele	—	mindestens[2] 267	19	Einige	—	—	—	—	—	—	—
1858	357	47	—	—	mindestens[3] 27	6	—	—	—	—	—	—
1859	49	2	—	—	mindestens[4] 54	10	—	—	56	5	—	—
1860	—	—	—	—	Grimstad 3	1	—	—	—	—	—	—
1861	Ver-einzelte Fälle	1	—	—	Ver-einzelte Fälle	—	—	—	—	—	—	—

[1] In Østerrisör 2 Todesfälle, in Tvedestrand 4 Erkrankte, in Holt 2 Erkrankte.
[2] In Østerrisör 168 Fälle, 10 Todesfälle; in Tvedestrand 99 Fälle, 9 Todesfälle.
[3] Angegeben für Grimstad 26 Behandelte, 5 Todte; Lillesand 1 Todesfall.
[4] Angegeben für Grimstad 30 Behandelte, keine Todesfälle; für Lillesand 10 Todesfälle, ohne Angabe der Anzahl der Behandelten.
In Höivaag 14 Erkrankte.

4*

Tabelle II, 9.

Lister und Mandals Amt.

Jahr	Kristiansands Stadtphysikat		Mandals Distrikt		Lyngdals Distrikt		Flekkefjords Distrikt	
	Erkrankt	Gestorben	Erkrankt	Gestorben	Erkrankt	Gestorben	Erkrankt	Gestorben
1853	—	—	—	—	—	—	—	—
1854	—	—	—	—	—	—	—	—
1855	—	—	—	—	—	—	—	—
1856	Nicht angegeben	—	Nicht angegeben	—	—	—	—	—
1857	15	—	—	—	2	—	—	—
1858	Einige	—	Epidemie	Nicht angegeben	4	1	—	—
1859	59[1]	6	Epid. Bösartig[2]	25	2[3]	—	—	—
1860	18	1	Einzelne	—	—	—	—	—
1861	5	—	—	—	—	—	—	—

[1] Nur 19 von diesen gehören zur Stadt Kristiansand.
[2] Aus den Sterbelisten der Prediger ersieht man, dass von 592 Todten 239 oder 40,4 % unter 10 Jahren alt waren, in anderen Gemeinden stieg die Zahl bis 48 %.
[3] Gerade auf der Grenze von Mandal's Distrikt.

Tabelle II, 10.

Stavanger Amt.

Jahr	Jæddren und Dalernes Distrikt Erkr.	Gest.	Stavanger Distrikt Erkr.	Gest.	Söndre Ryfylkes Distrikt Erkr.	Gest.	Nordre Ryfylkes Distrikt Erkr.	Gest.	Vestre Ryfylkes Distrikt Erkr.	Gest.
1853	—	—	—	—	—	—	—	—	—	—
1854	—	—	—	—	—	—	—	—	—	—
1855	—	—	—	—	—	—	—	—	—	—
1856	—	—	—	—	—	—	—	—	—	—
1857	—	—	Einige	—	—	—	—	—	—	—
1858	—	—	19	—	—	—	—	—	—	—
1859	—	—	26	—	—	—	—	—	—	—
1860	—	—	22	—	—	—	—	—	—	—
1861	—	—	—	—	—	—	—	—	—	—

Tabelle II, 11.

Südl. Bergenhus Amt.

Jahr	Ytre Söndhordlands Distrikt		Indre Söndhordlands Distrikt		Ytre Hardanger Distrikt		Indre Hardanger Distrikt		Vos Distrikt		Midt-hordland Distrikt		Ytre Nordhordlands Distrikt		Indre Nordhordlands Distrikt	
	Erkr.	Gest.	Erkr.	Gest.	Erkr.	Gest.	Erkr.	Gest.	Erkr.	Gest.	Erkr.	Gest.	Erkr.	Gest.	Erkr.	Gest.
1853	—	—	—	—	—	—	—	—	—	—	—	—	—	—	—	—
1854	—	—	—	—	—	—	—	—	—	—	—	—	—	—	—	—
1855	—	—	—	—	—	—	—	—	—	—	—	—	—	—	—	—
1856	—	—	—	—	—	—	—	—	—	—	—	—	—	—	—	—
1857	—	—	—	—	—	—	—	—	—	—	—	—	—	—	—	—
1858	—	—	—	—	Einige	—	—	—	—	—	—	—	—	—	—	—
1859	—	—	—	—	—	—	Einige	—	—	—	Einige	—	—	—	—	—
1860	—	—	—	—	—	—	—	—	—	—	—	1	Einige	—	Einige	—
1861	—	—	—	—	—	—	—	—	—	—	—	—	—	—	—	—

Stadt Bergen und Nördl. Bergenhus Amt.

Tabelle II, 12.

Jahr	Stadt Bergen		Lærdals Distrikt		Indre Sogn Distrikt		Midtre Sogns Distrikt		Ytre Sogns Distrikt		Indre Söndfjords Distrikt		Ytre Söndfjords Distrikt		Indre Nordfjords Distrikt		Yttre Nordfjords Distrikt	
	Erkr.	Gest.	Erkr.	Gest.	Erkr.	Gest.	Erkr.	Gest.	Erkr.	Gest.	Erkr.	Gest.	Erkr.	Gest.	Erkr.	Gest.	Erkr.	Gest.
1853	Ver-einzelte	—	—	—	—	—	—	—	—	—	—	—	—	—	—	—	—	—
1854	Mehrere Fälle	—	—	—	—	—	—	—	—	—	—	—	—	—	—	—	—	—
1855	Einzelne	—	—	—	—	—	—	—	—	—	—	—	—	—	—	—	—	—
1856	Einzelne	—	—	—	—	—	—	—	—	—	—	—	—	—	—	—	—	—
1857	—	—	—	—	—	—	—	—	—	—	—	—	—	—	—	—	—	—
1858	Einzelne¹)	—	—	—	—	—	—	—	—	—	—	—	—	—	—	—	—	—
1859	Einzelne	2	—	—	—	—	—	—	—	—	—	—	—	—	—	—	—	—
1860	160(?)	2(?)	—	—	—	—	—	—	—	—	—	—	—	—	—	—	—	—
1861	5	—	—	—	—	—	—	—	—	—	—	—	—	—	—	—	—	—

¹) Möglicherweise als Rötheln oder Erythem aufzufassen.

Romsdals Amt.

Tabelle II, 13.

Jahr	Vestre Söndmöres Distrikt Erkr.	Gest.	Indre Söndmöres Distrikt Erkr.	Gest.	Østre Söndmöres Distrikt Erkr.	Gest.	Nordre Söndmöres Distrikt Erkr.	Gest.	Indre Romsdals Distrikt Erkr.	Gest.	Ytre Romsdals Distrikt Erkr.	Gest.	Indre Nordmöres Distrikt Erkr.	Gest.	Söndre Nordmöres Distrikt Erkr.	Gest.	Nordre Nordmöres Distrikt Erkr.	Gest.
1853	—	—	—	—	—	—	—	—	—	—	—	—	—	—	—	—	—	—
1854	—	—	—	—	—	—	—	—	—	—	—	—	—	—	—	—	—	—
1855	—	—	—	—	—	—	—	—	—	—	—	—	—	—	—	—	—	—
1856	—	—	—	—	—	—	—	—	—	—	—	—	—	—	—	—	—	—
1857	—	—	—	—	—	—	—	—	—	—	—	—	—	—	—	—	—	—
1858	—	—	—	—	—	—	—	—	—	—	—	—	—	—	—	—	—	—
1859	—	—	—	—	—	—	—	—	—	—	—	—	—	—	—	—	—	—
1860	—	—	—	—	—	—	—	—	—	—	—	—	—	—	—	—	—	—
1861	—	—	—	—	—	—	—	—	—	—	—	—	Einige Fälle	—	—	—	Einige Fälle	—

Tabelle II, 14.

Südl. Drontheims Amt.

Jahr	Drontheims Stadtphysikat		Strindens Distrikt		Selbo Distrikt		Guldalens Distrikt		Örkedalens Distrikt		Opdals Distrikt		Söndre Fosens Distrikt		Nordre Fosens Distrikt	
	Erkr.	Gest.	Erkr.	Gest.	Erkr.	Gest.	Erkr.	Gest.	Erkr.	Gest.	Erkr.	Gest.	Erkr.	Gest.	Erkr.	Gest.
1853	—	—	—	—	—	—	Mild. Scharlach in Rörnas	—	—	—	—	—	—	—	—	—
1854	—	—	—	—	—	—	—	—	—	—	—	—	—	—	—	—
1855	—	—	—	—	—	—	—	—	—	—	—	—	—	—	—	—
1856	2	1	—	—	—	—	—	—	—	—	—	—	—	—	1	1
1857	—	—	—	—	—	—	—	—	—	—	—	—	—	—	—	—
1858	—	—	—	—	—	—	Röraas mehrere	Nicht angeg.	—	—	—	—	—	—	—	—
1859	—	—	—	—	—	—	Einige	—	—	—	—	—	Einige	—	—	—
1860	—	—	—	—	—	—	—	—	—	—	—	—	—	—	—	—
1861	—	—	—	—	—	—	—	—	—	—	—	—	—	—	—	—

Tabelle II, 15.

Nördl. Drontheims Amt.

Jahr	Stjördalens Distrikt		Söndre Indherreds Distrikt		Midtre Indherreds Distrikt		Nordre Indherreds Distrikt		Indre Namdals Distrikt		Yttre Namdals Distrikt	
	Erkr.	Gest.	Erkr.	Gest.	Erkr.	Gest.	Erkr.	Gest.	Erkr.	Gest.	Erkr.	Gest.
1853	—	—	—	—	—	—	—	—	—	—	—	—
1854	—	—	—	—	—	—	—	—	—	—	—	—
1855	—	—	—	—	—	—	—	—	—	—	—	—
1856	—	—	—	—	—	—	—	—	—	—	—	—
1857	—	—	—	—	—	—	—	—	—	—	—	—
1858	—	—	—	—	—	—	—	—	—	—	—	—
1859	—	—	—	—	—	—	—	—	—	—	—	—
1860	—	—	—	—	—	—	—	—	—	—	—	—
1861	—	—	—	—	—	—	—	—	—	—	—	—

Nordlands Amt.

Tabelle II, 16.

Jahr	Brönö Distrikt Erkr.	Brönö Distrikt Gest.	Alstadhoug Distrikt Erkr.	Alstadhoug Distrikt Gest.	Raneus Distrikt Erkr.	Raneus Distrikt Gest.	Lurö Distrikt E.	Lurö Distrikt G.	Bodö Distrikt E.	Bodö Distrikt G.	Skjerstad Distrikt Erkr.	Skjerstad Distrikt Gest.	Stegens Distrikt Erkr.	Stegens Distrikt Gest.	Lödingens Distrikt Erkr.	Lödingens Distrikt Gest.	Østlofoten Distrikt Erkr.	Østlofoten Distrikt Gest.	Vestlofoten Distrikt Erkr.	Vestlofoten Distrikt Gest.	Vesteraalens Distrikt Erkr.	Vesteraalens Distrikt Gest.
1853	—	—	—	—	—	—	—	—	—	—	—	—	—	—	—	—	—	—	—	—	—	—
1854	—	—	—	—	—	—	—	—	—	—	—	—	—	—	—	—	—	—	—	—	—	—
1855	—	—	—	—	—	—	—	—	—	—	—	—	—	—	—	—	—	—	—	—	—	—
1856	—	—	—	—	—	—	—	—	—	—	—	—	—	—	—	—	—	—	—	—	—	—
1857	—	—	—	—	—	—	—	—	—	—	—	—	—	—	—	—	—	—	—	—	—	—
1858	—	—	—	—	—	—	—	—	—	—	—	—	—	—	—	—	—	—	—	—	—	—
1859	—	—	—	—	—	—	—	—	—	—	—	—	—	—	—	—	—	—	—	—	—	—
1860	—	—	1	19	—	—	—	—	—	—	—	—	—	—	—	—	—	—	—	—	—	—
1861	—	—	—	1	—	—	—	—	—	—	—	—	—	—	—	—	—	—	—	—	—	—

Tabelle II, 17.

Finmarkens Amt.

Jahr	Söndre Senjens Distrikt		Nordre Senjens Distrikt		Malangens Distrikt		Tromsö Distrikt		Lyngens Distrikt		Altens Distrikt		Vest Fin-markens Distrikt		Tanens Distrikt		Varangen Distrikt	
	Erkr.	Gest.	Erkr.	Gest.	Erkr.	Gest.	Erkr.	Gest.	Erkr.	Gest.	Erkr.	Gest.	Erkr.	Gest.	Erkr.	Gest.	Erkr.	Gest.
1853							Ein-zelne											
1854							Ein-zelne											
1855							Ein-zelne											
1856																		
1857																		
1858																		
1859																		
1860	1																	
1861					1	1												

Tabelle III (1—19).

Das Vorkommen von Scharlachfieber in Norwegen
1862—1878.

Die Distrikteintheilung ist die für 1878 geltende.

Auf Aemter und ärztliche Distrikte vertheilt, so wie Summa der Behandelten und Todten, das Procentverhältniss zwischen Behandelten und Todten und bekannten Todesfällen ohne entsprechende Anzahl der Behandelten in den Aemtern für jedes Jahr.

Die Summa der unter jedem ärztlichen Distrikt für jedes Jahr angeführten Behandelten resp. Todten wird in der Regel (aber wegen mangelhafter Angaben nicht immer) die Summa der unter der Rubrik „Behandelte resp. Todte" plus derjenigen unter der Rubrik „Bekannte Todesfälle ohne entsprechende Anzahl Behandelter" angeführten Fälle ausmachen. Ausserdem enthält die Tabelle:

a) Einwohnerzahl der Aemter, nach den Volkszählungen von 1865 und 1875.

b) Einwohnerzahl der ärztlichen Distrikte, nach den Volkszählungen von 1865 und 1875.

c) Die Königlichen Resolutionen seit 1860, in Folge deren Distrikte umregulirt und neu gebildet wurden.

Kristiania und Akershus Amt.

Tabelle III, 1.

Akershus Amt: Einwohnerzahl 1865: 107,422 — 1875: 116,365.

Aerztliche Distrikte — Einwohner

	1865		1875
Aker	37,232	—	47,593
Ullensaker	35,615	—	33,469
Höland	15,539	—	14,417
Follo	19,136	—	19,297
Kristiania	57,381	—	77,041
Kristiania	31. Dec. 1878		112,977.

Im J. 1860 3 ärztliche Distrikte: Nr. 1 Aker und Nedre Romerike, Nr. 2 Øvre Romerike, Nr. 3. Follo. — Durch Königl. Reser. vom 10./9. 1882 umregulirt zu 4 Distrikten: 1. Aker = Nr. 1 ÷ Fet und Sörum, 2. Ullensaker = Nr. 2 + Sörum, ÷ Urskong, 3. Follo = Nr. 3 ÷ Höland, 4. Höland = Fet, Urskong, Höland. In Folge Gesetzg. vom 12./5. 1877 wurde ein Theil von Aker (24,580 Einwohner) getrennt und Kristiania zugelegt.

Jahr	Kristiania Erkr.	Kristiania Gest.	Kristiania Procentverhältniss zwischen Behandelten u. Todten	Kristiania Ausserdem angegebene Todesfälle	Akers Distrikt Erkr.	Akers Distrikt Gest.	Ullensakers Distrikt Erkr.	Ullensakers Distrikt Gest.	Hölands Distrikt Erkr.	Hölands Distrikt Gest.	Follo Distrikt Erkr.	Follo Distrikt Gest.	Behandelte	Todte	Procentverhältniss zwisch. Behandelten und Todten	Bekannte Todesfälle ohne entsprechende Anzahl Behandelter
1862	338	51[1])	—	—	nicht angegeben[2])								375 (1862: Von Kristiania u. Aker zusammen)	51	13,7	
1863	183	14	9,00	—	71	13	98	20[3])	10	2	74[4])	12	252	46	18,3[5])	
1864	28	1	3,57	1	5	2	25	5	1	—	2	2	33	9	27,3	1
1865	20	0	—	6	2	1	7	3	8	1	10	1	9	3	33,3	2
1866	165	13	8,00	94	26	1	66	6	4	—	73	8	110	9	8,18	
1867	611	65	10,64	48	91	24	221	24	71	18	4	—	389	56	14,4	
1868	180	20	11,11		64	20	11	1	21	1	39	9	150	39	26,0[6])	
1869	287	36	12,54		27	6	178	28	20	3	31	2	265	44	16,6	4
1870	896	70	8,37		169	16	338	26	34	4	143	20	558	47	8,4	
1871	244	24	9,83		76	5	374	25	2	—	—	—	623	50	7,9	
1872	24	2	8,33		6	1	84	7	34	3	7	—	92	8	8,6	1
1873	39	3	7,77		11	3	29	1	49	12	6	—	80	6	7,5	7
1874	115	12	10,43		45	7	90	9	14	9	39	7	183	21	11,5	4
1875	1030	156	14,86		307	36	79	10	121	21	257	40	439	62	14,1	3
1876	1111	241	21,69		744	106	363	40	5	—	95	24	1481	203	13,7	
1877	214	62	29,00		196	30	359	48	—	—	27	2	652	99	15,1	
1878	162	33	20,37		13	3	58	3					98	8	8,2	

[1]) Ausserdem von den Aerzten angegeben 55 Todesfälle.

[2]) 37 Fälle angegeben von Aerzten aus Kristiania als in Aker behandelt, ausserdem in Aker 9 Todesfälle.

[3]) Hiervon 1 Todesfall angegeben von Aerzten ohne entsprechende Anzahl Behandelter.

[4]) Hiervon 21 Fälle angegeben ohne Angabe der Sterblichkeit.

[5]) Hiervon 231 Behandelte, 46 Todesfälle, ausserdem 21 Fälle angegeben ohne Angabe der Sterblichkeit.

[6]) Aus den Medicinal-Berichten kann nicht ersehen werden, wie das Verhältniss steht zwischen Behandelten und Gestorbenen ohne Behandlung.

Smaalenenes Amt.

Einwohnerzahl 1865: 98,863 — 1875: 107,804.

Tabelle III, 2.

Aerztliche Distrikte

	Einwohner 1865	Einwohner 1875
Eidsberg	25,317 —	23,085
Moss	19,064 —	19,088
Sarpsborg	31,846 —	41,633
Hvalöerne	13,418 —	13,864
Fredrikshald	9,219 —	9,956

In 1860 1. Rakkestad, 2. Amtsphysikat, 3. Hvalöerne, 4. Fredrikshald. In Folge Königl. Reser. vom 10/9. 1862 umregulirt: Rakkestad wurde in 2 Distrikte getheilt: 1. Eidsberg, 2. Moss. 3. Das Amtsphysikat von 1869 ab Sarpsborg genannt. (Königl. Reser. vom 11/10. 1865.) 4. Hvalöerne. 5. Fredrikshald. Durch Königl. Rescr. vom 29./8. 1863 wurde das Pfarr-Amt Raade vom Amtsphysikat getrennt und dem Distrikte Moss zugelegt.

Jahr	Eidsberg Distrikt Erkr.	Eidsberg Distrikt Gest.	Moss Distrikt Erkr.	Moss Distrikt Gest.	Sarpsborg Distrikt Erkr.	Sarpsborg Distrikt Gest.	Hvalöernes Distrikt Erkr.	Hvalöernes Distrikt Gest.	Der ärztliche Distrikt von der Stadt Fredrikshald Erkr.	Der ärztliche Distrikt von der Stadt Fredrikshald Gest.	Behandelte	Todte	Procentverhältnis zwisch. Behandelten und Todten	Bekannte Todesfälle ohne entsprechende Anzahl Behandelter
1862	8	3	1	—	7	1	39	5	161	24	216	33	15,28	
1863	32	2	14	1	1	—	119	14	23	3	189	20	10,58	12
1864	44	3	15	23	3	—	—	—	—	—	62	3	4,48	
1865	15	2	102	—	64	9	—	—	10¹)	—	191	34	17,80	5
1866	34	4	21	1	250	26	15	3	1	1	206	31	10,13	6
1867	103	10	27	—	12	11	32	10	16	2	158	13	8,23	3
1868	28	1	9	39	51	16	22	6	271	36	374	51	13,64	1
1869	16	—	276	11	109	19	6	2	71	11	501	73	14,57	1
1870	18	2	72	5	177	13	—	—	4	—	293	39	13,31	
1871	87	8	75	—	134	3	13	—	29	1	330	28	8,48	
1872	11	—	5	—	58	—	—	—	29	2	102	4	3,92	
1873	8	1	—	—	15	1	—	16	12	—	48	1	2,08	
1874	19	4	10	30	25	19	37	1	3	—	39	1	2,56	
1875	611	69	3	18	245	37	6	1	233	11	537	50	9,31	
1876	279	51	225	—	301	52	4	10	61	7	1194	134	11,22	10
1877	9	1	128		288	32	36		6	—	696	113	16,24	9
1878			12		236				162	6	455	49	10,77	

¹) Rötheln und Scharlachfieber.

Buskeruds Amt.

Tabelle III, 3.

Einwohnerzahl 1865: 99,279 — 1875: 102,186.

Aerztliche Distrikte	Einwohner 1865	1875
Buskeruds Landphysikat	26,065	— 31,370
Ringerikes Distrikt	14,263	— 14,369
Modums Distrikt	25,921	— 25,384
Hallingdals Distr.	14,729	— 14,257
Sandsværs Distr.	13,000	— 11,766
Rollag Distrikt	5,297	— 5,012
Drammen Stadt	13,032	— 18,643
Kongsberg „	5,011	— 4,357

Im J. 1860 4 Distrikte: 1. Landphysikat, 2. Ringerike und Modum, 3. Numedal und Sandsvær, 4. Hallingdal. Nr. 1, Nr. 2, Nr. 4 wurden in Folge Kønigl. Rescr. vom 11/10. 1865 umregulirt. Nr. 1 (Landphysikat) von 1880 Drammens Distrikt genannt (Kønigl. Rescr. vom 10/11. 1865) als Nr. 1 ÷ Eker und Sigdal (hierin Krydsherred nicht eingerechnet, welches zu Hallingdal gehørte). Nr. 2 Ringerikes Distrikt als Nr. 2 ÷ Modum, Pfarr-Amt. Nr. 3 Modum = Modum Sigdal und Eker. Nr. 4 Sandsvær : Kongsberg, Flesberg und Sandsvær. Nr. 5 Rollag : Rollag und Nore. Nr. 6 Hallingdal als Nr. 4 : Krydsherred.

Jahr	Buskeruds Landphysikat (Drammens Distrikt) Erkr.	Gest.	Ringerikes Distrikt Erkr.	Gest.	Modums Distrikt Erkr.	Gest.	Hallingdals Distrikt Erkr.	Gest.	Sandsvær Distrikt Erkr.	Gest.	Rollags Distrikt Erkr.	Gest.	Behandelte	Todte	Procentverhältniss zwisch. Behandelten und Todten	Bekannte Todesfälle ohne entsprechende Anzahl Behandelter
1862	187	32	31	5	Nicht angegeben		—	—	—	—	—	—	214	31	14,49	5
1863	118	18	42	3	Nicht angegeben		29	5	223	37	5	2	417	65	15,59	18
1864	6	1	16	4	Nicht angegeben		15	3	18	4	1	5	56	12	21,43	12
1865	12	3¹)	—	—	Nicht angegeben		—	—	—	—	—	—	12	3	25,00	—
1866	16	2	—	—	4	—	—	—	—	—	—	—	20	2	10,00	4
1867	86	5	4	—	73	17	—	—	—	—	—	—	163	22	13,50	7
1868	42	4	199	34	86	10	—	—	64	9	—	—	391	57	14,58	3
1869	337	57	60	9	44	10	—	—	2	—	—	—	439	73	16,63	25
1870	248	42	47	4	51	5	—	—	26	6	—	—	347	32	9,22	1
1871	255	10	70	1	35	3	34	4	8	—	—	—	361	13	3,60	—
1872	77	9	8	1	30	4	18	9	1	—	—	—	157	18	11,46	9
1873	—	—	—	—	—	—	—	—	—	—	—	—	10	—	—	—
1874	13	4	—	—	1	—	—	—	1	—	—	—	14	—	—	—
1875	89	46	1	—	117	2	—	—	—	—	—	—	208	7	3,36	—
1876	382	83	101	8	201	22	144	38	288	43	23	2	1128	148	13,12	11
1877	497	5	91	14	98	30	113	28	29	5	89	7	878	128	14,58	39
1878	25	—	35	10	1	—	2	1	4	—	—	—	61	10	16,40	6

¹) 1862—1865 ist Eker mit zum Landphysikat gerechnet.

Tabelle III, 4.

Jarlsberg und Laurvigs Amt.

Einwohnerzahl 1865: 85,482 — 1875: 87,506.

Jahr	Tönsberg Distrikt Erkr.	Tönsberg Distrikt Gest.	Hofs Distrikt Erkr.	Hofs Distrikt Gest.	Laurvigs Distrikt Erkr.	Laurvigs Distrikt Gest.	Behandelte	Tödte	Procentverhältniss zwisch. Behandelten und Todten	Bekannte Todesfälle ohne entsprechende Anzahl Behandelter
1862	—	—	30[3])	7	24	3	54	10	18,52	9
1863	78[1])	14	—	—	9	1	87	15	17,24	4
1864	91[2])	12	—	—	48	5	139	17	12,23	—
1865	182	26	—	—	7	1	189	27	14,28	13
1866	145	11	—	—	9[4])	—	154	11	7,14	6
1867	117	12	54	4	332	65	503	81	16,10	21
1868	54	11	7	2	146	22	207	35	16,91	10
1869	94	12	19	4	112	7	200	13	6,50	1
1870	190	37	61	8	47	6	235	26	11,06	1
1871	451	62	—	—	34	6	536	66	12,31	3
1872	48	4	—	—	12	1	59	3	5,09	39
1873	2	—	19	2	54	—	55	—	—	10
1874	7	2	163	42	4	16	11	2	18,18	
1875	19	—	54	14	105	51	140	15	10,71	
1876	370	58	5	—	224	8	718	112	15,60	
1877	109	14	—	—	63		216	26	12,04	
1878	20	1	—	—	24		49	1	2,04	

Aerztliche Distrikte

	Einwohner 1867	1875
Tönsberg Distrikt	40,113	40,794
Hofs Distrikt	7,829	18,346
Laurvigs Distrikt	29,190	28,366

	1865	1875
Stadt Tönsberg	4,541	4,913
Horten	6,192	5,302
Holmestrand	2,081	2,147

Eintheilung 1860 in 2 Distrikte: 1. Landphysikat. 2. Laurvigs Distrikt. Durch Königl. Reser. vom 11./10. 1865 unregulirt zu 1 Landphysikat = Nr. 1 ∴ Hof und Ramnes zusammen mit 5398 Einwohnern. 2. Hofs Distrikt, welches Hof, Ramnes und Laurdal umfasst. 3. Laurvigs Distrikt = Nr. 2 ∴ Laurdal mit 2431 Einwohnern. In Folge Königl. Reser. vom 24./5. 1873 wurden Nr. 1 und Nr. 2 (Landphysikat von 1873 Tönsbergs Distrikt genannt) und Hofs Distrikt unregulirt, so dass die Distrikte wurden wie folgt: 1. Tönsberg = Nr. 1 ∴ Hof, Strömnes, Skonger, Sande, Botne, Holmestrand, Svelvig; + Ramnes und Tjömö. 2. Hof = Hof, Strömnes; Sande, Botne, Skonger, Holmestrand, Svelvig ∴ Ramnes. 3. Laurvig = Nr. 3 ÷ Tjömö. NB. Auf den Tabellen sind die Erkrankten soweit als möglich nach den Pfarr-Aemtern und Communen geordnet, so dass die Eintheilung nach 1873 benutzt wurde.

1) Dazu noch Fälle über Tönsberg und Hof verbreitet, aber nicht specificirt.
2) Gleichfalls.
3) In Svelvig 1 Todesfall und 8 Todesfälle aus Skonger und Sande gemeldet.
4) 5 Fälle aus Tjömö dem Distrikte Tönsberg zugelegt.

Hedemarkens Amt.

Tabelle III, 5.

Einwohnerzahl 1865: 120,442 — 1875: 120,618.

Jahr	Solör Odalens Distrikt Erkr.	Gest.	Hedemarkens Distrikt Erkr.	Gest.	Söndre Østerdalens Distrikt Erkr.	Gest.	Trysil Distrikt Erkr.	Gest.	Rendalens Distrikt Erkr.	Gest.	Tünset Distrikt Erkr.	Gest.	Behandelte	Todte	Procentverhältnis zwisch. Behandelten und Todten	Bekannte Todesfälle ohne entsprechende Anzahl Behandelter
1862	1	—	nicht angegeben		—	—	—	—	8	1	—	—	9[1]	1	11,00	—
1863	16	3	68	15	—	—	2	—	—	—	—	—	86	18	20,9	1
1864	9	1	96	14	2	1	5	—	36	8	58	9	143	23	16,00	10
1865	16	1	38	4	9	—	—	1	10	2	3	—	136	18	13,26	4
1866	52	7	—	—	89	23	6	—	13	1	—	—	55	7	12,73	1
1867	157	25	42	6	16	2	—	—	48	6	198	29	301	55	18,27	—
1868	80	18	34	10	29	7	6	—	80	7	162	19	382	65	17,00	2
1869	172	34	86	12	82	11	19	2	50	2	34	6	521	71	13,63	8
1870	35	3	237	22	22	—	5	—	43	1	2	—	454	43	9,5	3
1871	84	11	113	7	—	—	—	—	2	—	—	—	269	19	7,00	—
1872	77	14	16	—	1	—	3	—	—	—	20	2	95	14	14,74	—
1873	12	1	—	—	—	—	—	—	—	—	—	—	33	3	9,0	—
1874	—	—	—	—	4	—	—	—	—	—	—	—	—	—	—	—
1875	55	4	26	4	4	—	—	—	—	—	—	—	85	8	9,4	13
1876	291	31	636	88	331	41	160	22	263	25	95	23	1763	217	12,31	12
1877	93	19	289	52	179	18	24	7	103	18	72	6	748	108	14,44	2
1878	—	—	99	17	14	1	—	—	6	—	15	6	132	22	16,67	—

Aerztliche Distrikte	Einwohner 1865	1875
Solör-Odalens D.	35,974	34,058
Hedemarkens D.	42,353	40,756
Söndre Østerdalens Distrikt	18,676	19,951
Trysil Distrikt	4,269	5,520
Rendalen D. (1866)	8,366	9,316
Tönset Distrikt	10,250	10,392

1860 5 Distrikte: 1. Solör-Odalen. 2. Hedemarkens Amtsphysikat (durch Königl. Reser. vom 11./10. 1865 Distrikt). 3. Söndre Østerdalen. 4. Nordre Østerdalen. 5. Trysil. In Folge Königl. Reser. vom 11./10. 1865 wurde Nr. 4 in 2 Distrikte getheilt: a) Rendalen, b) Tönset. (Einige Höfe in Tönset und Aamodt, welche zu Solliden gehörten, wurden in Folge Königl. Reser. vom 16./11. 1861 Ringebo in Kristians Amt zugefügt.)

[1]) Im Medicinal-Berichte, welcher 8 Kranke angibt, ist ein „einzig dastehender Fall" aus Grue nicht miteingerechnet.

Kristians Amt.

Tabelle III, 6.

Einwohnerzahl 1865: 124,980 — 1875: 115,814.

Jahr	Hadelands und Lands Distrikt Erkr.	Gest.	Söndre Valders Distrikt Erkr.	Gest.	Nordre Valders Distrikt Erkr.	Gest.	Totens Distrikt Erkr.	Gest.	Faaberg Distrikt Erkr.	Gest.	Ringebo Distrikt Erkr.	Gest.	Loms Distrikt Erkr.	Gest.	Lesje Distrikt Erkr.	Gest.	Behandelte	Todte	Procentverhältniss zwisch. Behandelten und Todten	Bekannte Todesfälle ohne entsprechende Anzahl Behandelter
1862	57	10	—	—	—	—	15	—	4	—	—	—	—	—	—	—	76	10	13,16	—
1863	117	11	6	1	—	—	4	—	41	3	—	3	22	—	—	—	184	17	9,24	—
1864	66	8	—	—	—	—	21	3	49	8	3	—	—	3	—	—	145	20	13,79	1
1865	—	—	—	—	—	—	11	—	—	—	—	—	—	—	—	—	11	—	—	—
1866	—	—	—	—	—	—	—	—	—	—	—	—	—	—	—	—	2	—	—	—
1867	2	5	—	—	—	12	—	—	—	—	1	—	—	—	—	—	15	5	33,33	5
1868	15	10	357	24	94	—	80	7	30	7	8	1	—	—	—	—	621	55	8,95	—
1869	64	11	53	3	3	—	102	5	104	3	12	—	—	—	2	—	417	23	5,52	—
1870	147	27	54	2	5	1	46	1	62	5	3	—	5	—	—	—	632	34	5,38	—
1871	455	—	68	3	16	8	49	1	5	—	—	—	—	—	—	—	152	11	7,23	—
1872	5	—	2	—	—	—	—	—	—	—	—	—	—	—	—	—	—	—	—	2
1873	—	—	—	—	—	—	8	—	6	—	—	—	—	—	—	—	14	—	—	1
1874	12	2	4	—	5	2	3	—	9	4	—	—	—	—	—	—	24	6	25,00	—
1875	163	11	160	26	59	12	233	20	135	20	118	23	15	4	—	—	673	80	11,71	—
1876	214	32	99	16	16	9	253	32	155	23	86	29	10	2	87	17	997	144	14,44	29
1877	15	5	—	—	—	—	166	23	299	47	34	9	248	40	8	4	856	124	14,49	29
1878	—	—	—	—	—	—	—	—	—	—	—	—	—	—	—	—	—	—	—	—

Lesje Distrikt: Mehrere — Epid.

Aerztliche Distrikte

	Einwohner 1865	1875
Hadelands Land D.	26,284	24,150
Söndre Valders D.	12,047	10,961
Nordre Valders D.	8,504	7,855
Totens D.	25,541	23,921
Faaberg D.	18,663	16,841
Ringebo D.	14,089	13,694
Loms D.	11,534	10,799
Lesje D.	8,318	7,635

Seit 1860 unverändert, jedoch in Folge Königl. Reser. vom 16./11. 1865 wurden dem Distrikte Ringebo einige Höfe zugelegt. (Siehe unter Hedemarkens Amt.)

Bratsberg Amt.

Tabelle III, 7.

Einwohnerzahl 1865: 82,037 — 1875: 83,171.

Aerztliche Distrikte

	Einwohner 1865	1875
Skien D.	23,168	24,487
Kragerö D.	18,340	19,066
Holden D.	12,129	11,274
Sauland D.	7,393	7,190
Hviteseid D.	9,027	8,704
Laardal D.	8,281	8,217
Tinn D.	3,649	3,633

1860 in 6 Distrikte getheilt: 1. Landphysikat (von 1873 ab Skiens Distrikt). 2. Kragerö. 3. Nedre Thelemarken. 4. Ovre Thelemarkens Ostfjeldske Distrikt. 5. Ovre Thelemarkens Vestfjeldske Distrikt. 6. Tinn. In Folge Königl. Reser. vom 10./9. 1862 wurden 3., 4., 5. umregulirt zu 3. Holden. 4. Sauland; 5. Hviteseid, 6. Laardal.

Jahr	Skien Distrikt Erkr.	Skien Distrikt Gest.	Kragerö Distrikt Erkr.	Kragerö Distrikt Gest.	Holden Distrikt Erkr.	Holden Distrikt Gest.	Sauland Distrikt Erkr.	Sauland Distrikt Gest.	Hviteseid Distrikt Erkr.	Hviteseid Distrikt Gest.	Laardals Distrikt Erkr.	Laardals Distrikt Gest.	Tinns Distrikt Erkr.	Tinns Distrikt Gest.	Behandelte	Todte	Procentverhältniss zwisch. Behandelten und Todten	Bekannte Todesfälle ohne entsprechende Anzahl Behandelter
1862	—	—	—	—	—	—	—	—	—	—	—	—	—	—	—	—	—	—
1863	2	—	—	—	—	—	2	2	—	—	—	—	—	—	2	2	100,00	—
1864	5	1	2	—	—	—	—	—	—	—	—	—	—	—	7	1	14,28	—
1865	354	57	224	24	34	7	—	—	—	—	—	—	—	—	612	88	14,38	36
1866	247	37	124	19	155	42	3	1	19	2	—	—	—	—	548	101	18,43	45
1867	65	7	—	—	—	—	—	—	—	—	—	—	—	—	65	7	10,77	9
1868	34	7	7	10	8	—	—	—	—	—	—	—	—	—	47	5	10,64	2
1869	10	—	85	4	—	—	—	—	—	—	—	—	—	—	95	10	10,53	—
1870	158	10	69	4	80	1	—	—	—	—	—	—	—	—	221	8	3,62	6
1871	181	13	129	2	4	—	1	—	—	—	—	—	—	—	389	17	4,37	1
1872	54	1	51	1	—	1	—	—	—	—	—	—	—	—	109	3	2,75	—
1873	7	—	45	18	9	14	—	—	—	—	—	—	—	—	52	1	1,92	3
1874	25	10	256	52	204	8	—	—	—	—	—	—	—	—	287	16	5,57	34
1875	144	25	336	9	46	—	1	2	245	18	174	10	25	7	1095	77	7,03	19
1876	209	45	110	10	—	—	24	—	87	21	23	4	55	19	535	69	12,90	2
1877	304	—	123	—	—	—	—	—	28	3	—	—	—	—	453	56	12,36	—
1878	—	—	—	—	—	—	—	—	—	—	—	—	—	—	—	—	—	—

Nedenæs Amt.

Tabelle III, 8.

Einwohnerzahl 1865: 68,681 — 1875: 73,415.

Jahr	Østre Nedenæs Distrikt Erkr.	Gest.	Arendal Stadtphysikat Erkr.	Gest.	Vestre Nedenæs Distrikt Erkr.	Gest.	Aamli Distrikt Erkr.	Gest.	Evje Distrikt Erkr.	Gest.	Sætersdalens Distrikt Erkr.	Gest.	Behandelte	Todte	Procentverhältniss zwisch. Behandelten und Todten	Bekannte Todesfälle ohne entsprechende Anzahl Behandelter
1862	—	—	—	—	11	4	—	—	—	—	—	—	11	4	36,4	—
1863	—	—	10	—	27	—	—	—	—	—	—	—	37	—	—	—
1864	8	4	35	—	8	2	—	—	—	—	—	—	16	2	12,15	3
1865	63	19	30	2	94	7	—	—	—	—	—	—	192	11	5,73	—
1866	218	10	17	1	429	49	29	2	10	3	1	1	706	72	10,2	1
1867	96	1	2	4	105	5	21	6	1	—	—	—	250	26	10,4	3
1868	6	12	15	18	2	—	1	—	—	—	—	—	9	1	11,0	—
1869	51	51	108	25	27	6	—	5	—	—	—	—	66	13	19,7	—
1870	251	31	119	—	123	24	12	—	—	7	—	—	386	75	19,43	10
1871	181	—	9	—	17	3	—	—	—	5	—	—	425	75	17,64	3
1872	2	—	3	2	—	—	—	—	—	—	—	—	25	—	—	—
1873	1	2	1	9	431	59	5	1	—	—	—	—	4	—	—	2
1874	13	33	31	2	339	28	35	3	37	7	—	—	14	2	14,29	5
1875	212	65	140	1	36	6	14	—	23	5	4	4	677	93	13,74	1
1876	624	4	23	—	25	4	1	—	—	—	—	—	1170	107	9,15	2
1877	135	6	36	—	—	—	—	—	—	—	—	—	234	16	6,84	—
1878	69¹)	—	—	—	—	—	—	—	—	—	—	—	129	9	7,0	—

Aerztliche Distrikte

Distrikt	Einwohner 1865	1875
Østre Nedenæs Distrikt	25,640	27,920
Arendal Stadtphysikat	3,452	4,132
Vestre Nedenæs Distrikt	23,879	25,856
Aamli Distrikt	5,120	5,401
Evje Distrikt	5,325	5,475
Sætersdalens Distrikt	4,665	4,620

	1875
Tvedestrand	1364
Grimstad	1657
Oesterrisör	2390

¹) Aus Tvedestrand sind ausserdem 21 nicht behandelte Fälle angegeben.

Lister und Mandals Amt.

Tabelle III, 9.

Einwohnerzahl 1865: 73,785 — 1875: 75,121.

Aerztliche Distrikte	Einwohner 1865	1875
Kristiansands Stadtphysikat	10,876 —	11,766
Mandal { Oddernæs D.	31,347 —	20,732
Mandal { Undals D.		11,511
Lyngdals Distrikt	16,760 —	16,058
Flekkefjord Distrikt	14,802 —	15,054

In 1860 4 Distrikte: 1. Kristiansands Stadtphysikat. 2. Mandal. 3. Lyngdal. 4. Flekkefjord. Durch Königl. Rescr. vom 6./2. 1865 ist Mandal in 2 Distrikte getheilt, Oddernæs und Undal.

Jahr	Kristiansands Stadtphysikat Erkr.	Gest.	Oddernæs Distrikt Erkr.	Gest.	Undals Distrikt Erkr.	Gest.	Lyngdals Distrikt Erkr.	Gest.	Flekkefjords Distrikt Erkr.	Gest.	Behandelte	Tödte	Procentverhältniss zwisch. Behandelten und Todten	Bekannte Todesfälle ohne entsprechende Anzahl Unbehandelter
1862	26	1	2	—							28	1	3,6	
1863	21	2	5	—			3	—	19	3	48	5	10,4	
1864	167¹)	9	—	—			1	—	50	11	218	20	9,2	
1865	73	6	12	3			38	2	46	8	85	9	10,6	
1866	168	7	36	3			20	1	3	1	288	20	6,9	
1867	88	6	67	2			—	—			178	10	5,6	3
1868	—		4	—							4	—		
1869	—		7	—			1	1	8	—	7	—		
1870	3	—	4	1	21	6	183	33			16	1	6,2	
1871	2	—	7	5	30	6	150	36	48	—	213	40	18,8	
1872	3	—	23	4	—	—	8	1			254	47	18,5	
1873	22	1	73	—	30	4					103	6	5,8	
1874	13	—	2	—	43	20	42	9	8	—	15	1	6,7	
1875	149	8	305	58			33	2	144	18	492	71	14,4	4
1876	332	40	275	32					23	5	832	115	13,9	1
1877	2	—	5	1							62	7	11,3	
1878	—		7	1							7	1	14,3	

¹) Von diesen sind einige Fälle in Oddernæs Distrikt vorgekommen; sind aber nicht genauer specificirt. Rötheln und Scharlachfieber sind von den Aerzten unter eins ausgegeben worden.

Stavanger Amt.

Tabelle III, 10.

Einwohnerzahl 1865: 104,868 — 1875: 110,965.

Aerztliche Distrikte

	Einwohner 1865	1875
Sogndal	5,953	5,930
Ekersund	11,960	12,966
Sandnæs	12,996	14,386
Stavanger	24,545	28,354
Finnö	13,396	12,393
Sands	10,932	11,233
Karmöens	14,663	13,706
Haugesunds	10,419	10,997

1860 5 Distrikte: 1. Judderen - Dalerne, 2. Stavanger, 3. Söndre Ryfylke, 4. Nordre Ryfylke, 5. Vestre Ryfylke. In Folge Königl. Reser. vom 11./10. 1865 zu 8 Distrikten umregulirt. 1. Sogndal, (in Folge Königl. Reser. 9./3. 1872 wurde die Gemeinde Sirdal [Lister und Mandals Amt] davon getrennt), 2. Ekersund. 3. Sandnæs, 4. Stavanger (in Folge Königl. Reser. vom 8./9. 1869 wurde die Gemeinde Hvitingsö v. Rennesö [Finnö Distrikt] zugelegt). 5. Finnö = Söndre Ryfylke :- Höle + Nerstrand, 6. Sand. 7. Karmöen = Vestre Ryfylke : Torvestad, 8. Haugesund, Torvestad, Skjold u. (in Folge Königl. Reser. 10./9. 1867) das Pfarr-Amt Sveen im südl. Bergenhus Amt.

Jahr	Sogndals Distr. E.	G.	Ekersunds Distrikt E.	G.	Sandnæs Distrikt E.	G.	Stavanger Distrikt E.	G.	Finnö Distrikt E.	G.	Sands Distrikt E.	G.	Karmöens Distrikt E.	G.	Haugesunds Distrikt E.	G.	Behandelte	Tödte	Procentverhältnisse zwisch. Behandelten und Todten	Bekannte Todesfälle ohne entsprechende Anzahl Behandelter
1862			Nicht angegeben	10					Nicht angegeben				20	2			20	2	10,00	1
1863				6			71	11					Nicht angegeben				95	14	14,74	12
1864			28				19	1	16	3			24	1		5	93	14	15,04	
1865							4	2					5	3			9	5	3,65	
1866			9		16	1	115				16	2	12	3	1		137	16	4,92	10 u. 3Beh.
1867		:	19	1			173	14	8				14	1	69	7	325	16		1
1868			2				6	3	2	1			4		15	3	27	3	11,11	
1869			5				1		151	40					11	1	6			
1870							25		95	25			5	3	423	97	39	4	10,26	4
1871	9	3	32	5	237	51	1290	139			413	42	399	89	23	5¹)	2889	401	13,9	65
1872	7	1	78	1	108	42	272	39			81	7	73	10			675	67	9,93	63
1873			3		4	4	2	2									7	2	28,57	2
1874					3	3														von Sandnæs 3
1875					7		29	2					1				37	2	5,41	
1876	7	3	245	46	22	6	38	7					6		6		320	56	17,50	8
1877	17	12	37		27	14	42	4									108	15	13,89	15
1878					2		120	25	21		21	1	182	25			324	50	15,43	1

1) Während der Frühjahrs-Fischerei 1 Todesfall.

Bergen und Südl. Bergenhus Amt.

Tabelle III, 11. Südl. Bergenhus Amt: Einwohnerzahl 1865: 113,403 — 1875: 114,560.

Jahr	Bergen			Indre Söndhordlands Distr.		Ytre Söndhordlands Distrikt		Indre Hardanger Distrikt		Ytre Hardanger Distrikt		Voss Distrikt		Söndre Midthordlands Distr.		Nordre Midthordlands Distr.		Indre Nordhordlands Distrikt		Ytre Nordhordlands Distrikt		Behandelte	Todte	Procentverhältniss zwisch. Behandelten und Todten	Bekannte Todesfälle ohne entsprechende Anzahl Behandelter
	E.	G.		E.	G.	E.	G.	E.	G.	E.	G.	E.	G.	E.	G.	E.	G.	E.	G.	E.	G.				
1862	112	12	10,71	—	—	—	—	—	—	2	—	—	—	—	—	3	—	15	1	8	—	27	1	3,57	1
1863	521	100	19,19	18	4	29	9	—	—	8	7	1	1	—	—	84	14	193	11	193	58	468	46	9,83	58
1864	87	11	12,64	1	—	16	3	35	4	32	3	—	—	10	1	10	2	—	—	5	—	109	13	11,92	—
1865	15	2	13,33	—	—	15	3	6	1	9	1	—	—	2	—	3	—	3	—	5	2	43	7	16,28	1
1866	1	—	—	—	—	Einzelne		—	—	4		—	—	—	—	—	—	—	—	—	—	4	—	—	—
1867	427	26[1])	6,09	26	2	19	—	—	—	85	7	—	—	2	1	88	10	52	2	9	—	281	22	1,83	12
1868	147	8[2])	5,44	8	3	2	—	13	1	—	—	—	—	—	—	2	—	43	1	4	1	72	6	8,44	—
1869	48	3	6,23	—	—	5	—	—	—	—	—	—	—	—	—	1	1	14	1	7	1	26	2	7,69	1
1870	289	43	14,88	3	1	2	—	—	—	—	—	—	—	1	—	93	14	21	2	6	—	125	16	12,80	1
1871	603	74[3])	12,27	75	19	90	19	12	3	35	13	—	—	14	2	273	38	368	30	154	21	988	112	11,34	33
1872	213	10[4])	4,69	38	11	117	14	28	10	58	18	15	4	26	12	179	30	172	23	183	39	764	109	14,27	52
1873	28	7	—	1	—	14	1	1	—	15	4	—	—	22	—	12	1	37	4	18	—	116	6	5,17	4
1874	35	4	11,43	7	3	3	—	1	—	5	2	—	—	—	—	16	1	1	1	—	—	30	4	13,33	3
1875	18	3	16,66	2	—	12	2	—	—	2	2	—	—	36	12	—	—	—	—	—	—	45	9	20,00	7
1876	536	118	22,00	5	4	40	11	3	—	26	2	—	—	82	15	91	17	33	3	21	4	302	51	16,90	7
1877	158	53	33,54	2	—	67	28	16	4	268	41	6	2	83	9	55	6	8	3	118	20	613	97	15,82	21
1878	23	1	4,35	7	4	11	—	—	—	3	2	42	8	104	9	51	10	7	—	23	4	244	33	13,52	4

Sveens Pfarr-Amt	E.	G.
1876	8	2
1877	11	5

Aerztliche Distrikte	Einwohner 1865	Einwohner 1875
ohne Sveens Herred: Indre Söndhordland	9,861	9,369
ohne Sveens Herred: Ytre Söndhordland	13,802	13,655
Indre Hardanger	10,597	10,186
Ytre Hardanger	11,259	11,607
Voss	9,629	9,429
Söndre Midthordland	11,132	11,191
Nordre Midthordland	14,255	15,153
Indre Nordhordland	15,629	16,954
Ytre Nordhordland	13,950	14,899
Sveen Herred Haugesund D. gehörend.	3,289	3,125
Stadt Bergen	27,703	33,841

1860 8 Distrikte, wobei in Folge Königl. Reser. vom 28./9. 1860 die Veränderung gemacht wurde, dass Midthordland Distrikt in 2 getheilt ward: a) Nordre u. b) Söndre Midthordland. Durch Königl. Reser. vom 10./7. 1867 wurde das Pfarr-Amt Sveen verlegt von Indre und Ytre Söndhordland zum Distrikte Haugesund im Amte Stavanger. Vom 1./1. 1877 sind die Distrikte der Domkirche und Sandvikens Landdistrikt mit 4743 Einwohnern von Nordre Midthordland der Stadt Bergen zuertheilt.

[1]) Ausserdem angegeben 24 Todte. [2]) Desgl. 2 Todte. [3]) Desgl. 59 Todte. [4]) Desgl. 18 Todte.

Nördl. Bergenhus Amt.

Tabelle III, 12.

Einwohnerzahl 1865: 86,803 — 1875: 86,208.

Aerztliche Distrikte	Einwohner 1865	Einwohner 1875
Laerdal	8,075	7,066
Indre Sogn { Lyster / Indre Sogn }	12,070 { 5723 / 5354 }	11,107
Midtre Sogn	7,781	7,626
Ytre Sogn	8,593	8,751
Ytre Söndfjord	8,725	8,966
	1867	
Indre Söndfjord	11,507	11,504
Kinns	8,284	8,365
Ytre [Ytre Nordfjord]	5,593	6,356
Nordfj. [Nordfjordeidet]	4,399	4,580
Indre Nordfjord	11,767	12,017

Distrikte: 1. Laerdal. 2. Indre Sogn. 3. Midtre Sogn. 4. Ytre Sogn. 5. Ytre Söndjord. 6. Indre Söndfjord. 7. Indre Nordfjord. 8. Ytre Nordfjord.

1860 8 Distrikte. In Folge Storthings Beschluss von 1863 und Königl. Reser. vom 11/4. 1863 wurden Ytre Söndfjord und Ytre Nordfjord zu 3 Distrikten umregulirt, indem ausser diesen zweien 1 neuer Distrikt errichtet wurde, nämlich Kinns. Diesem wurde in Folge Königl. Reser. vom 4/5. 1867 zugelegt die Gemeinde Vefring vom Pfarr-Amte Förde von Distrikte Indre Söndfjord. In Folge derselben Resolution wurde Ytre Nordfjord in 2 Distrikte getheilt: a) Nordfjordeidet, b) Ytre Nordfjord. In Folge Königl. Rescr. vom 20/1. und 26./9. 1877 wurde Indre Sogn getheilt in a) Lyster und b) Indre Sogn.

Jahr	Behandelte	Todte	Procentverhältniss zwischen Behandelten und Todten	Bekannte Todesfälle ohne entsprechende Anzahl Behandelter
1862	35	7	20,00	—
1863	7	1	14,27	22
1864	129	33	25,58	9
1865	73	6	8,22	2
1866	—	—	—	1
1867	74	7	9,46	—
1868	23	1	4,35	1
1869	17	—	—	—
1870	35	1	2,86	—
1871	18	2	11,11	1–2 gestorb. während d. Frühjahrs Fischerei
1872	40	2	10,00	29
1873	714	86	12,04	30
1874	600	63	10,50	2
1875	48	6	12,50	—
1876	81	6	7,41	—
1877	661	67	10,14	62
1878	256	35	13,67	10

Erst in 1877 getheilt.

Romsdals Amt.

Einwohnerzahl 1865: 104,362 — 1875: 117,220.

Tabelle III, 13.

Aerztliche Distrikte	Einw. 1865
Vestre Söndmöre	9,356
Indre Söndmöre	6,396
Østre Söndmöre	11,614
Nordre Söndmöre	12,009
Ytre Ronsdal	14,742
Indre Ronsdal	10,502
Nordre Nordmöre	8,838
Indre Nordmöre	14,977
Söndre Nordmöre mit Kristiansund	16,211
	1875
	10,718
Vestre Söndmöre	7,353
Indre Söndmöre 6,404 }	16,387
Östre Söndmöre 9,983 } (Ørskoug)	
Nordre Söndmöre	13,726
Ytre Ronsdal	12,971
Indre Ronsdal	10,852
Nordre Nordmöre	9,432
Sundalen	6,269
Surendalen	20,040
Söndre Nordmöre	9,472

Jahr	Behandelte	Tödte	Procentverhältniss zwischen Behandelten und Todten	Bekannte Todesfälle ohne entsprechende Anzahl behandelter
1862	12	5	—	—
1863	57	24	8,77	—
1864	172	61	14,00	—
1865	663	58	9,20	10
1866	432	15	13,42	10
1867	122	1	12,30	3
1868	23	29	4,35	3
1869	261	26	11,11	
1870	286	18	9,09	3
1871	155	21	11,61	1
1872	133	30	14,89	
1873	141	25	22,56	27
1874	808	120	17,73	13
1875	305	57	14,85	15
1876	403	62	18,69	1
1877		65	15,38	
1878	339		19,17	

Anmerkung: 1860: Vestre Söndmöre, Indre Söndmöre, Östre Söndmöre, Nordre Söndmöre, Indre Ronsdal, Ytre Ronsdal, Söndre Nordmöre, Nordre Nordmöre und Kristiansund, Nordre Nordmöre. Durch Königl. Reser. vom 29.7. 1873 ging Thingvold (2683 Einw.) von Surendal über zu Sundalen. Durch Königl. Res. vom 9./2 1877 wurde Östre Söndmöre ungeändert zu a) Östre Söndmöre, b) Orskoug; hier sind sie zusammen angegeben. Durch Königl. Rese. v. 11/10. 1866 wurde Indre Nordmöre in Surendalen und Sundalen getheilt.

Südl. Drontheims Amt.

Tabelle III, 14.

Einwohnerzahl 1865: 109,123 — 1875: 116,804.

Aerztliche Distrikte	1865		Einwohner 1875
Drontheims Stadtphysikat			
Strinden	19,287	—	22,152
Selbo	12,282	—	13,356
Röraas	5,880	—	5,633
Guldal	5,002	—	5,428
Opdal	14,215	—	14,255
Ørkedal	5,846	—	5,133
Søndre Fosen	15,405	—	15,617
Midtre {Ytre Fosen	13,171	{8768	15,777
Fosen {Indre Fosen		{7009	
Nordre Fosen	6,730	—	6,471

1860 Drontheims Stadtphysikat, Strinden, Selbo, Guldal, Ørkedal, Søndre Fosen, Midtre Fosen, Nordre Fosen. Durch Königl. Reser. vom 10./9. 1862 wurde Guldal in a) Röraas, b) Guldal getheilt. Durch Königl. Res. vom 20./1. 1877 wurde Midtre Fosen getheilt in a) Ytre Fosen und b) Indre Fosen (welches hier nicht mit eingerechnet ist).

Jahr	Behandelte	Todte	Procentverhältniss zwischen Behandelten und Todten	Bekannte Todesfälle ohne entsprechende Anzahl behandelter
1862	9	55		
1863	1	—		
1864	417	192	13.19	14
1865	1763	11	10.89	18
1866	98	—	11.22	3
1867	16	1	6.25	
1868	382	28	7.33	3
1869	489	34	6.76	12
1870	299	55	18.39	36
1871	147	28	19.05	—
1872	836	153	18.30	4
1873	543	85	15.65	17
1874	48	8	16.67	2
1875	89	14	15.73	2
1876	95	6	16.32	
1877	337	71	21.07	
1878	356	56	15.73	11

Nördl. Drontheims Amt.

Tabelle III, 15.

Einwohnerzahl 1865: 82,489 — 1875: 82,271.

Aerztliche Distrikte — Einwohner

Aerztliche Distrikte	1865	1875
Stjördal	12,552	11,539
Frosten	9,131	7,969
Levanger	13,806	13,325
Inderöen	14,517	13,864
Stenkjær (1867)	9,639	9,462
Grong	6,588	6,475
Namsos	9,940	11,198
Ytre Namdal	7,316	8,436

Eintheilung 1860: Stjördal, Söndre Indherred, Midtre Indherred, Nordre Indherred, Indre Namdal, Ytre Namdal. Königl. Res. vom 10./10. 1865 wurde Söndre Indherred getheilt in a) Levanger, b) Frosten Distr. Midtre Indherred wurde zu Inderöen, Nordre Indherred zu Stenkjær. Durch Königl. Res. von 24./9. 1868 wurden Stenkjær und Indre Namdal unregulirt zu a) Stenkjær ÷ Snaasen, b) Grong = Grong + Snaasen, c) Namsos = Indre Namdal ÷ Grong.

Haupttabelle

Jahr	Stjördals Distrikt E.	G.	Söndre Indherred (wurde 1865 unregulirt) Frosten Distrikt E.	G.	Levangers Distrikt E.	G.	Inderöens Distrikt E.	G.	Stenkjærs Distrikt E.	G.	Indre Namdal (wurde 1868 unregulirt) Grongs Distrikt E.	G.	Namsos Distrikt E.	G.	Ytre Namdals Distrikt E.	G.	Behandelte	Todte	Procentverhältniss zwischen Behandelten und Todten	Bekannte Todesfälle ohne entsprechende Anzahl Behandelter
1862	2	2							9								—	—	—	—
1863	125	20	184	20	174	23	478	75	198	21							109	12	11,01	—
1864	1						75	8	156	20					100	9	1214	166	13,67	8
1865	5	1	5		5	8	4	1	5				7	3	9		513	62	12,09	1
1866			15	2	6	1	21	2	86	5	15	2	240	30			46	7	15,22	
1867	58	4	18		93	1	120	6	137	13	21	4	102	10	17	1	32	3	9,38	2
1868	2	17			17		67	3	7	2	25		22	4	2	17	294	21	7,14	2
1869	101	18	117	30	8	1	26	8					5	4	103	8	190	10	5,26	5
1870	134	7	45	10	24		18	4	5	1	5		7		11	1	308	36	11,69	17
1871	8						264	25	14	2	6	1	106	18	3		309	53	17,15	11
1872					2	1	4	1			11	4	16	5			443	55	12,41	
1873	4		45	10	16	1	2	2	6	1			30	6			111	7	6,31	6
1874	17		28	7	197	27	57	13	101	21			4				46	7	15,22	
1875	69	9											2				18	2	11,11	
1876													9	5			94	13	13,83	
1877																	466	80	17,17	
1878																				

Aerztliche Distrikte	Einwohner 1865	1875
Brönnö	8,756	9,984
Alstadhoug	8,499	9,896
Ranen { Vefsen	5,972	6,992
Ranen { Ranen	11,650	12,152
Lurö	5,836	6,953
Bodö	7,531	8,973
Folden	—	3,335
Skjærstad	6,839	5,957

(Fortsetzung auf Tabelle b.)

Eintheilung 1860: Brönnö, Alstadhoug, Ranen, Lurö, Bodö, Skjærstad, Stegen, Lödingen, Vesteralen, Östlofoten, Vestlofoten. Durch Königl. Res. vom 11./4. 1863 wurde Ranen in a) Ranen, b) Vefsen getheilt. Durch Königl. Res. vom 1./10. 1866 wurde Vesteralen in a) Hadsel, b) Sortland getheilt. Durch Königl. Res. vom 17./12. 1870 wurde das Distrikt Folden gebildet aus Theilen von Skjærstad und Saltens Distrikt.

(Fortsetzung auf Tabelle b.)

Tabelle III, 16.

Nordlands Amt a.

Einwohnerzahl 1865: 89,668 — 1875: 104,151.

Jahr	Brönnö Distrikt G.	Brönnö Distrikt E.	Alstadhoug Distrikt G.	Alstadhoug Distrikt E.	Vefsens Distrikt G.	Vefsens Distrikt E.	Ranens Distrikt G.	Ranens Distrikt E.	Lurö Distrikt G.	Lurö Distrikt E.	Bodö Distrikt G.	Bodö Distrikt E.	Folden Distrikt G.	Folden Distrikt E.	Skjærstad Distrikt G.	Skjærstad Distrikt E.	Behandelte	Todte	Procentverhältniss zwisch. Behandelten und Todten	Bekannte Todesfälle ohne entsprechende Anzahl Behandelter
1862																	Siehe Tabelle b.	Siehe Tabelle b.	Siehe Tabelle b.	Siehe Tabelle b.
1863	12	141	3	2						1	4	40				8				
1864	15	202	7	26							4	22				30				
1865	6	127		7			1	4			1	6			4	7				
1866					15	47						3								
1867		10	1	1				2				1								
1868			1	1																
1869					5	5														
1870			3	3	5	26	1	8	8	35	1	18				12				
1871					14	44	1	14	21	152	49	132	12		5	30				
1872	4	23	49	147	5	47	15	72	3	10	54	104	9		14	6				
1873	8	55	3	25	14	3	12	54	1	28				10	4	4				
1874	1	5	5	18	3	56		2		15	3	14	3	25	2					
1875	1	8		10	14							2	4							
1876	30	54						1				8								
1877		7	6	6							3			1						
1878	3	31																		

Nordlands Amt b.

Tabelle III, 17.

Einwohnerzahl 1865: 89,668 — 1875: 104,151.

Aerztliche Distrikte	Einwohner 1865	Einwohner 1875
Stegen	5,995	5,504
Ofoten	—	4,105
Lödingen und Ofoten	7,112	8,141
Vestlofoten	10,952	9,667
Østlofoten	4,092	4,729
Hadsel	5,925	7,307
Sortland	5,024	6,461

Durch Königl. Res. vom 29./10. 1872 wurde Lödingen in a) Lödingen, b) Ofoten getheilt. Durch Königl. Res. vom 22./12. 1874 wurde Vestlofoten in Buksnes und Flakstad getheilt. Durch Königl. Res. vom 1./1. 1877 wurde Bodö in a) Bodö, b) Gildenskaal getheilt (nicht hier in Betracht zu nehmen).

Jahr	Stegens Distrikt Erkr.	Stegens Distrikt Gest.	Lödingens Distrikt Erkr.	Lödingens Distrikt Gest.	Ofotens Distrikt Erkr.	Ofotens Distrikt Gest.	Vestlofotens Distrikt Erkr.	Vestlofotens Distrikt Gest.	Østlofotens Distrikt Erkr.	Østlofotens Distrikt Gest.	Hadsel Distrikt Erkr.	Hadsel Distrikt Gest.	Sortland Distrikt Erkr.	Sortland Distrikt Gest.	Behandelte	Todte	Procentverhältniss zwisch. Behandelten und Todten	Bekannte Todesfälle ohne entsprechende Anzahl Behandelter	Bei den Fischereien
1862																			
1863	10		10															11	
1864			18						3	1					259	19	8,00	7	
1865							21	2	27						310	32	10,32	10	
1866	3								6						146	7	4,79	9	
1867	6		3						3						75	17	22,67		
1868	95														17				
1869															8	1	12,50		1
1870			45	15			5	7	25	9	5	4	5	5	63	6	9,52	85	1
1871			38	8			37	33	9	4	20	5	49	22	322	55	17,08	89	2
1872		38	13	3			179	2	12	2	34	14	112	42	792	140	17,68	28	2
1873							15	1	4	1	68	5	35	8	351	65	18,52	3	1
1874							11		20	3	40				218	43	19,73	3	3
1875									17	17	1				211	36	17,06	17	2
1876									2	1					60	30	50,00	5	
1877			2	2	1				10	2					23	1	4,35	2	
1878	5		14		12	1									74	9	12,16		

Tromsö Amt.

(Vom 1. October 1866 an wurde Finnmarkens Amt in Tronsö und Finmarken getheilt.)

Tabelle III, 18.

Einwohnerzahl 1865: 45,338 — 1875: 54,019.

Jahr	Trondenæs E.	Trondenæs G.	Ibestad E.	Ibestad G.	Tranö E.	Tranö G.	Lenvik E.	Lenvik G.	Malangen E.	Malangen G.	Tromsö E.	Tromsö G.	Lyngen E.	Lyngen G.	Karlsö E.	Karlsö G.	Skjærvö E.	Skjærvö G.	Behandelte	Todte	Procentverhältniss zwisch. Behandelten und Todten	Bekannte Todesfälle ohne entsprechende Anzahl Behandelter
1862	13									2									253	30	10,24	
1863	3	3	8						25	15	268	28							183	22	12,02	
1864	5		55	5					127		34	3	1	1					129	18	14,00	14
1865	7										10		71	13					10	2	20,00	
1866	22								5		70	2					4		80	4	5,00	4
1867									30		42	4	9	1					83	3	3,61	
1868	95	21	37								5	2	13						36			1
1869	9	4							10										12	27		
1870										1										7		
1871							7	1		2	3	13	29 und Skjærvö 7						140		19,29	4
1872			37	9			7				2	1	3	1					44	13	16,00	7
1873								1			17								17	1		
1874											78								84		15,48	
1875											8								8		12,50	1
1876					128	14																
1877			14	6	1		2		14		40	4	38						194	20	10,35	4
1878	1	1	112	36			59	15	23	1	110	14		17					303	43	14,10	41

Aerztliche Distrikte	Einwohner 1869	1875
Trondenæs	7476	9207
Ibestad	6712	6572
Tranö }	6785	3976
Lenvik }		6116
Malangen	6989	7782
Tromsö	6709	8870
Lyngen }	6209	4653
Karlsö }		2167
Skjærvö	4787	4776

Karlsö ging von Tromsö über zu Lyngen in 1866.

Durch Königl. Res. vom 1./10. 1866 wurde das Amt Finmarken in a) Tromsö, b) Finmarken getheilt. Das Amt Tromsö bekam Söndre Senjen, Nordre Senjen, Malangen, Lyngen, Tromsö. Durch Kgl. Res. vom 10./10. 1866 wurde Lyngen in a) Lyngen, b) Skjærvö getheilt. Karlsö ging vom Distrikte Tromsö zu Lyngen über. Durch Königl. Res. vom 24./9. 1868 wurden Nordre und Söndre Senjen in Trondenæs, Ibestad und Lenviks Distrikt getheilt. Durch Königl. Res. vom 10./7. 1871 wurde Karlsö Distrikt errichtet. Durch Königl. Res. vom 30./9. 1876 wurden die Distrikte Ibestad und Lenvik umgeändert zu Ibestad, Tranö und Lenvik.

Die Eintheilung in Ibestad, Tranö, Lenvik für 1876 ist hier angenommen.

Aerztliche Distrikte

Einwohner	1865	1875
Alten	5118	— 5254
Loppen	1307	— 1425
Hammerfest	2993	— 3622
Maasö	1278	— 1322
Kistrand	2228	— 2569
Tanen	1677	— 2393
Vardö	1368	— 2063
Vadsö	3378	— 3798
Sydvaranger	1171	— 1629

Durch Königliche Resolution von 1869 wurde der Distrikt Kistrand errichtet, aus Kistrand (früher zu Maasö gehört) und Theile des Distriktes Tanen, welches dann von Vadsö Polmak erhielt.

Finmarkens Amt.

Tabelle III, 19.

Einwohnerzahl 1865: 20,329 — 1875: 24,075.

Jahr	Altens E.	Altens G.	Loppens E.	Loppens G.	Hammerfest E.	Hammerfest G.	Maasö E.	Maasö G.	Kistrand E.	Kistrand G.	Tanens E.	Tanens G.	Vardö E.	Vardö G.	Vadsö E.	Vadsö G.	Sydvaranger E.	Sydvaranger G.	Behandelte	Todte	Procentverhältniss zwisch. Behandelten und Todten	Bekannte Todesfälle ohne entsprechende Anzahl Behandelter
1862															11				11			
1863	10	2			59	8	6						36	8	68	1			81	19	15,00	7
1864	24	14			1		6						10	1	2	1			121	16	8,46	4
1865	124		1		10										48			1	189	1	7,14	1
1866	6		7		7	1	16												23	5	5,21	
1867			20		41	1	12						10						14	2	8,00	4
1868	9	14			13	1	14	2	2	2	3			2	18	8			96	22	17,05	
1869		1			37	11	12	1	1						29	5			25	17	17,53	2
1870	97				18			2					53	12					129			1
1871	21				5	3								1					97	13	21,67	
1872	1				9	13													19	14	43,75	
1873					31											12			5			7
1874																			60	12	44,44	
1875												58			27				32	10	16,13	
1876																		13	27			
1877		3	5		Nicht angegeben														62			
1878	6			1																		

Tabelle IV—XI.

Tabelle IV.

Tabelle über die von den Aerzten an-
vertheilt auf Stifte und

	1862		1863		1864		1865		1866		1867		1868	
	E.	G.	E.	G.	E.	G.	E.	G.	E.	G.	E.	G.	E.	G.
Das ganze Reich . .	1261	243	3139	588	2593	421	5336	679	3855	473	4782	764	2679	435
Kristiania Stift. . .	—	—	—	—	—	—	—	—	768	79	1922	335	1302	278
Hamar Stift	—	—	—	—	—	—	—	—	56	8	209	55	397	72
Kristiansand Stift .	—	—	—	—	—	—	—	—	1779	221	1359	211	105	22
Bergen Stift	—	—	—	—	—	—	—	—	73	26	918	113	243	17
Drontheim Stift . .	—	—	—	—	—	—	—	—	986	116	98	15	436	37
Tromsö Stift. . . .	—	—	—	—	—	—	—	—	193	23	182	35	196	9
Kristiania	(106)[1] 384	51	216	47	28	1	21	1	171	19	705	159	180	68
Akershus Amt . . .	—	—	253	47	33	9	9	3	112	11	389	56	150	41
Smaalenenes Amt .	216	23	201	32	62	3	191	34	311	36	158	13	374	57
Buskeruds Amt . .	219	36	435	83	68	24	12	3	20	2	166	22	391	64
Jarlsb.-Laurvig Amt	63	19	87	15	143	21	189	27	154	11	503	81	207	48
Hedemarkens Amt .	8	1	87	19	153	33	140	22	56	8	301	55	382	67
Kristians Amt . . .	76	10	190	23	146	21	11	—	—	—	2	—	15	5
Bratsberg Amt. . .	—	—	—	—	2	—	7	—	648	124	593	146	65	16
Nedenæs Amt . . .	11	4	37	—	16	2	195	74	706	72	250	26	9	2
Lister und Mandals Amt.	1	1	48	5	218	20	85	9	288	20	181	13	4	—
Stavanger Amt . .	21	3	107	26	93	14	9	—	137	5	335	26	27	4
Südl. Bergenhus Amt.	28	2	526	104	109	13	44	8	4	—	293	34	72	6
Bergen	112	12	449	100	89	13	15	2	1	—	451	50	147	10
Nördl. Bergenhus Amt.	35	7	29	23	138	42	75	8	—	—	75	8	23	1
Romsdals Amt . . .	12	—	57	5	172	24	702	100	442	68	135	28	23	2
Südl. Dronthiem Amt.	9	—	1	—	431	69	1781	210	98	11	17	2	382	32
Nördl. Drontheim Amt.	—	—	9	—	117	20	1214	166	514	63	46	7	32	3
Nordlands Amt . .	—	—	3	1	250	30	317	39	156	17	84	26	17	—
Tromsö Amt. . . .	—	—	[2]{ —	—	—	—	319	33 }[2]	10	2	84	8	83	3
Finmarkens Amt. .	11	—	{ 402	56	325	62	—	— }	27	4	14	1	96	6

[1] 106 sind sämmtliche angegebene Todesfälle von Scharlachfieber in Kristiania:
[2] Erkrankt und gestorben in Finmarkens Amt (vor der Theilung des Amtes).

gemeldeten Fälle von Scharlachfieber,

Aemter 1862—1878.

1869		1870		1871		1872		1873		1874		1875		1876		1877		1878	
E.	G.	E.	G.	E.	G.	E.	G.	E.	G.	E.	G.	E.	G.	E.	G.	E.	G.	E.	G.
4200	510	5227	612	9819	1425	5459	965	2922	438	1854	290	5337	772	13049	1927	8095	1428	4973	819
1705	251	2375	260	2110	197	436	37	243	21	369	43	2357	293	5696	902	2717	489	831	107
1155	139	874	99	903	55	248	20	37	3	14	—	109	14	2449	310	1786	293	1019	177
131	23	540	94	3829	605	1410	198	225	13	84	7	1498	187	3468	406	975	143	918	121
101	7	571	76	1759	285	1099	193	932	141	778	117	733	130	1074	209	1703	333	539	83
1039	87	662	84	566	91	1315	268	1084	167	241	48	385	93	285	33	663	130	1177	219
69	3	205	29	652	192	951	243	401	93	368	75	255	55	77	47	251	40	489	112
287	36	896	70	244	24	24	2	39	3	115	12	1030	156	1111	241	214	62	162	33
265	44	558	47	627	54	92	8	81	7	190	28	439	62	1485	207	655	102	98	8
504	76	293	39	331	29	103	5	48	1	39	1	537	50	1204	144	705	122	455	49
443	76	372	57	362	14	157	18	19	9	14	—	208	7	1139	159	917	167	67	16
206	19	256	47	546	76	60	4	56	1	11	2	143	18	757	151	226	36	49	1
529	79	457	46	269	19	95	14	33	3	—	—	85	8	1776	230	760	120	134	24
626	60	417	23	634	36	153	12	4	—	14	—	24	6	673	80	1026	173	885	153
49	7	95	10	227	14	390	18	109	3	52	1	290	19	1129	111	554	88	455	58
69	16	386	75	435	85	28	3	4	—	14	2	679	95	1175	112	235	17	131	11
7	—	16	1	213	40	254	47	103	6	15	1	492	71	836	119	63	8	7	1
6	—	43	8	2954	466	738	130	9	4	3	3	37	2	328	64	123	30	325	51
27	3	126	17	1021	145	816	161	120	10	33	7	52	16	309	58	634	118	248	37
48	3	289	43	662	133	231	28	28	7	35	4	18	3	536	118	158	53	23	1
17	—	35	1	19	3	40	4	743	115	630	93	50	8	81	6	723	129	266	45
264	32	289	29	155	18	144	24	134	31	141	25	835	147	318	70	418	77	340	66
490	35	302	58	159	40	872	189	543	85	52	12	106	31	97	8	339	73	367	67
294	21	192	12	309	37	311	55	448	60	128	24	57	18	18	2	94	13	472	86
8	1	63	6	407	140	881	229	379	93	221	46	214	39	77	47	26	4	76	11
36	—	13	1	144	31	51	14	17	—	85	14	8	1	—	—	198	24	344	84
25	2	129	22	101	21	19	—	5	—	62	15	33	15	—	—	27	12	69	17

ausserdem sind 9 Todesfälle angegeben in Aker.

6 *

Tabelle V. **Tabelle über bekannte Todesfälle an**

Jahr	Summa	Procentverhältniss zu sämmtlichen angegebenen Todesursachen	Vertheilung auf Geschlecht			Alter ist angegeben für	0—1 Jahr		1—5 Jahr	
			Männer	Weiber	Geschlecht nicht angegeben		m. Geschl.	w. Geschl.	m. Geschl.	w. Geschl.
1853	2	0,3	—	—	2	—	—	—	—	—
1854	39	1,3	12	10	17	—	—	—	—	—
1855	117	3,6	34	24	59	—	—	—	—	—
1856	125	3,4	10	6	109	—	—	—	—	—
1857	74	1,7	23	30	21	—	—	—	—	—
1858	98	2,3	21	20	57	—	—	—	—	—
1859	110	1,0	31	13	66	—	—	—	—	—
1860	75	1,1	25	28	22	—	—	—	—	—
1861	16	0,1	9	5	2	—	—	—	—	—
1862	243	2,4	95	102	46	—	—	—	—	—
1863	588	6,4	234	220	134	—	—	—	—	—
1864	421	4,5	168	150	103	—	—	—	—	—
1865	676	7,0	271	225	42	—	—	—	—	—
1866	473	5,0	220	197	56	—	—	—	—	—
1867	764	6,9	353	349	69	547	70		346	
1868	435	3,7	208	209	18	393	32		258	
1869	510	4,7	246	227	37	473	39		278	
1870	612	5,7	304	287	21	579	44		344	
1871	1425	10,9	748	642	35	1405	135		827	
1872	965	8,1	490	432	43	922	59	40	261	250
1873	438	3,5	221	202	15	420	20	16	118	117
1874	290	2,1	145	140	5	249	12	13	79	64
1875	772	5,3	388	372	12	746	46	29	220	211
1876	1926	12,5	1009	888	29	1895	109	89	597	549
1877	1426	10,0	767	643	16	1410	93	78	452	406
1878	819	5,8	431	388	—	816	50	45	255	227
Summa	13 439	4,6	6463	5809	1036	—	—		—	
Summa von 1867—1878	10 382	6,6	5310	4779	300	9855	1019		5859	
			(52,6%)	(47,4%)		angegebene Männer 1872—1878	389		1982	
						angegebene Weiber 1872—1878	310		1824	

Scharlachfieber in Norwegen 1853—1878.

theilung auf Alter

5—10 Jahr		10—15 Jahr		15—20 Jahr		20—30 Jahr		30—40 Jahr		40—50 Jahr		50—60 Jahr		60—70 Jahr		70—80 Jahr		80—90 Jahr	
m. Geschl.	w. Geschl.	m. Geschl.	w. Geschl.	m. Geschl.	w. Geschl.	m. Geschl.	w. Geschl.	m. Geschl.	w. Geschl.	m. Geschl.	w. Geschl.	m. Geschl.	w. Geschl.	m. Geschl.	w. Geschl.	m. Geschl.	w. Geschl.	m. Geschl.	w. Geschl.
—	—	—	—	—	—	—	—	—	—	—	—	—	—	—	—	—	—	—	—
—	—	—	—	—	—	—	—	—	—	—	—	—	—	—	—	—	—	—	—
—	—	—	—	—	—	—	—	—	—	—	—	—	—	—	—	—	—	—	—
—	—	—	—	—	—	—	—	—	—	—	—	—	—	—	—	—	—	—	—
—	—	—	—	—	—	—	—	—	—	—	—	—	—	—	—	—	—	—	—
—	—	—	—	—	—	—	—	—	—	—	—	—	—	—	—	—	—	—	—
—	—	—	—	—	—	—	—	—	—	—	—	—	—	—	—	—	—	—	—
—	—	—	—	—	—	—	—	—	—	—	—	—	—	—	—	—	—	—	—
—	—	—	—	—	—	—	—	—	—	—	—	—	—	—	—	—	—	—	—
—	—	—	—	—	—	—	—	—	—	—	—	—	—	—	—	—	—	—	—
92		21		6		10		2		—		—		—		—		—	
77		14		3		5		1		2		1		—		—		—	
121		20		3		8		4		—		—		—		—		—	
140		28		13		7		1		1		—		1		—		—	
349		64		11		15		1		—		1		—		1		1	
136	106	21	23	6	8	3	3	1	—	1	1	1	—	—	1	—	—	1	—
64	45	13	11	5	9	—	2	—	—	—	—	—	—	—	—	—	—	—	—
34	26	5	7	—	5	2	2	—	—	—	—	—	—	—	—	—	—	—	—
91	79	21	27	5	5	2	1	2	5	—	1	1	—	—	—	—	—	—	—
221	199	64	38	9	7	4	3	3	2	1	—	—	—	—	—	—	—	—	—
180	115	32	26	5	12	5	1	—	4	—	—	—	—	—	1	—	—	—	—
94	97	25	13	3	2	2	2	—	1	—	—	—	—	—	—	—	—	—	—
—		—		—		—		—		—		—		—		—		—	
2266		473		117		77		27		7		4		3		1		2	
820		181		33		18		6		2		2		—		—		1	
667		145		48		14		12		2		—		2		—		—	

Tabelle VI.

Tabelle über die von den Aerzten angemeldeten Todesfälle an Scharlachfieber in Kristiania 1862—1878.

Jahr	Summa	Männer	Weiber	1. Monat M	1. Monat W	2. u. 3. Monat M	2. u. 3. Monat W	4., 5., 6. Monat M	4., 5., 6. Monat W	2. Halbjahr M	2. Halbjahr W	2. u. 3. Jahr M	2. u. 3. Jahr W	4. u. 5. Jahr M	4. u. 5. Jahr W	Zw. 5.–10. Jahr M	Zw. 5.–10. Jahr W	Zw. 10.–15. Jahr M	Zw. 10.–15. Jahr W	Zw. 15.–20. Jahr M	Zw. 15.–20. Jahr W	Zw. 20.–30. Jahr M	Zw. 20.–30. Jahr W	Zw. 30.–40. Jahr M	Zw. 30.–40. Jahr W	Zw. 40.–50. Jahr M	Zw. 40.–50. Jahr W	Zw. 50.–60. Jahr M	Zw. 50.–60. Jahr W
1862	106	52	54	—	—	—	—	1	1	6	4	16	21	15	13	14	14	1	—	1	—	—	—	—	—	—	—	—	—
1863	47	26	21	—	—	—	—	—	1	2	2	12	11	6	5	5	2	—	—	—	1	—	—	—	—	—	—	—	—
1864	1	—	1	—	—	—	—	—	—	—	—	—	—	—	—	—	1	—	—	—	—	—	—	—	—	—	—	—	—
1865	19	9	10	—	—	—	—	1	—	1	1	2	6	5	1	—	—	—	—	—	—	—	—	—	—	—	—	—	—
1866	159	84	75	—	—	1	1	1	1	5	4	38	29	18	17	16	3	1	3	—	3	3	—	1	—	—	—	—	—
1867	68	38	30	—	—	1	1	—	—	2	4	15	14	11	5	9	16	—	—	—	—	—	—	—	—	—	—	—	—
1868	36	22	14	—	—	—	—	4	—	4	—	7	5	3	3	6	7	—	1	—	—	—	2	—	—	—	—	—	—
1869	70	32	38	—	—	—	—	—	—	1	4	11	14	11	12	9	4	1	1	—	—	—	—	—	—	—	—	—	—
1870	24	14	10	—	—	—	—	—	—	1	3	8	2	3	1	1	6	—	1	—	—	—	1	—	—	—	—	—	—
1871	2	—	2	—	—	—	—	—	2	—	—	—	1	—	1	—	3	—	—	—	—	—	1	—	—	—	—	—	—
1872	3	1	2	—	—	—	—	—	—	—	—	1	—	—	—	1	—	—	—	—	—	—	—	—	—	—	—	—	—
1873	12	3	9	—	—	—	—	—	—	7	—	2	4	—	1	—	1	—	1	—	—	—	—	—	—	—	—	—	—
1874	156	80	76	—	—	—	—	3	—	16	8	43	30	15	17	9	3	3	6	—	—	1	—	1	1	1	—	—	—
1875	241	132	109	—	—	—	—	1	—	—	6	65	49	20	27	27	12	2	2	—	—	—	1	—	—	1	—	—	—
1876	62	33	29	—	—	—	—	1	—	—	2	21	8	4	11	8	23	—	—	—	—	—	—	—	—	—	—	—	—
1877	33	14	19	—	—	—	—	—	—	—	3	6	6	4	6	3	7	—	—	—	—	—	1	—	—	—	—	—	—
1878	1	—	1	—	—	—	1	—	—	—	—	—	—	—	—	—	—	—	—	—	—	—	—	—	—	—	—	—	—
Summa	**1040**	**540**	**500**	—	—	2	3	7	5	45	42	247	200	115	120	108	105	9	15	1	4	4	6	1	1	1	1	—	—
				—	—	3		12		87		447		235		213		24		5		10		2		2		—	
						1. Jahr 9,8 %						43,0 %		22,6 %		20,5 %		2,3 %		0,5 %		1,0 %		0,2 %		0,2 %			

Tabelle VII.

Tabelle über die von den Aerzten behandelten Fälle von Scharlachfieber nach Zeit, Geschlecht und Alter 1867—1878.

Jahr	Behandelte	Gestorbene	Die Zeit ist angegeben für	Procentverhältniss zu sämmtl. Behandelten an epidem. Krankheiten	Januar	Februar	März	April	Mai	Juni	Juli	August	September	October	November	December	Männer	Weiber	Kinder	Erwachsene	Procentverhältniss zwischen Behandelten und (Gestorbenen)
1867	4563	545	4322	6,0	432	426	521	503	469	322	372	246	266	255	297	213	1598	1693	3127	352	11,9
1868	2679	338	2639	3,3	268	211	193	174	147	202	206	164	145	179	361	389	1066	1192	2026	302	12,6
1869	4139	449	4091	5,9	428	394	431	428	389	308	228	194	247	292	389	368	1812	1976	3483	520	10,8
1870	5164	549	5133	7,2	424	303	424	321	290	293	372	307	377	518	743	761	2378	2368	4514	478	10,6
1871	9521	1127	9397	12,8	949	695	633	551	692	721	687	847	744	1066	962	850	4446	4265	8563	859	11,8
1872	5182	688	5128	6,5	706	653	723	482	397	333	301	310	220	309	351	343	2547	2569	4455	659	13,3
1873	2642	358	2825	3,2	381	294	284	275	247	222	217	199	129	174	178	225	1132	1481	2493	389	12,6
1874	1784	220	1776	1,8	187	149	162	183	165	135	141	135	79	114	140	180	747	790	1595	178	12,3
1875	5261	696	5232	5,4	166	206	150	125	204	135	170	222	299	809	1314	1405	2520	2514	4841	355	13,2
1876	12882	1760	12590	13,1	1574	1198	1125	970	1043	1033	908	819	654	797	1231	1238	6082	6276	11761	914	13,7
1877	7850	1183	7823	8,7	1483	1149	856	754	607	473	454	423	320	412	434	458	3845	3978	6954	780	15,1
1878	4849	695	4829	5,0	531	361	474	397	498	390	324	297	254	344	436	523	2252	2325	4170	492	14,3
Sa.	66716	8608	65785	6,56	7529	6039	5976	5158	5148	4567	4380	4163	3734	5269	6836	6959	30425	31427	57982	6278	12,7
					11,3%	9,2%	9,1%	7,8%	7,8%	6,9%	6,6%	6,3%	5,7%	8,0%	10,4%	10,7%	49,2%	50,8%	90,2%	9,8%	

Tabelle VIII. Verhältnisszahlen zwischen den an Scharlachfieber Erkrankten und 1000 Einwohnern in den Norwegischen Aemtern 1862–1878.

	1862	1863	1864	1865	1866	1867	1868	1869	1870	1871	1872	1873	1874	1875	1876	1877	1878	Durchschnitt
	p. m.	p. m.	p. m.	p. m.	p. m.	p. m.	p. m.	p. m.	p. m.	p. m.	p. m.	p. m.	p. m.	p. m.	p. m.	p. m.	p. m.	
Kristiania	(2,3)	3,8	0,5	0,4	3,0	12,3	3,1	5,0	11,6	3,2	0,3	0,5	1,6	13,5	14,2	2,7	1,5	4,8 \Von
Akershus Amt	—	2,4	0,3	0,08	1,0	3,6	1,4	2,5	4,8	5,4	0,8	0,7	1,7	3,9	12,8	5,5	1,0	3,0)1863
Smaalenenes Amt	2,2	2,0	0,6	1,9	3,1	1,6	3,8	5,1	2,7	3,1	1,0	0,5	0,4	5,3	11,2	6,4	4,1	5,2
Buskeruds Amt	2,2	4,4	0,7	0,1	0,2	1,6	4,0	4,5	3,7	3,6	1,6	0,2	0,1	2,1	11,1	8,9	0,6	2,9
Jarlsberg-Laurvig Amt	0,8	1,0	1,7	2,2	1,8	6,0	2,4	2,4	3,0	6,2	0,7	0,3	—	1,6	8,2	2,6	0,5	2,5
Hedemarkens Amt	0,06	0,7	1,3	1,2	0,5	—	3,2	4,4	3,8	2,2	0,8	0,3	0,1	0,7	14,7	6,2	1,1	2,6
Kristians Amt	0,6	1,5	1,2	0,1	—	0,01	0,1	5,2	3,6	5,5	1,3	0,3	—	0,2	5,8	8,8	7,6	2,4
Bratsbergs Amt	—	—	0,02	0,08	7,9	7,2	0,8	0,6	1,2	2,7	0,8	0,03	0,1	3,5	13,4	6,5	5,3	3,3
Nedenäs Amt	0,2	0,5	0,2	2,9	10,4	3,7	0,1	1,0	5,2	5,9	0,4	1,4	0,6	9,0	15,4	3,2	1,7	3,5
Lister-Mandals Amt	0,01	0,7	3,0	1,2	3,9	2,5	0,05	0,09	0,2	2,8	0,06	0,06	0,2	6,3	10,8	0,8	0,1	2,2
Stavanger Amt	0,2	1,0	0,9	0,09	1,3	3,2	0,3	0,06	0,4	26,6	3,3	1,4	0,03	0,3	7,3	1,1	2,8	3,1
Südl. Bergenhus Amt	0,2	4,7	1,0	0,4	0,04	2,6	0,6	0,2	1,1	8,9	6,8	1,0	0,3	4,3	2,5	5,5	2,2	2,5
Bergen	4,0	16,2	3,2	0,5	0,04	16,3	5,3	1,7	8,5	19,6	7,5	0,9	1,1	0,5	15,5	4,0	0,6	6,2
Nördl. Bergenhus Amt	0,4	0,3	1,6	6,7	—	0,9	0,3	0,2	0,4	0,2	0,5	8,5	7,3	0,6	0,9	8,3	3,1	2,0
Romsdals Amt	0,1	0,5	1,6	6,9	4,2	1,3	0,2	2,5	2,5	1,3	1,2	1,2	1,2	7,2	2,7	3,5	2,8	2,4
Südl. Drontheim Amt	0,08	—	3,9	16,3	0,9	0,2	3,5	4,5	2,6	1,4	4,8	4,8	0,5	0,9	0,8	2,9	3,0	3,2
Nördl. Drontheim Amt	—	0,1	1,4	14,7	6,2	0,6	0,4	3,6	2,3	3,8	3,7	5,4	1,6	0,7	0,2	1,3	5,7	3,0
Nordlands Amt	—	0,03	2,8	3,5	1,7	0,9	0,2	0,09	0,6	3,9	9,3	4,0	2,2	2,1	0,7	0,2	0,7	1,9
Tromsö Amt	—	6,5	4,1	2,8	0,2	1,9	1,8	0,8	0,3	2,7	1,0	0,3	1,6	0,1	—	3,6	6,0	2,0
Finmarkens Amt	0,5	4,0	16,3	9,3	1,3	0,7	4,7	1,2	5,4	4,2	0,9	0,2	2,7	1,4	—	1,7	2,7	2,8
Im Reiche	0,7	2,5	1,8	3,3	2,4	3,4	1,8	2,3	3,2	5,7	3,1	1,7	1,0	3,0	7,1	4,4	2,7	2,9

Bis 1872 nach Berechnung des Verfassers, später nach der officiellen Statistik.

Die Durchschnitts-Verhältnisszahlen für die Aemter sind berechnet als Durchschnitt der Verhältnisszahlen der einzelnen Aemter.

NB. Berechnung nach Tabelle IV, ausgenommen für Tromsö und Finmarkens Amt 1863—1865, wo sie nach Tabelle III, 18—19 vorgenommen ist.

Tabelle IX.

Verhältnisszahlen zwischen am Scharlachfieber Erkrankten und 1000 Einwohnern in sämmtlichen ärztlichen Distrikten Norwegens.

1862—1868, 1869—1873, 1874—1878 — 1862—1878.

Aerztliche Distrikte	1862—1868	1869—1873	1874—1878	Durchschnitt 1862—1878
Kristiania	3,34	4,43	6,83	4,93
Aker	1,16	1,36	5,48	2,67
Ullensaker	1,72	5,97	6,03	4,57
Höland	0,86	1,48	2,62	1,65
Follo	1,21	2,31	4,40	2,64
Eidsberg	1,49	1,15	7,96	3,54
Moss	1,42	4,49	3,96	3,29
Sarpsborg	1,74	2,69	5,26	3,23
Hvalöerne	1,84	1,07	1,19	1,37
Fredrikshald	7,47	3,02	9,34	6,61
Drammen	2,52	6,39	6,41	5,11
Ringerike	2,91	2,58	3,17	2,88
Modum	0,90	1,25	3,29	1,81
Hallingdal	0,43	0,72	3,02	1,59
Sandsvær	3,35	0,63	5,47	3,15
Rollag	0,17	0,00	4,48	1,55
Tönsberg	1,94	3,49	2,57	2,67
Hof	1,66	1,22	2,62	1,83
Laurvig	2,78	1,79	2,96	2,51
Solör Ödalen	1,31	2,17	2,58	2,02
Hedemarken	0,94	2,18	5,15	2,76
Söndre Østerdalen	0,88	1,42	5,57	2,62
Trysil	0,44	1,00	6,77	2,74
Rendalen	2,10	3,96	7,99	4,68
Tönset	3,61	4,22	3,51	3.78
Hadeland-Land	1,42	5,32	3,34	3.36
Söndre Valders	0,07	9,28	4,79	4,71
Nordre Valders	—	2,89	2,04	1,64
Toten	0,29	2,32	5,48	2,70
Faaberg	0,74	2,33	7,10	3,39
Ringebo	0,03	0,35	3,48	1.29
Lom	0,27	0,09	5,06	2,14
Lesje	—	0,05	2,49	0,85
Skien	4,15	3,67	5,63	4.48

Aerztliche Distrikte	1862—1868	1869—1873	1874—1878	Durchschnitt 1862—1878
Kragerö	2,73	3,59	8,84	5,05
Holden	2,23	1,57	4,59	2.80
Sauland	0,10	—	0,70	0,27
Hviteseid	0,30	—	8,28	2,86
Laardal	—	—	4,79	1,60
Tin	—	—	4,41	1,47
Østre Nedenæs	2,18	3,63	7,54	4,44
Arendal	3,89	13,40	11,19	9,47
Vestre Nedenæs	4,03	1,36	6,46	3,95
Aamli	1,42	0,46	2,04	1,31
Evje	0,27	0,04	2,19	0,83
Sætersdalen	0,03	—	0,17	0,07
Kristiansand	7,13	0,53	8,43	5,36
Oddernæs	0,57	0,88	5,73	2,37
Undal	—	0,89	1,27	0,72
Lyngdal	0,52	4,26	0,94	1,91
Flekkefjord	1,14	0,76	2,33	1,41
Sogndal	—	0,54	0,80	0,45
Ekersund	0,70	1,89	4,35	2,31
Sandnæs	0,18	5,10	0,85	2,04
Stavanger	2,26	12,03	1,62	5,30
Finnö	0,26	3,86	—	1,37
Sand	0,29	8,92	0,44	3,22
Karmöen	0,77	6,50	2,57	3,28
Haugesund	1,48	8,54	0,11	3,38
Indre Söndhordland	0,79	2,43	0,49	1,24
Ytre Söndhordland	0,82	3,33	1,94	2,03
Indre Hardanger	0,73	0,79	0,39	0,64
Ytre Hardanger	1,78	1,89	5,24	2,97
Vos	0,01	0,32	1,02	0,45
Söndre Midthordland	0,18	1,13	5,45	2,25
Nordre Midthordland	1,90	7,59	2,81	4,10
Indre Nordhordland	2,80	7,51	0,58	3,63
Ytre Nordhordland	2,29	5,10	2,17	3,19
Bergen	6,76	7,49	4,51	5,92
Lærdal	—	0,42	5,51	1,98
Indre Sogn	0,47	0,10	4,84	1,80
Midtre Sogn	0,09	0,21	0,26	0,19
Ytre Sogn	0,13	0,34	8,71	3.06
Ytre Söndfjord	0,21	1,18	—	0,46
Indre Söndfjord	0,19	0,64	4,26	1,70
Kin	0,83	5,53	1,15	2,50
Ytre Nordfjord	4,27	3,33	1,07	2,89
Nordfjordeidet	0,13	3,34	3,97	2,48
Indre Nordfjord	0,45	5,38	7,22	4,35
Vestre Söndmöre	1,98	1,98	3,72	2,56
Indre Söndmöre	0,33	0,09	2,42	0,95
Østre Söndmöre	0,07	0,18	2,55	0,93
Nordre Söndmöre	1,79	1,94	6,34	3.36
Ytre Romsdal	1,15	1,30	6,29	2,98
Indre Romsdal	1,36	2.31	2,84	2,17
Söndre Nordmöre	2,14	2,46	2,97	2,52
Sundalen	13,81	0,09	0,57	4,82
Surendalen	0,11	6,06	0,86	2,34

Aerztliche Distrikte	1862—1868	1869—1873	1874—1878	Durchschnitt 1862—1878
Nordre Nordmöre . . .	1,70	0,55	2,18	1,48
Drontheim Stadtphysikat	9,97	7,23	3,76	6,99
Strinden	3,63	4,77	2,17	3,52
Selbo	2,77	0,66	0,14	1,19
Röraas	0,29	19,08	—	6,46
Guldal	0,53	4,10	0,36	1,66
Opdal	0,85	2,41	0,04	1,10
Orkedal	2,15	2,58	1,57	2,10
Söndre Fosen	2,75	2,40	0,57	1,91
Midtre Fosen	3,39	0,88	1,34	1,87
Nordre Fosen	0,96	0,76	3,31	1.68
Stjördal	1,51	5,03	1,56	2,70
Frosten	3,58	4,47	1,83	3,30
Levanger	1,92	2,09	3,23	2,41
Inderöen	5,82	6,98	1,01	4,60
Stenkjaer	5,38	4,92	2,66	4,32
Grong	—	2,02	0,52	0,85
Namsos	5,33	2,23	1,09	2,88
Ytre Namdal	2,12	0,48	2,77	1,79
Brönnö	7,83	1,88	2,13	3,98
Alstadhoug	0,62	3,80	0,69	1,70
Vefsen	1,13	3,77	1,69	2,20
Ranen	0,07	0,37	2,12	0,85
Lurö	0,02	6,10	1,30	2,71
Bodö	1,37	6,16	0,54	2,69
Folden	—	0,72	2,16	0,96
Skjærstad	0,94	3,06	0,13	1,38
Stegen	0,31	3,61	0,18	1,37
Lödingen	0,62	2,52	0,71	1,30
Vestlofoten	0,27	4,58	0,23	1,69
Ostlofoten	1,36	2,09	2,24	1,90
Hadsel	—	3,85	1,12	1,66
Sortland	—	5,79	1,18	2,32
Trondenæs	0,53	3,04	0,02	1,20
Ibestad	1,34	1,14	3,84	2.11
Tranö	—	—	6,65	2,22
Lenvik	—	0,22	2,23	0.81
Malangen	3,86	0,27	0,95	1,69
Tromsö	9,03	0,69	5,32	5,01
Lyngen	1,66	1,99	1,63	1,76
Karlsö	—	—	—	—
Skjærvö	0,12	—	—	0,04
Alten	4,83	4,59	0,27	3.21
Loppen	3,05	—	0,70	1.25
Hammerfest	5,64	4,42	2.22	4.07
Maasö	3,13	5,85	—	2.99
Kistrand	—	0,16	—	0.05
Tanen	0,26	—	4.83	1,70
Vardö	5,84	—	5.34	3,73
Vadsö	5,45	2,62	1.42	3,16
Sydvaranger	0.12	—	—	0,04

Tabelle X.

Verhältnisszahlen zwischen am Scharlachfieber Erkrankten und 1000 Einwohnern in sämmtlichen ärztlichen Distrikten Norwegens 1862—1878.

Nach der Höhe der Verhältnisszahlen geordnet.

(Vergleiche Karte Nr. 1.)

Arendal	9,47	Ytre Nordfjord	2,89	Tanen	1,70
Drontheim	6,99	Ringerike	2,88	Indre Söndfjord	1,70
Fredrikstad	6,61	Namsos	2,88	Vestlofoten	1,69
Röraas	6,46	Hviteseid	2,86	Malangen	1,69
Bergen	5,92	Holden	2,80	Nordre Fosen	1,68
Kristiansand	5,36	Hedemarken	2,76	Guldal	1.66
Stavanger	5,30	Trysil	2,74	Hadsel	1.66
Drammen	5,11	Lurö	2,71	Höland	1,65
Kragerö	5,05	Stjördal	2,70	Nordre Valders	1,64
Tromsö	5,01	Toten	2,70	Laardal	1.60
Kristiania	4,93	Bodö	2,69	Hallingdal	1.59
Sundalen	4,82	Aker	2,67	Rollag	1,55
Söndre Valders	4,71	Tönsberg	2,67	Nordre Nordmöre	1,48
Rendalen	4,68	Follo	2,64	Tin	1.47
Inderöen	4,60	Söndre Østerdalen	2,62	Flekkefjord	1,41
Ullensaker	4,57	Vestre Söndmöre	2,56	Finnö	1,37
Skien	4,48	Söndre Nordmöre	2,52	Hvalöerne	1,37
Ostre Nedenæs	4,44	Laurvig	2,51	Stegen	1,37
Indre Nordfjord	4,35	Kin	2,50	Skjærstad	1,37
Stenkjær	4,32	Nordfjordeidet	2,48	Aamli	1,31
Nordre Midthordland	4,10	Levanger	2,41	Lödingen	1,30
Hammerfest	4,07	Oddernæs	2,37	Ringebo	1.29
Brönnö	3,98	Surendal	2,34	Loppen	1,25
Vestre Nedenæs	3,95	Sortland	2,32	Indre Söndhordland	1,24
Tönset	3,78	Ekersund	2,31	Trondenæs	1,20
Vardö	3,73	Söndre Midthordland	2,25	Selbo	1,19
Indre Nordhordland	3,63	Tranö	2,22	Opdal	1,10
Eidsberg	3,54	Vefsen	2,20	Folden	0,96
Strinden	3,52	Indre Romsdal	2,17	Indre Söndmöre	0,95
Faaberg	3,39	Lom	2,14	Østre Söndmöre	0,93
Haugesund	3,38	Ibestad	2,11	Lesje	0.85
Hadeland-Land	3,36	Örkedal	2,10	Grong	0.85
Nordre Söndmöre	3,36	Sandnæs	2,04	Ranen	0,85
Frosten	3,30	Ytre Söndhordland	2.03	Evje	0.83
Moss	3,29	Solör Odalen	2,02	Lenvik	0.81
Karmöen	3,28	Laerdal	1,98	Undal	0.72
Sarpsborg	3,23	Söndre Fosen	1,91	Indre Hardanger	0.64
Alten	3,23	Lyngdal	1,91	Ytre Söndfjord	0.46
Sand	3,22	Østlofoten	1,90	Vos	0,45
Ytre Nordhordland	3,19	Midtre Fosen	1,87	Sogndal	0.45
Vadsö	3,16	Hof	1,83	Sauland	0.27
Sandsvær	3,15	Modum	1,81	Midtre Sogn	0.19
Ytre Sogn	3,06	Indre Sogn	1,80	Sätersdalen	0.07
Maasö	2,99	Ytre Namdal	1,79	Kistrand	0.05
Ytre Romsdal	2,98	Lyngen	1.76	Skjærvö	0,04
Ytre Hardanger	2,97	Alstadhoug	1,70	Sydvaranger	0,04
				Karlsö	0.0

Tabelle XI.

Verhältnisszahlen zwischen am Scharlachfieber Erkrankten und 1000 Einwohnern in sämmtlichen ärztlichen Distrikten Norwegens 1875 — 1877.

(Vergleiche Karte Nr. 2—4.)

Aerztliche Distrikte	1875	1876	1877	Aerztliche Distrikte	1875	1876	1877
Kristiania.	13,54	14,24	2,66	Nordre Valders .	0,0	0,63	7,51
Aker	6,45	15,63	4,10	Toten	0,13	9,74	10,58
Ullensaker	2,51	11,52	11,40	Faaberg	0,53	8,01	9,20
Höland	0,97	8,39	0,35	Ringebo	0,0	8,61	6,28
Follo	2,02	13,32	4,92	Lom	0,0	1,39	0,93
Eidsberg	0,82	26,46	12,08	Lesje	0,0	0,0	11,39
Moss	0,16	11,78	6,71	Skien	1,02	5,88	8,54
Sarpsborg	5,89	7,23	6,92	Kragerö	13,02	17,08	5,60
Hvalöerne	2,67	0,43	0,29	Holden	0,80	18,10	4,08
Fredrikshald	23,40	6,13	0,60	Sauland	0,0	0,14	3,34
Drammen	2,84	12,18	15,84	Hviteseid	0,0	28,16	10,00
Ringerike	0,07	7,01	6,32	Laardal	0,0	21,17	2,80
Modum	4,61	7,92	3,79	Tin	0,0	6,89	15,15
Hallingdal	0,0	10,08	7,91	Østre Nedenæs	7,59	22,35	4,84
Sandsvær	0,08	24,41	2,45	Arendal	7,50	33,90	5,57
Rollog	0,0	4,59	17,76	Vestre Nedenæs	16,66	13,10	1,39
Tönsberg	0,46	9,06	2,67	Aamli	0,93	6,48	2,59
Hof	1,04	8,88	2,94	Evje	0,0	6,75	4,20
Laurvig	3,70	7,89	2,22	Sætersdalen	0,0	0,0	0,87
Solör-Ödalen	1,61	8,55	2,73	Kristiansand	12,66	28,11	0,17
Hedemarken	0,63	15,61	7,09	Oddernæs	14,71	13,26	0,29
Söndre Öster-dalen.	0,21	17,46	9,49	Undal	2,61	3,74	0,0
Trysil	0,54	28,98	4,35	Lyngdal	0,0	2,63	2,06
Rendalen	0,0	28,23	11,05	Flekkefjord	0,53	9,57	1,53
Tönset	0,0	9,14	6,93	Sogndal	0,0	1,18	2,86
Hadeland-Land	0,50	6,75	8,86	Ekersund	0,0	18,89	2,85
Söndre Valders	0,0	0,36	14,60	Sandnæs	0,48	1,54	1,88
				Stavanger.	1,02	1,34	1,48

— 94 —

Aerztliche Distrikte	1875	1876	1877	Aerztliche Distrikte	1875	1876	1877
Finnö	0,0	0,0	0,0	Guldal	0,0	0,0	0,0
Sand	0,0	0,36	0,0	Opdal	0,0	0,0	0,19
Karmöen	0,07	0,41	0,0	Ørkedal	0,0	0,13	2,11
Haugesund und				Söndre Fosen	0,0	1,44	0,91
SveenPfarr-Amt	0,0	0,99	3,55	Midtre Fosen	3,42	0,89	0,19
Indre Söndhordland	0,21	0,53	0,21	Nordre Fosen	7,11	0,0	0,0
				Stjördal	0,0	0.35	1,47
Ytre Söndhordland	0,88	2,92	4,89	Frosten	0,0	0,0	5,65
Indre Hardanger	0,0	0,29	1,57	Levanger	0,0	0,15	1,20
Ytre Hardanger	0,17	2,24	23,10	Inderöen	0,14	0,14	0,36
Vos	0,0	0,0	0,63	Stenkjær	1,48	0,0	0,63
Söndre Midthordland	3,22	7,33	7,42	Grong	0,0	0,93	0,0
				Namsos	2,68	0,36	0,18
Nordre Midthordland	0,0	6,01	3,63	Ytre Namdal	1,30	0,00	0,36
				Brönnö	0,81	5,47	0,71
Indre Nordhordland	0,0	1,95	0,47	Alstadhoug	1,01	0,0	0,61
				Vefsen	8,01	0,0	0.0
Ytre Nordhordland	0,0	1,41	7,91	Ranen	4,44	0,16	0,0
				Lurö	2,16	0,0	0,0
Stadt Bergen	0,53	15,08	4,67	Gildeskaal	0,0	0,0	0.0
Lærdal	0,0	8,77	3,11	Bodö	2,90	0,41	1,66
Lyster	0,0	0,0	0,0	Folden	7,49	0,0	0,30
Indre Sogn	0,0	0,19	20,56	Skjærstad	0,0	0,0	0.0
Midtre Sogn	0,0	0.0	0,39	Stegen	0,0	0,0	0.0
Ytre Sogn	4,69	1,71	31,89	Lödingen	0,0	0,0	0.49
Ytre Söndfjord	0,0	0,0	0,0	Ofoten	0,0	0,0	0,0
Indre Söndfjord	0,0	0,0	2,43	Buksnæs	2,01	0,0	0,0
Kin	0,0	0,12	0,48	Flakstad	0,0	0,0	0,0
Ytre Nordfjord	0,0	0,0	0,0	Østlofoten	4,23	3.59	0.44
Nordfjordeidet	0,0	0,0	19,00	Hadsel	0,14	0,0	0.0
Indre Nordfjord	0,42	0,17	15,83	Sortland	0,31	0,0	0.0
Vestre Söndmöre	1,31	3,83	12,52	Trondenæs	0,0	0,0	2.13
Indre Söndmöre	0,14	6,53	5,31	Ibestad	0,0	0.0	2.13
Østre Söndmöre	30,00	0,16	1,56	Tranö	0,0	0.0	32.99
Ørskoug	0,0	0,0	0,0	Lenvik	0,0	0.0	0.32
Nordre Söndmöre	22,34	4,23	0,36	Malangen	0,0	0,0	1.80
Ytre Romsdal	7,02	5,55	13,11	Lyngen	0,0	0,0	0,0
Indre Romsdal	0,46	4,24	2,12	Karlsö	0,0	0,0	0,0
Söndre Nordmöre	0,75	0,45	1,70	Skjærvö	0,0	0,0	0.0
Sundalen	0,0	2,39	0,48	Alten	0,0	0,0	0.0
Surendalen	3,91	0,42	0,0	Loppen	0,0	0,0	0,0
Nordre Nordmöre	7,85	2,55	0,0	Hammerfest	8,61	0.0	0,0
Drontheims Stadtphysikat	0,27	1,72	9,71	Maasö	0,0	0.0	0,0
Strinden	0,0	1,79	5,62	Kistrand	0,0	0,0	0.0
Selbo	0,0	0,0	0,0	Tanen	0.0	0,0	0.0
Röraas	0,0	0,0	0,0	Vardö	0.97	0,0	0,0
				Vadsö	0.0	0,0	7.11
				Sydvaranger	0,0	0,0	0.0

Charakteristik

des Vorkommens und der Verbreitung des Scharlachfiebers in Norwegen.

Nach dieser historisch-statistischen Untersuchung der epidemischen Verbreitung des Scharlachfiebers werde ich aus dem vorliegenden Materiale eine Charakteristik des Vorkommens des Scharlachfiebers in Norwegen zu entwerfen versuchen. — So wie die moderne Medicin sich entwickelt, hat sie die epidemischen Krankheiten mehr und mehr als von den organischen ansteckenden Stoffen abhängig angesehen und mit der Entwicklung und den Verhältnissen dieser Stoffe als Grundlage den Gang und die verschiedenen Symptome der Krankheit erklärt.

Daher liegt es der vorliegenden Frage gegenüber nahe, die Bedingungen für das Wachsen und das Gedeihen des ansteckenden Stoffes unter denselben Bedingungen, die die Lebensäusserungen im Ganzen constituiren, und unter den Verhältnissen, die die Grundlage des organischen Lebens bilden, zu suchen.

Allein — es ist klar genug, dass dieses Suchen, weil die genannten Verhältnisse im Ganzen so wenig bekannt sind, und die Natur des ansteckenden Stoffes schliesslich nur andeutungsweise an den Tag gebracht ist, tappend und unsicher werden muss. —

Wenn man die Tafel A. I. betrachtet, wird das leicht in die Augen fallen, was ich „die Curvenfigur des Scharlachfiebers" nennen werde.

Diese Figur ist, wie man sieht, sehr charakteristisch; sie zeichnet sich durch in einzelnen Jahren zunehmende hohe Ascensionen aus, die nicht direct von der Grundfläche, sondern erst von stufenförmigem Ansteigen — um dann wieder stufenförmig herunterzusinken — ausgehen.

Mit den beigelegten Curven für Diphtheritis, Masern, Blattern und Abdominaltyphus (Tafel A. II—V) verglichen, zeigt es sich deutlich, was für eine scharf ausgeprägte und eigenthümliche Curvenfigur das Scharlachfieber bildet [1].

Auch hinsichtlich der einzelnen Aemter giebt die Tafel B mit ihrer Auswahl von Aemtern in mehr oder weniger bestimmten Wiederholungen — zwar mit mehreren Modificationen — die Figur der Hauptcurve zurück.

Bei der Beurtheilung dieser abweichenden Formen muss man indessen wohl bedenken, dass die Zahlen, aus denen die Curven gebildet sind, nicht sämmtliche Erkrankte — vielleicht bei weitem nicht — in sich schliessen und dass die Differenz zwischen den wirklich Erkrankten und den als solchen angegebenen Personen je nach den verschiedenen Umständen bedeutend variiren kann. Als solche Umstände werde ich hier erwähnen: den Verkehr und die Communicationsmittel der Districte, die Grösse derselben, den Umstand, dass ärztliche Behandlung mehr oder weniger benutzt wird, grösseren oder geringeren Fatalismus und Gleichgiltigkeit der Bevölkerung, den Umstand, ob es sich um einen Stadt- oder Landdistrict handelt u. s. w.

Deswegen müssen die Abweichungen von der Hauptcurve etwas abgerundet werden. In der Hauptcurve — besonders hinsichtlich der späteren Jahre — reguliren die grossen Zahlen bis zu einem gewissen Grade sich selbst. In dieser „Curvenfigur" aber ist das Bild von dem Wesen der Krankheit gewissermassen eingeschlossen; denn das Wesen der Krankheit ist der ansteckende Stoff und die Curven können als der Ausdruck des Wachsens und der Lebensenergie des ansteckenden Stoffes innerhalb einer Bevölkerung aufgefasst werden. Der Ansteckungsstoff des Scharlachfiebers hat nämlich ein ganz besonderes, bestimmtes Gepräge — jedenfalls müssen wir, wie später genauer behandelt werden soll, ihn so betrachten —, indem er nicht besonders flüchtig oder leicht diffusibel zu sein scheint, sondern ziemlich fest, abgehärtet und durch gesunde Zwischenglieder transportabel.

---

[1] Speciell werde ich auf den grossen Unterschied (ich könnte beinahe Gegensatz sagen) in den Curven des Scharlachfiebers und denjenigen der Diphtheritis aufmerksam machen.

Der Stoff schreitet am häufigsten fort von einem Individuum zum andern und braucht demgemäss längere Zeit, um eine ganze Bevölkerung zu dominiren; — auf der anderen Seite aber wird er auch, einmal zur Macht gekommen, dieselbe ziemlich lange behalten können und sie nur stufenweise aufgeben. — Wie nun das Verhältniss sich stellt zwischen der Entwicklung der Ansteckungsstoffe und solchen möglichen Bedingungen, die mit denjenigen, die sich im organischen Leben im grossen Ganzen geltend machen, analog sein dürfen — werde ich im Folgenden anzudeuten versuchen.

Als solche Bedingung muss das Verhältniss zu den Jahreszeiten und zu der Temperatur der Luft zuerst genannt werden: — welche Jahreszeiten und welche Temperatur findet der ansteckende Stoff am günstigsten für seine Entwicklung, und können ziemlich constante Relationen in dieser Richtung hin nachgewiesen werden?

Um das Verhältniss zwischen dem Auftreten der Epidemien und den Jahreszeiten untersuchen zu können, habe ich in Bezug auf die Jahre, deren Monatsberichte als einigermassen zuverlässig betrachtet werden können, und wo solche bestimmt angegeben sind oder sich wenigstens leicht bestimmen lassen, für die Aemter sowie für die Städte Kristiania, Bergen, Drontheim und Drammen die grossen und mehr ausgebreiteten Epidemien zusammengestellt.

Tabelle über den Anfang der Epidemien:

	Januar	Februar	März	April	Mai	Juni	Juli	August	September	October	November	December
Stadt Kristiania	—	—	—	—	—	1	1	1	1	—	—	—
Amt Akershus	1	—	—	—	—	—	—	1	—	1	—	—
„ Smaalenene	1	—	1	—	—	—	—	—	1	—	—	—
„ Buskerud	—	—	2	—	—	—	1	—	—	—	1	—
„ Jarlsberg-Laurvig	—	—	—	—	—	—	—	1	—	2	—	—
„ Hedemarken	1	—	—	—	—	—	—	—	—	—	1	—
„ Kristian	1	—	—	—	—	—	—	—	—	—	1	—
„ Bratsberg	1	—	—	—	—	—	—	—	1	—	1	—
„ Nedenæs	—	1	—	—	—	—	—	—	—	1	—	1
„ Lister-Mandal	—	—	—	—	—	1	—	1	—	—	—	—
„ Stavanger	—	—	—	1	—	1	—	—	—	—	1	—
„ Südl. Bergenhus	1	—	—	1	—	—	—	—	—	—	1	—
Stadt Bergen	—	—	—	—	—	2	—	—	1	1	—	—
Amt Nördl. Bergenhus	—	—	—	—	—	—	—	—	—	1	—	1
„ Romsdal	—	—	1	—	—	—	—	—	—	—	—	—
Stift Drontheim	1	1	—	—	—	—	—	—	1	2	1	1
„ Tromsö	—	—	—	—	1	—	—	—	—	—	—	—
	7	2	4	2	3	2	3	3	7	7	8	4

Der obenstehenden Tabelle zufolge fingen also:

in den Wintermonaten (Dec., Jan., Febr.) 13 Epidemien an $= 25$ %,

,, ,, Frühlingsmonaten (März, April, Mai) 9 ,, ,, $= 17,3$ %,

,, ,, Sommermonaten (Juni, Juli, August) 8 ,, ,, $= 15,4$ %,

,, ,, Herbstmonaten (Sept., Oct., Novbr.) 22 ,, ,, $= 42,3$ %.

Dieser Tabelle zufolge fingen also 42,3 % der Epidemien in den Herbstmonaten an. Dieses Resultat stimmt mit dem von Hirsch[1]) angeführten nicht ganz überein; nach seiner Zusammenstellung von 289 Epidemien fallen nämlich 30 % der Epidemien auf die Herbstmonate, 25 % auf die Wintermonate, 24 % auf die Sommermonate und 21 % auf die Frühlingsmonate [2]).

Nach den Tabellen Gutmanns [3]) (Zusammenstellung von sämmtlichen Ländern) fangen 100 Epidemien im Herbst an, 120 im Winter. 80 im Frühjahr und 90 im Sommer.

Die von Hirsch und Gutmann angeführten Zahlen sind allerdings bedeutend grösser als die meinigen; der Unterschied ist aber doch zu gross, um ihn mit grösseren Zahlen ausgeglichen zu denken und auf der andern Seite stimmt diese Prävalenz des Herbstes mit Beobachtungen, die in England schon zu der Zeit Sydenhams gemacht sind, und wonach der Herbst unzweifelhaft für Scharlachfieber am meisten disponirt ist, gut überein.

Nach Thomas (v. Ziemssens Handb. d. sp. Pathol. u. Therapie II. B. S. 206) sind in Deutschland ähnliche Beobachtungen gemacht worden.

Nach dem Vorhergehenden darf als wahrscheinlich behauptet werden, dass das Scharlachfieber in unserm Lande am meisten Neigung hat in den Herbstmonaten sein epidemisches Auftreten anzufangen.

Zur Aufklärung der Frage, welche Monate die Entwicklung des Scharlachfiebers besonders begünstigen — mit andern Worten in welchen Monaten die Krankheit mit den grössten Zahlen vorkommt, habe ich von 51 Epidemien [4]) folgende Zusammenstellung gemacht.

---

[1]) Handb. d. histor.-geograph. Pathologie. 1. B. S. 239.

[2]) Speciell für Scandinavien und Russland habe ich (Hirsch a. a. O.) doch Zahlen gefunden, die die Prävalenz des Herbstes zu zeigen scheinen:

In den Herbstmonaten 13 Epid., in den Sommermonaten 10 Epid.,

,, ,, Wintermonaten 6 ,, ,, ,, Frühlingsmonaten 4 ,,

[3]) Ueber d. Gesetze d. Epidem. d. Scharlach. Würzburg 1859. S. 17.

[4]) Die Epidemie im Amte Bratsberg 1856—57 fällt weg, da genaue Zahlangaben nicht existiren.

Tabelle über das Culminiren der Epidemien.

	Januar	Februar	März	April	Mai	Juni	Juli	August	September	October	November	December
Stadt Kristiania	—	1	—	—	—	—	—	—	—	2	—	1
Amt Akershus	2	—	—	—	—	—	—	—	—	—	1	—
„ Smaalenene	2	—	—	—	—	—	—	—	—	—	1	—
„ Buskerud	1	1	—	—	1	—	—	—	—	—	—	1
„ Jarlsberg-Laurvig	2	—	—	—	1	—	—	—	—	—	—	—
„ Hedemarken	1	—	—	—	—	—	—	—	—	—	1	—
„ Kristian	1	—	—	—	—	—	—	—	—	—	1	—
„ Bratsberg	1	—	—	—	—	—	—	1	—	1	—	—
„ Nedenæs	—	—	—	—	—	1	—	—	—	1	—	1
„ Lister-Mandal	—	—	1	—	—	—	—	—	—	—	1	—
„ Stavanger	1	—	1	—	—	—	—	—	—	—	1	—
„ Südl. Bergenhus	1	—	—	—	—	—	1	1	-	—	—	—
Stadt Bergen	2	—	—	—	—	—	—	1	—	—	—	1
Amt Nördl. Bergenhus	—	—	—	—	—	—	—	—	1	—	—	1
„ Romsdal	—	—	—	—	—	—	—	—	—	—	—	1
„ Südl. Drontheim	1	—	—	—	—	—	—	—	—	—	—	1
Stadt Drontheim	1	—	—	—	—	—	—	—	1	—	1	—
Amt Nördl. Drontheim	—	—	1	2	—	—	—	—	—	—	—	—
Stift Tromsö	1	—	—	—	—	—	—	—	—	—	1	—
	17	2	3	2	2	1	2	3	1	5	7	6

In diesen Epidemien hat das Scharlachfieber also am häufigsten culminirt in den Wintermonaten, nämlich 25 mal, demnächst in den Herbstmonaten, „ 13 „
„ „ „ Frühlingsmonaten, „ 7 „ und
endlich „ „ Sommermonaten, „ 6 „

Das Culminiren des Scharlachfiebers findet in ungefähr der Hälfte der Epidemien in den Wintermonaten statt und dann besonders im Januar (circa 33 %). Auch hier scheint der hohe Procentsatz die kleinen Zahlen zu ersetzen.

Die Tabelle VII zeigt durch ihre verhältnissmässig grossen Zahlenreihen das monatliche Vorkommen des Scharlachfiebers im Lande 1867—1878.

Nach dieser Tabelle ist das procentweise Vorkommen am häufigsten in den Wintermonaten (31 %), am seltensten in den Sommermonaten (20 %) [1]) und ungefähr gleich in den Frühlings- und Herbstmonaten (25 % resp. 24 %).

---

[1]) Dieses stimmt sowohl mit den Erfahrungen Thoresens, nämlich, dass das Contagium des Scharlachfiebers während des Sommers leichter zum Stillstand gebracht wird, als auch mit dem, was öfters in den Berichten angeführt wird, überein.

7 *

Das monatliche Vorkommen in den genannten Jahren und das procentweise monatliche Vorkommen in denselben Jahren sind an Tafel C. I und II in Curven dargestellt.

Es scheint also, als werde der ansteckende Stoff in seiner Entwicklung und seiner Ausbildung von der kälteren Jahreszeit, dem Winter und Herbst[1]), begünstigt, während er in den Frühlings- und Sommermonaten günstige Bedingungen weniger zu finden scheint. Das vorliegende Material ist aber so unvollständig, dass man nur mit aller Vorsicht Schlusssätze daraus ziehen darf. Es ginge demgemäss nicht an, unbedingt zu schliessen, dass die Kälte an und für sich die Ausbildung des ansteckenden Stoffes begünstigt. Die Sache ist nämlich, dass die Kinder in der kälteren Jahreszeit sich mehr in den warmen, überfüllten Stuben, die eine gute Gelegenheit zu einer kräftigeren Concentration des Ansteckungsstoffes darbieten, aufhalten, während sie sich im Sommer mehr in frischer Luft befinden, nicht in die Schule gehen, „aufs Land" ziehen u. s. w. Andrerseits aber scheint die Grösse und das constante Auftreten der Zahlen über diese Verhältnisse hinaus zu zeigen und nähere Untersuchungen zu fordern.

Um den Beziehungen zwischen dem Scharlachfieber und der Temperatur noch näher kommen zu können, ist es mir durch das gefällige Entgegenkommen der Herren Professor Mohn und Axel Steen, erster Assistent bei dem meteorologischen Institute in Kristiania, möglich geworden, nachstehende Curven, (Taf. C. IV), die für den grössten Theil des südlichen Norwegens das Verhältniss zwischen der Anzahl der Erkrankten und den Fluctuationen der Temperatur zeigen, zu liefern.

Die genannten Landestheile (mit Ausnahme von den Aemtern Bratsberg und Hedemarken) sind in 4 Abtheilungen eingetheilt, um so grosse und zu gleicher Zeit so gleichartige Zahlen als möglich zu bekommen.

Die benutzten Temperaturen sind die von den Herren Prof. Mohn und Cand. Hesselberg berechneten „Afvigelser fra Normaltemperaturen 1874—1878"[2]), die in den von dem meteorologischen Institute jährlich ausgegebenen „Oversigter over Veirforholdene i Norge" aufgenommen sind.

Um die localen Einflüsse so viel als möglich zu eliminiren, habe ich für jede einzelne der 3 Abtheilungen 4 Observationsstellen gewählt

---

[1]) Vergl. unten unter „Die Mortalität", wo oft angegeben wird, dass die Epidemien im Herbste bösartig werden.

[2]) Abweichungen von der Normaltemperatur.

und von diesen die mittlere Abweichung vom Normalen berechnet.
Demnächst sind für das Stift Kristiansand die Stationen Utsire, Sku-
desnaes, Mandal und Oxö gewählt; für die Aemter südl. und nördl.
Bergenhus, sowie für die Stadt Bergen die Stationen Florö, Ejesne,
Bergen und Ullensvang und für die Aemter Kristian und Romsdal die
Stationen Aalesund, Kristiansund, Dovre und Granheim.

Für die 4. Abtheilung: die Stadt Kristiania und die Aemter um
den „Kristianiafjord" herum, ist Kristiania als Observationsstelle benutzt, theils weil dieselbe ziemlich central belegen ist, theils weil
Kristiania in Einwohnerzahl und in Genauigkeit der Angaben über die
Erkrankten einen dominirenden Platz einnimmt.

Durchgehend — oft aber sehr schwach — sieht man in sämmtlichen dieser Curven wie die Ascensionen in der punctirten Curve
(Zahl der Erkrankten) auf mehr oder weniger bedeutende Descensionen in der anderen Curve (Temperatur) folgen. Ein solcher
Zusammenhang kommt unter andern in der Curve Nr. IV^a (nach
der Temperaturcurve gerechnet) zum Vorschein, nämlich: im
December 1874, November 1875, December 1876; in der Curve IV^b:
im August und December 1874, April, Juni und November 1875, Mai
1876, März, Mai und September 1877, Januar 1878; in der Curve IV^c:
im December 1874, November 1875, September 1876, September
1877; und in der Curve IV^d: im Juni 1874, December 1874, Mai 1876,
September und December 1876, März, Juni und October 1877,
Februar 1878.

Einerseits ist aber das Verhältniss zwischen den Ascensionen und
Descensionen in den beiden Curven zu wenig hervortretend und andrer-
seits muss wohl daran erinnert werden, dass die Angaben hinsichtlich
der Erkrankten an Genauigkeit sehr viel zu wünschen übrig lassen.
Die Schlusssätze müssen deshalb auch hier mit grosser Vorsicht und
Reservation gezogen werden.

Die erwähnten Verhältnisse scheinen aber doch auf eine gewisse
Beziehung hinzuweisen, selbst wenn man in der Hauptsache mit Lee [1]
darin einig sein kann, dass die atmosphärischen Veränderungen keine
„considerable [2] influence" auf das Scharlachfieber üben [3].

---

[1] Nach Hirsch citirt; a. a. O. S. 241.

[2] Von mir hervorgehoben.

[3] Es wäre interessant gewesen, auch bezüglich des Verhältnisses der Feuch-
tigkeit und der Windrichtungen zu dem Gange des Scharlachfiebers eine ähnliche
Zusammenstellung zu machen; hierzu hat mir aber das nöthige Material gefehlt.

Untersucht man das Verhältniss des Scharlachfiebers zu dem Boden, auf welchem die Krankheit sich entwickeln und ausbilden soll: die menschlichen Individuen, wird man aus der Tabelle VII sehen, welche überwiegend grosse Procentzahl das kindliche Alter aufzuweisen hat.

In den 12 Jahren 1867—78 wurden in Norwegen von Erwachsenen: 6278 Personen = 9,8 %, von Kindern (unter 15 Jahren): 57 982 Personen = 90,2 % befallen.

(Nach der Volkszählung im Jahre 1875 waren im Reiche
 von Erwachsenen (über 15 Jahren): 1 181 766,
 „ Kindern   (unter 15 Jahren):   625 134).

Dieses Verhältniss ist von dem in der ausländischen Literatur angegebenen etwas abweichend:

Nach Murchison[1] (in der Londoner Epidemie) wurden nur 4,37 % Erwachsene befallen.

Nach Veit[2] (in den Berliner Epidemien) wurden 4,0 % Erwachsene befallen. Andere Verfasser geben an, dass sie nur „selten" gesehen haben, dass Erwachsene befallen worden sind.

In der Literatur findet man vereinzelt angeführt dass ältere Personen in einem Alter von 60—80 Jahren an Scharlach erkrankten.

Soweit mir bekannt, ist nur ein einziges Mal[3] eine Epidemie beschrieben worden, in welcher eine grössere Anzahl Erwachsener als Kinder befallen wurden.

Die von mir angeführten Zahlen entsprechen denen von Heiberg[4] aus der Aalborger Epidemie 1857—58 angegebenen. Von 582 Patienten machten die Erwachsenen 9,3 %₀ aus.

Untersucht man die Medicinalberichte in Bezug auf die nähere Specification des Alters der erkrankten Personen, kann man folgende Bemerkungen daraus ziehen: In der Epidemie in Arendal im Jahre 1835 wurden alle Alter von 8 Tagen bis zum 60. Jahre ergriffen; jedoch war die Anzahl der Erkrankten über 20 Jahre klein; in Arendal nur 5.

In der Epidemie in Grimstad 1835 wurden gleichfalls sowohl Erwachsene als Kinder befallen.

In Arendal im Jahre 1839 wurden viele Erwachsene befallen.

In Drammen 1862/63 wurden 12 % Erwachsene befallen.

---

[1] Thomas a. a. O. S. 188 (nach Berechnung der daselbst stehenden Tabelle).
[2] Berlin. Klin. Wochenschrift 1868. S. 152.
[3] Zangerle: Würtemb. Corresp.-Blatt. 1841. S. 353.
[4] Aalborg Lägeforenings Beretning om Skarlagensfeberepidemien i Aalborg By 1857—58 efter Foreningens Materiale udarbeidet af prakt. Läge Heiberg. Bibl. for Läger 15de Bind 1. Hefte 1859.

In der Epidemie in Stathelle 1877 wurden 21,4 % Erwachsene befallen.

In Horten 1855 waren ⅘ Theil von den Erkrankten unter 7 Jahren.

In vestre Söndmöre 1867 waren von den Erkrankten:

```
 1 unter 1 Jahre,
16 zwischen 1 und  5 Jahren,
27    „     5  „  10   „
 7    „    10  „  15   „
 8    „    15  „  20   „
 2    „    20  „  25   „   und
 2    „    25  „  35   „
```

Koren [1]) hat bezüglich des Alters und Geschlechtes [2]) von 426 Patienten folgende Zusammenstellung geliefert:

Alter		männl. Geschlecht	weibl. Geschlecht	Zusammen
Unter 1	Jahr	4	4	8
1	„	24	15	39
2	„	23	18	41
3	„	20	25	45
4	„	25	25	50
5	„	16	17	33
6	„	14	17	31
7	„	10	13	23
8	„	9	9	18
9	„	5	11	16
10	„	4	6	10
11	„	3	13	16
12	„	3	5	8
13	„	2	5	7
14	„	—	6	6
15—20	„	19	21	40
21—30	„	10	17	27
31—40	„	2	4	6
41—50	„	2	—	2
Zusammen		195	231	426

Die Tabelle zeigt, dass kleine Kinder unter 1 Jahr dem Scharlachfieber verhältnissmässig wenig ausgesetzt sind, ein Verhältniss, das

---

[1]) Norsk Magaz. for Lägev. 1879. S. 187.

[2]) Um eine Statistik in dieser Richtung für das ganze Land zu bekommen, liegt kein Material vor.

auch bei mehreren andern ansteckenden Krankheiten beobachtet wird.
Koren bemerkt (S. 188), dass während der ganzen Epidemie kein
einziger Fall bei Kindern unter 3 Monaten angemeldet wurde. Ein-
jährige Kinder sind verhältnissmässig stark repräsentirt, indem sie den
2—4jährigen am nächsten kommen, ein Verhältniss, das dem von
Murchison in der Londoner Epidemie beobachteten entspricht.
4jährige Kinder haben die höchsten Zahlen; dann gehen die Zahlen
allmählich herunter bis zum 10. Jahre.

Die am stärksten repräsentirten Jahre sind in absteigender Reihe
das 4., 3., 2., 1., 5., 6., 7., 8., 9., 10., 11., 12. und unter einem Jahre.

In der Aalborger Epidemie 1857—58 sind für folgende Jahresklassen die höchsten Zahlen notirt:

$$
\begin{array}{llll}
7—10 \ \text{Jahre} & : & 125 & \text{Erkrankte (von 582)} \\
1—3 \quad ,, & : & 100 & ,, \\
3—5 \quad ,, & : & 99 & ,, \\
10—14 \quad ,, & : & 76 & ,, \\
5—6 \quad ,, & : & 53 & ,, \\
6—7 \quad ,, & : & 45 & ,. \\
\text{unter 1 Jahre} & : & 17 & ,, \\
14—15 \quad ,, & : & 13 & ,,
\end{array}
$$

Nach dem Procentsatz zwischen den gesunden und den kranken
Personen in dieser Epidemie stellt sich das Verhältniss etwas anders.
Nach diesem Procentsatz zeichnen folgende Jahresklassen sich
durch die höchsten Zahlen aus:

$$
\begin{array}{lll}
5—6 \ \text{Jahre mit} & 28,80 \ \% , \\
7—10 \quad ,, & ,, & 26,65 \ ,, \\
3—5 \quad ,. & ,. & 25,98 \ ,. \\
6—7 \quad ,, & ,, & 23,20 \ .. \\
1—3 \quad ,, & ,, & 20.00 \ ,, \\
10—14 \quad ., & .. & 13.77 \ .. \\
14—15 \quad ,, & & 8,50 \ ., \\
\text{unter 1} \quad ,, & ., & 6,05 \ ,,
\end{array}
$$

Man muss diesen Zahlen selbstverständlich einen bedeutend grössern
Werth als der absoluten Anzahl Erkrankter beilegen; allein — hinsichtlich unseres Landes fehlt — wie bemerkt — das Material für solch
eine Zusammenstellung, wie die für Aalborg, ganz und gar.

Sicher ist es indessen, dass Kinder unter 10 Jahren mit den höchsten
Zahlen aufgeführt werden müssen. Thoresen [1]) hat dieses Verhältniss in voller Uebereinstimmung mit der modernen Auffassung von der

---

[1]) Norsk Magaz. f. Lägev. 1872. S. 64.

Natur der epidemischen Krankheiten betrachtet: er sucht nämlich die grössere Disposition der jüngern Individuen in der grössern Vascularität der Schleimhäute in dem kindlichen Alter, indem diese Schleimhäute dem ansteckenden Stoffe eine bequemere Keimstelle gewähren, als diejenigen der ältern Menschen, bei welchen die Fibern mehr rigide sind und die Vascularität kleiner; desshalb meint er auch, dass ein schon anwesender Katarrh die Disposition vergrössert.

Es muss aber auch auf der andern Seite bei der Beurtheilung des Verhaltens der Erwachsenen dem Scharlachfieber gegenüber daran erinnert werden, dass diese theils die Krankheit als Kinder gehabt haben können, theils — und dieses verdient wohl bemerkt zu werden — die Krankheit als eine leichte Angina oder Nephritis, wovon in den Berichten — was später erwiesen werden soll — sehr viele Beispiele vorliegen, durchmachen können; solche leichte Formen können leicht übersehen werden. Ausserdem liegen aus unserem Lande Berichte vor, nach denen die erkrankten Erwachsenen bis 21,4 % ausmachen, — die aufgeführten Verhältnisszahlen mögen daher gewiss mit Kritik aufgenommen werden.

Hinsichtlich des Geschlechtes erkrankten in den 12 Jahren 1867—78:

vom männlichen Geschlechte 30 425 = 49,2 % und
„ weiblichen „ 31 427 = 50,8 %.

Nach der Volkszählung im Jahre 1875 gab es im Reiche
vom männlichen Geschlechte 888 571 und
„ weiblichen „ 930 282 Personen.

Die Verhältnisszahl pro mille zwischen den am Scharlachfieber erkrankten und der gesammten Anzahl Personen beiderlei Geschlechtes wird sich also für die 12 Jahre folgendermassen stellen:

für das männliche Geschlecht 2,85 %₀ und
„ „ weibliche „ 2,82 %₀.

Das Verhältniss zwischen dem Geschlechte und den Erkrankten in den verschiedenen Jahresclassen geht indessen nicht aus dem Materiale der Medicinalberichte hervor.

In der früher angeführten Tabelle Korens ist dieses Verhältniss für 426 Erkrankte angegeben; wie man sieht, prävalirt das männliche Geschlecht im 1. und 2. Jahre; später — vorzüglich in den höheren Altersclassen — scheint das weibliche Geschlecht den Vorrang zu haben.

Die Zahlen sind jedoch zu klein, um besondere Bedeutung haben zu können; ausserdem sind keine Angaben über die Zahl der lebenden

Personen in den verschiedenen Jahresclassen da. Die einzige Stelle, die — soweit mir bekannt — das procentweise Vorkommen des Scharlachfiebers im Verhältnisse zu den lebenden Personen in den verschiedenen Jahresclassen erwähnt, ist der oben citirte Bericht über die Aalborger Epidemie 1857—58.

Aus diesem Berichte geht hervor, dass im October von 100 lebenden Personen männlichen Geschlechts

von 1—15 Jahren 19,06 % und
„ 15—45 „   1,17 %

erkrankten.

Von 100 lebenden Personen weiblichen Geschlechtes erkrankten im Alter

von 1—15 Jahren 19,77 % und
„ 15—45 „   1,97 %.

Der Unterschied zwischen den beiden Geschlechtern ist also hier am grössten in dem erwachsenen Alter.

Möglich ist, dass dieses kleine Uebergewicht des weiblichen Geschlechtes in dem späteren Alter daraus erklärt werden könne, dass sie durch ihre Pflege der Kranken und ihren mehr beständigen Aufenthalt in den Krankenzimmern leichter inficirt werden.

In Betreff der geographischen Ausbreitung des Scharlachfiebers in Norwegen ist das Vorkommen der Krankheit innerhalb der verschiedenen Aemter für jedes Jahr von 1862—1878 in der Tabelle VIII zu ersehen; diese Tabelle zeigt die Verhältnisszahlen pro mille zwischen den Einwohnern der Aemter und der Anzahl der am Scharlachfieber Erkrankten. Die Mittelzahl der Aemter ist in untenstehender Tabelle nach der Grösse der Verhältnisszahlen geordnet:

Mittelverhältnisszahl der Aemter 1862—1878, nach der Grösse der Zahlen geordnet.

Stadt Bergen	6,2	Amt Finmarken	2,8
„ Kristiania	4,8	„ Hedemarken	2,6
Amt Nedenæs	3,5	„ Jarlsberg-Laurvig	2,5
„ Bratsberg	3,3	„ Südl. Bergenhus	2,5
„ Smaalenene	3,2	„ Kristian	2,4
„ Südl. Drontheim	3,2	„ Romsdal	2,4
„ Stavanger	3,1	„ Lister-Mandal	2,2
„ Akershus	3,0	„ Nördl. Bergenhus	2,0
„ Nördl. Drontheim	3,0	„ Tromsö	2,0
„ Buskerud	2,9	„ Nordland	1,9

Um die Uebersicht über die Ausbreitung des Scharlachfiebers im Lande zu erleichtern habe ich hinsichtlich der Stifte, Aemter und ärztlichen Districte die Jahre 1862—1878 in 3 Gruppen getheilt.

1. Gruppe: 1862—1868 mit Culminationen in den Jahren 1865 und 1867.

2. Gruppe: 1869—73 mit Culmination im Jahre 1871.

3. Gruppe: 1874—78 mit Culmination im Jahre 1876.

Die Ausbreitung des Scharlachfiebers in Norwegen 1862—1878 nach Stiften geordnet.

Stifte	1862—1868	1869—1873	1874—1878
Stift Kristiania	2,4	2,9	4,9
„ Hamar	1,0	2,7	4,5
„ Kristiansand	1,9	3,3	4,4
„ Bergen	2,8	4,4	3,8
„ Drontheim [1])	3,0	3,3	2,3
„ Tromsö	2,5	2,3	1,7

Die Ausbreitung des Scharlachfiebers in Norwegen nach den Stiften und der Grösse der Verhältnisszahlen geordnet.

1862—1868		1869—1873		1874—1878	
Stift Drontheim	3,0	Stift Bergen	4,4	Stift Kristiania	4,9
„ Bergen	2,8	„ Kristiansand	3,3	„ Hamar	4,5
„ Tromsö	2,5	„ Drontheim	3,3	„ Kristiansand	4,4
„ Kristiania	2,4	„ Kristiania	2,9	„ Bergen	3,8
„ Kristiansand	1,9	„ Hamar	2,7	„ Drontheim	2,3
„ Hamar	1,0	„ Tromsö	2,3	„ Tromsö	1,7

Aus obenstehender Tabelle wird man sehen, dass die Stifte Drontheim und Bergen in der 1. Periode prävaliren; dass die Stifte Tromsö und Kristiania dieselben Verhältnisszahlen haben und dass die Stifte Kristiansand und Hamar mit den kleinsten Zahlen dastehen.

In der 2. Periode hat das Stift Bergen die bedeutendste Verhältnisszahl, die Stifte Kristiansand und Drontheim haben dieselben Verhältnisszahlen, die Stifte Kristiania und Hamar stehen ungefähr gleich und das Stift Tromsö hat die kleinste Zahl, die nur unbedeutend kleiner ist als in der vorigen Periode.

In der 3. Periode prävalirt das Stift Kristiania: die Stifte Hamar und Kristiansand haben ungefähr dieselben Verhältnisszahlen; die Stifte Drontheim und Tromsö die kleinsten, während das Stift Bergen eine Zwischenstelle einnimmt.

Die Krankheit hat in den 3 Perioden in den Stiften Kristiania, Hamar und Kristiansand allmählich zugenommen, in der 2. Periode zugenommen und in der 3. Periode abgenommen in den Stiften Bergen und Drontheim; in dem Stifte Tromsö hat sie abgenommen.

Die Vertheilung auf die Aemter in den 3 Perioden wird man aus nachstehender Tabelle sehen.

---

[1]) Das ganze Amt Romsdal ist zum Stifte Drontheim mitgerechnet.

Die Ausbreitung des Scharlachfiebers 1862—1878 nach den Aemtern geordnet

Aemter	1862—1868	1869—1873	1874—1878
Stadt Kristiania	3,9	4,1	6,7
Amt Akershus	1,5	2,8	5,0
„ Smaalenene	2,2	2,5	5,5
„ Buskerud	1,9	2,7	4,6
„ Jarlsberg-Laurvig	2,3	2,6	2,6
„ Hedemarken	1,4	2,3	4,5
„ Kristian	0,5	3,1	4,5
„ Bratsberg	2,3	2,2	5,9
„ Nedenæs	2,6	2,5	5,9
„ Lister-Mandal	1,6	1,6	3,6
„ Stavanger	1,0	6,8	2,3
„ Südl. Bergenhus	1,4	3,6	3,0
Stadt Bergen	6,5	7,6	4,3
Amt Nördl. Bergenhus	0,6	2,0	4,0
„ Romsdal	2,1	1.8	3,5
„ Südl. Drontheim	3,6	4.2	1,6
„ Nördl. Drontheim	3,3	3,8	1,9
„ Nordland	1,3	3,6	1.2
„ Tromsö	2.5	1,0	2,3
„ Finmarken	3.8	2.4	1,7

Die Ausbreitung des Scharlachfiebers in Norwegen, nach den Aemtern und der Grösse der Verhältnisszahlen geordnet:

1862—1868		1869—1873		1874—1878	
Stadt Bergen	6,5	Stadt Bergen	7,6	Stadt Kristiania	6,7
„ Kristiania	3,9	Amt Stavanger	6,8	Amt Nedenæs	5,9
Amt Finmarken	3,8	Stadt Kristiania	4,1	„ Bratsberg	5,9
„ Südl. Dront-		Amt Südl. Dront-		„ Smaalenene	5,5
heim	3,6	heim	4,2	„ Akershus	5,0
„ Nördl. Dront-		„ Nördl. Dront-		„ Buskerud	4.6
heim	3,3	heim	3,8	„ Hedemarken	4,5
„ Nedenæs	2,6	„ Nordland	3,6	„ Kristian	4.5
„ Tromsö	2,5	„ Südl. Bergen-		Stadt Bergen	4.3
„ Bratsberg	2,3	hus	3,6	Amt Nördl. Ber-	
„ Jarlsberg-		„ Kristian	3.1	genhus	4,0
Laurvig	2,3	„ Akershus	2,8	„ Lister-Mandal	3,6
„ Smaalenene	2,2	„ Buskerud	2.7	„ Romsdal	3.5
„ Romsdal	2.1	„ Jarlsberg-		„ Südl. Bergen-	
„ Buskerud	1,9	Laurvig	2.6	hus	3,0
„ Lister-Mandal	1,6	Smaalenene	2,5	„ Jarlsberg-	
„ Akershus	1,5	„ Nedenæs	2,5	Laurvig	2.6

1862—1868		1869—1873		1874—1878	
„ Hedemarken .	1,4	„ Finmarken. .	2,4	„ Stavanger . .	2,3
„ Südl. Bergen-		„ Hedemarken .	2,3	„ Tromsö . . .	2,3
hus	1,4	„ Bratsberg . .	2,2	„ Nördl. Dront-	
„ Nordland . .	1,3	„ Nördl. Ber-		heim	1,9
„ Stavanger . .	1,0	genhus . . .	2,0	„ Finmarken. .	1,7
„ Nördl. Ber-		„ Romsdal . . .	1,8	„ Südl. Dront-	
genhus . . .	0,6	„ Lister-Mandal	1,6	heim	1,6
„ Kristian . . .	0,5	„ Tromsö . . .	1,0	„ Nordland . .	1,2

Man wird hieraus ersehen, dass die meisten Aemter in den drei
Perioden wechselnde Verhältnisse zeigen. Die constantesten Zahlen
hat das Amt Jarlsberg-Laurvig, das mit 2,3 — 2,6 — 2,6 aufgeführt ist.
Allmählich zugenommen hat die Krankheit in der Stadt
Kristiania und in den Aemtern Akershus, Smaalenene, Buskerud.
Hedemarken, Kristian, Lister-Mandal, Nedenäs und nördl. Bergenhus.
Abgenommen hat sie im Amte Finmarken.
Zugenommen in der zweiten Periode und abgenommen
in der dritten hat die Krankheit:
in der Stadt Bergen und in den Aemtern Stavanger, südl.
Drontheim, nördl. Drontheim, Nordland und südl. Bergenhus.
Abgenommen in der zweiten Periode und wieder zugenom-
men hat die Krankheit:
in den Aemtern Romsdal, Bratsberg und Tromsö.
Die Tabellen IX und X [1]) mit der Karte Nr. 1 zusammen-
gestellt zeigen die Verbreitung innerhalb der einzelnen ärztlichen
Districte von 1862 bis 1878.

---

[1]) Bei dem Ausrechnen der Verhältnisszahlen habe ich folgendes Verfahren
gebraucht:
Für die 1. Periode ist die Volkszählung von 1865 benutzt.
Für die 2. Periode ist die Mittelzahl der Volkszählung von 1865 und der-
jenigen von 1875 benutzt.
Für die 3. Periode ist die Volkszählung von 1875 benutzt. So z. B. für
Fredrikshald Stadtphysikat:
1862—1868:
(Volksmenge 1865) 9219 (Anzahl der Erkrankten) $\frac{482}{7} = 1000 : x.$

1869—1873:
(Volksmenge 1865—1875) $\frac{9219 + 9956}{2}$: (Anzahl der Erkrankten) $\frac{145}{5} = 1000 : x.$

1874—1878:
(Volksmenge 1875) 9956 : (Anzahl der Erkrankten) $\frac{465}{5} = 1000 : x.$

Die Krankheit ist über sämmtliche Theile des Landes (ausgenommen Karlsö District) ausgebreitet, ohne dass man sagen kann, dass unserm Lande eigenthümliche Naturverhältnisse die Entwicklung begünstigt hätten.

Die kräftigen Farben kommen theils in den waldreichen Inlandsbezirken vor, wie Rendalen, söndre Valders und Ullensaker, theils und ziemlich durchgehend in den Districten an der Küste entlang, in den Aemtern Bratsberg und Nedenas und in ·mehreren Fjorddistricten in den Stiften Bergen und Drontheim.

Die helleren Farben sind im südlichen Theile des Landes am „Langfjeldene", „Hardangervidden" und die Höhen in Sätersdalen gesammelt. Andererseits kommen kräftige Farben auch auf der drontheimischen Hochebene (wie in Röros) und auf den alpenförmigen Verlängerungen nach der Küste zu (wie in indre Söndmöre) vor. Es muss auch bemerkt werden, dass die Bevölkerung in den ausgedehnten Districten um „Langfjeldene" herum ziemlich zerstreut wohnt und schlechte Communicationsmittel hat. Die Districte sind auch in der Regel mit Aerzten schlecht versehen, so dass viele Fälle wahrscheinlich nicht bekannt werden. In den am kräftigsten gefärbten Districten im Inlande und an der südlichen Küste entlang ist beinahe das Umgekehrte der Fall.

Im nördlichen Theile des Landes, im Stifte Tromsö, sind es wesentlich die Küstendistricte in der Umgegend der Städte, die die kräftigsten Farben aufweisen. —

Werden die Städte und die Landdistricte verglichen, so sieht man, dass die Städte und die Districte, in welchen sich Stadtcommunen befinden, hohe Verhältnisszahlen ergeben, wie aus nachstehender Tabelle hervorgeht.

Districte	Städte in den Districten	Verhält-nisszahl
Stadt Kristiania		4,98
District Moss	Moss	3,29
„ Sarpsborg	Sarpsborg und Fredrikstad	3,23
Stadt Fredrikshald		6,61
District Drammen	Drammen	5,11
„ Sandsvör	Kongsberg	3,15
„ Hof	Holmestrand	1,27
„ Tönsberg	Tönsberg und Horten	2,67
„ Laurvig	Laurvig und Sandefjord	2,51
„ Hedemarken	Hamar	2,76
„ Toten	Gjövik	2,70
„ Faaberg	Lillehammer	3,39

Districte	Städte in den Districten	Verhält-nisszahl
District Skien	Skien, Porsgrund und Brevig	4,48
„ Kragerö	Kragerö	5,05
Stadt Arendal	—	9,47
District Østre Nedenæs	Øster-Risör und Tvedestrand	4,44
„ Vestre Nedenæs	Grimstad und Lillesand	3,95
Stadt Kristiansand		5,36
District Oddernæs	Mandal	2,37
„ Stavanger	Stavanger	5,30
„ Haugesund	Haugesund	3,38
Stadt Bergen		5,92
District Nordre Söndmöre	Aalesund	3,36
„ Söndre Nordmöre	Kristiansund	2,52
„ Ytre Romsdal	Molde	2,98
Stadt Drontheim		6.99
District Röros	Röros	6,46
„ Levanger	Levanger	2,41
„ Stenkjær	Stenkjær	4,32
„ Namsos	Namsos	2,88
„ Tromsö	Tromsö	5,01
„ Hammerfest	Hammerfest	4.07
„ Vardö	Vardö	3,73
„ Vadsö	Vadsö	3,16

Aus dem Umstand, dass die Städte und die Districte, in welchen Städte sich befinden, hohe Verhältnisszahlen aufweisen, zu schliessen, dass die Städte so zu sagen für Scharlachfieber mehr disponirt seien, wäre nicht ganz genau; denn hier muss wieder hervorgehoben werden, dass die Controlle der Erkrankten in den Städten weit grösser ist, so dass an mehreren Stellen wohl beinahe sämmtliche Fälle zur Kenntniss der Aerzte kommen. Sicher ist es auch, dass die Städte Im- und Exportstellen für den ansteckenden Stoff für die umherliegenden Landdistricte sind. Auf der anderen Seite liegen oft Berichte vor, aus denen man sieht, wie die Krankheit einen ganzen Landbezirk inficirt, von einem Hause zum andern geht und wenige Personen unberührt lässt; von den Städten sind aber solche Berichte selten: hier wird vielmehr bemerkt, dass die Krankheit sich innerhalb einzelner Theile der Stadt, ja innerhalb einzelner Strassen und Quartiere gehalten hat.

Sollte indessen dieser Unterschied in Bezug auf die Ausbreitung zwischen Stadt und Land nicht daraus erklärt werden können, dass auf dem Lande vielleicht grösserer Verkehr unter den Familien existirt, und dass sowohl Kinder als Erwachsene sich mehr unter einander mischen, als in den Städten?

Muss also das Missverhältniss zwischen den Verhältnisszahlen der Städte und denjenigen der Landdistricte etwas ausgeglichen werden, so werden die Städte doch im grossen Ganzen das Uebergewicht behalten.

Ueber den Gang der Epidemien.

In Verbindung mit dem, was vorher erwähnt wurde, werde ich mir erlauben, eine Uebersicht über die bedeutenderen Epidemien in Norwegen, nach den Aemtern geordnet, zu geben, sowie über die Weise, in welcher die wichtigeren Epidemien sich innerhalb der verschiedenen Aemter ausgebreitet haben. Für jedes Amt sind auch die Hauptregeln, die sich aus dem vorliegenden Materiale ausziehen lassen, hinzugefügt. Man darf hoffen und erwarten, dass, je nachdem die Angaben über das Verhältniss der Ansteckung genauer und vollständiger werden, bestimmtere Schlusssätze bezüglich des erwähnten Verhältnisses sich ziehen lassen.

Zur besseren Illustration des Ganges und der Entwicklung einer bedeutenden Epidemie füge ich die Karten Nr. 2—4 bei; diese geben das Verhältniss zwischen den an Scharlachfieber Erkrankten und 1000 Einwohnern der verschiedenen Districte des südlichen und mittleren Theiles des Landes im Jahre 1875 und in den grossen Epidemiejahren 1876 und 1877 an.

Uebersicht über die bedeutenderen Epidemien in Norwegen, nach den Aemtern geordnet[1]).

Stadt Kristiania.

Epidemien im Jahre 1817.
1825—1826.
1835.
1841—1842.
1854—1856.
1862—1863.
1866—April 1869.

---

[1]) Die Namen der ärztlichen Districte sind auf der Karte Nr. 1 angegeben.

August 1869—1872.
1875—1877.

Amt Akershus.

1826	Epidemie in	Dröbak.
1827	„	im ganzen Amte.
1835—36	„	„ „ „
1841—42	„	in Aker und Skedsmo.
1854—56	„	im Amte.
1859—60	„	„ „
1862—63	„	„ „
1867	„	„ „
1868 local	„	in Aker, Höland, Ullensaker.
1869—72	„	„ Ullensaker.
1870—71	„	im ganzen Amte.
1875—77	„	

Amt Smaalenene.

1825	Epidemie in	Moss und Fredrikshald.
1833—35	„	„ Fredrikshald.
1841	„	„ Moss.
1842	„	„ Fredrikshald.
1843—44	„	„ „
1844	„	„ Fredrikstad.
1854—59	„	im Amte.
1862—63	„	auf den Hvalöerne und Fredrikshald.
1865	„	im nördlichen Theile des Amtes (Distr. Moss, Eidsberg, Sarpsborg).
1866	„	in Sarpsborg.
1867—69	„	im Amte, namentlich im südlichen Theile.
1869—70	„	in Moss.
1871—72	kleinere Epidemie in	Sarpsborg.
1873	Epidemie in	Edemark.
1875—77	„	im Amte.

Amt Buskerud.

1817	Epidemie	auf Ringerike.
1836	„	in Drammen.
1842—43	„	„ „ und Kongsberg.
1845	„	„ „ „ „
1853—59	„	im Amte.

8 *

1854—56 Epidemie auf Ringerike.
1856   „   in Hallingdal.
1855   „   „ Modum und Snarum.
1862—63 Epidemie im Amte, wesentlich Drammen und Ringerike.
1867—72   „   „ Amte.
1867   „   in Sigdal.
1872—73 kleinere Epidemie in Hallingdal.
1875—77 Epidemie im Amte.

Amt Jarlsberg-Laurvig.

1825   Epidemie in Tönsberg.
1835   „   „ Laurvig, Fredriksvärn und Stavärn.
1842—43   „   im Landphysikate und Holmestrand.
1852   „   in Tönsberg.
1855—57   „   im Amte.
1858   „   in Svelvig.
1859—60   „   „ Laurvig.
1862—63   „   im nördlichen Theile des Amtes.
1864—66   „   in Tönsberg und Horten.
1867—68   „   von Horten und nördlich sowie im District Laurvig.
1869   „   in Tönsberg und Laurvig in den ersten Monaten des Jahres.
1870—72   „   im Districte Tönsberg.
1875—77   „   im Amte.

Amt Hedemarken.

1844   Epidemie in Stange.
1852   „   „ Solör-Odalen.
1853   „   „ söndre Østerdalen, Rendalen, Tönset, Tyldal.
1854   „   „ Ringsaker.
1857—59   „   im Districte Hedemarken.
1858   „   in Trysil.
1860   „   „ Solör-Odalen.
1863—65   „   im Districte Hedemarken.
1866—71   „   „ Amte.
1866—69 Epidemie in Solör-Odalen.
1867—69   „   im Districte Hedemarken.
1868—70   „   in Tönset.
1875—78 Epidemie im Amte.

1875—77 Epidemie in Solör-Odalen.
1875—78 „ im Districte Hedemarken.
1876—77 „ in söndre Odalen und Trysil.
1876—77 2 Epidemien im Herred Rendalen.

Amt Kristian.

1862—64 Epidemie im Amte.
1868 kleinere Epid. in Hadeland-Land.
1869—72 Epidemie im Amte.
1869—71 Epidemie in Hadeland-Land.
1869 „ „ söndre Valders.
1869—72 „ „ Toten.
1869—71 „ „ Faaberg.
1871 „ „ Ringebo.
1876—78 Epidemie im Amte.

Amt Bratsberg.

1840 Epidemie in Langesund.
1845—46 „ „ Kragerö.
1855—56 „ „ Porsgrund und Holden.
1856—57 „ „ Kragerö.
1866—67⎫ „ „ den Districten Skien, Kragerö und Holden.
1870—73⎭ „ „ do. do. do.
1875—78 „ im Amte.

Amt Nedenäs.

1833—34 Epidemie im Districte östre Nedenäs.
1835 „ in Arendal und Grimstad.
1842 „ „ Arendal.
1843 „ „ Grimstad.
1845—47 „ „ „
1846 „ „ Arendal.
1857—58 „ im Districte östre Nedenäs.
1857—59 „ in Arendal und im Districte vestre Nedenäs.
1864—65 kleinere Epidemie in Tvedestrand.
1865—67 Epidemie in östre und vestre Nedenäs sowie in der Stadt Arendal.
1870—71 „ in östre und vestre Nedenäs sowie in der Stadt Arendal.
1875—78 „ im Amte.

Amt Lister-Mandal.

1841	Epidemie in	Flekkefjord.
1842	„ „	Kristiansand und Mandal.
1858—59	„ „	Mandal.
1862—63	„ „	Kristiansand.
1864	„ „	Flekkefjord.
1866—67	„ „	Mandal.
1870—71	„ „	Lyngdal.
1872	„ „	Mandal und Flekkefjord.
1875—76	„ „	Kristiansand, Oddernäs, Undal.
1875—77	„ „	Flekkefjord.
1876—77	„ „	Lyngdal.

Amt Stavanger.

1841—42	Epidemie in	der Stadt Stavanger.
1863	„	im Amte.
1866—67	„	in Stavanger und Karmöen.
1871—72	„	im Amte.
1876—77	„	in Egersund.
1877—78	kleine Epidemie in Stavanger.	

Amt südl. Bergenhus.

1860	Epidemie im	Amte.
1863—65	„ „	„
1867—68	„ „	„
1870—71	„ „	„
1873	„	in indre Midthordland.
1876—77	„	im Amte.
1878	„	in söndre Midthordland.

Stadt Bergen.

1839—40	Epidemie in	der Stadt.		
1840 (Decbr.)—42	Epid. in	der Stadt.		
1851—52	Epidemie in	der Stadt.		
1860	„	„	„	„
1862—65	„	„	„	„
1867—68	„	„	„	„
1870—72	„	„	„	„
1875—77	„	„	„	„

Amt nördl. Bergenhus.

1842	Epidemie in indre Sogn.	
1862	„	„ „ „
1863—64	„	„ Kin.
1864—65	„	„ ytre Nordfjord.
1872—74	„	im Amte.
1876	„	in Lärdal.
1877—78	„	im Amte.

Amt Romsdal.

1863—64	Epidemie im Distr. indre Romsdal.	
1864—67	„	„ Amte.
1869	„	in Molde und Kristiansund.
1869—70	„	„ Surendalen.
1870	„	„ vestre Söndmöre.

1871 und ⎫ kleinere Epidemien in mehreren Districten wie östre
1872 ⎭ und nordre Söndmöre, ytre Romsdal, nordre Nordmöre.
1874—78 Epidemie im Amte.

Amt südl. Drontheim.

1837—38	Epidemie in der Stadt Drontheim.	
1864—65	„	im Amte.
1868—69	„	in der Stadt Drontheim.
1869—70	„	„ Röros.
1871—73	„	„ der Stadt Drontheim.
1872—73	„	im Amte.
1877—78	„	in der Stadt Drontheim und in Strinden.

Amt nördl. Drontheim.

1864	Epidemie in ytre Namdal.	
1865—66	„	im Amte ÷ ytre Namdal.
1869	„	„ im südlichen Theile des Amtes.
1870—72	„	in Stjördal· und Stenkjär.
1872—73	„	„ Frosten.
1873	„	„ Inderöen.
1874	„	„ ytre Namdal.
1877—78	„	im Amte.

Amt Nordland.

1817—18	Epidemie im Amte.	
1842	„	in Vesteraalen.
1864—66	„	„ Brönnö.
1865—67	„	„ Alstadhoug.
1871—75	„	im Amte.

Aemter Tromsö und Finmarken.

1817—18	Epidemie in den Aemtern.
1836—37	„	„ der Stadt Tromsö.
1851—53	„	„ „ „ „
1864—66	„	im Amte Finmarken.
1866—68	„	in der Stadt Tromsö.
1871	„	„ Trondenäs.
1873—75	„	„ Tromsö.
1873	„	„ der Stadt Vardö.
1877—78	„	„ den Aemtern.

Uebersicht über den Gang der wichtigsten Epidemien[1]).

Amt Akershus.

1817. Gleichzeitig mit der Kristianiaepidemie trat das Scharlachfieber in Aker auf.

1841—42. Gleichzeitig mit der Kristianiaepidemie trat das Scharlachfieber in Aker und Skedsmo auf.

1854—56. Gleichzeitig mit der Kristianiaepidemie fing das Scharlachfieber im Jahre 1854 in Aker, Bärum, Ullensaker und Aas an und ging im Herbste des folgenden Jahres nach övre Romerike hin über.

1860. Die Krankheit kam vom Osten her — von Odalen nach Eidsvold.

1862—63. Gleichzeitig mit der Kristianiaepidemie fing die Krankheit in Bärum, Ullensaker und Höland an und breitete sich über das ganze Amt aus.

1868. Die Krankheit wurde von Odalen nach Ullensaker eingeführt.

1875—78. Die Krankheit fing im Districte Aker, in den stadtmässig gebauten Strecken von östre Aker im September und October 1875 an.

Im August 1875 kam Ansteckung von Kristiania nach Eidsvold.

Im November 1875 kam Ansteckung von Kristiania nach Follo.

---

[1]) Die Namen der ärztlichen Districte sind auf der Karte Nr. 1 angegeben.

Kristiania ist also der wesentliche Ausgangspunkt der Epidemien. In ein paar Fällen ist die Ansteckung vom Osten her — Odalen — gekommen.

Amt Smaalenene.

1834—35. Die Epidemie in Fredrikshald fängt im Herbste 1834 an; gegen den Schluss des Jahres 1834 werden einige Fälle von Moss notirt.

1837 wird Eidsberg heimgesucht.

1842—44 2 Epidemien in Fredrikshald.
In 1844 einige Fälle in Fredrikstad.
In 1845 einige Fälle in Moss und mehrere in Fredrikstad.

1854—59. Die Epidemie fängt im Herbste 1854 beinahe gleichzeitig im ganzen Amte an. Es wird von Fredrikshald und den Hvalöern angegeben, dass das Scharlachfieber dieses Jahr beinahe endemisch gewesen.

1862—63 Epidemie auf den Hvalöern und in Fredrikshald.

1864 „ in den übrigen Districten.

1868 „ „ Fredrikshald.

1868—69 „ auf den Hvalöern.

1869 „ in Moss.

1870 „ „ Sarpsborg und Eidsberg.

1875—77. Ansteckung wurde zu Weihnachten 1875 von Kristiania nach Eidsberg gebracht.

Obenstehendem zufolge scheint Fredrikshald am häufigsten die Stelle gewesen zu sein, wo die Epidemien angefangen; sie gehen von dort nach Norden.

Amt Buskerud.

1835. Ansteckung wird von Kragerö nach Drammen gebracht.

1853—59. Die Epidemie fängt im ersten Halbjahre 1853 in Drammen an, erreicht Ringerike im November 1854, Hallingdal im Mai, Krydsherred im Juli 1854 und Kongsberg im Jahre 1857.

1861. Epidemie in Aadalen durch Ansteckung von Kristiania.

1862—63. Die Epidemie ging vom Süden nach Norden. Sie fing in Husum an im März 1862, erreichte die Stadt Drammen im Juli und breitete sich dann über das ganze Landphysikat, Ringerike und Eker aus, erreichte Sandsvär im März 1863 und Flaa in Hallingdal im Herbste desselben Jahres.

1867—72. Die Epidemie fing in Drammen im Jahre 1867 an, erreichte Ringerike im März 1868 und Sandsvär im Anfange desselben Jahres.

1875—78. Die Epidemie fing in Drammen im November 1875 an, erreichte Ringerike im Januar 1876, Modum am Schlusse des Jahres 1876 (Ansteckung öfters eingeführt von Kristiania), Hallingdal im Anfange vom Jahre 1876 (Ansteckung auch hier öfters eingeführt von Kristiania), Sandsvär gleichfalls im Anfange des Jahres 1876 (von Holmestrand eingeführt) und Rollag im letzten Halbjahre 1876.

Drammen und Kristiania sind also die wesentlichsten Ansteckungsquellen.

Amt Jarlsberg-Laurvig.

1855—57. Die ersten Fälle erscheinen in Horten im Januar 1855, dann im Mai in Tönsberg, im September in Fredriksvärn und im November in Laurvig, Sandefjord und Tjömö.

1862. Gleichzeitig mit der Drammensepidemie trat die Krankheit epidemisch in Skouger, Strömmen, Svelvig und Sande auf.

1864—66. Epidemie in Tönsberg und Horten.

1867. „ „ Horten.

1869. Gleichzeitig mit der Drammensepidemie war die Krankheit in Svelvig, Skouger und Sande ausgebreitet.

1870—72. Die Epidemie im Districte Tönsberg fängt im nördlichen Theile an; der südliche Theil des Districtes wird gegen den Herbst erreicht.

Die Krankheit scheint also wesentlich von den Städten im Amte ausgegangen zu sein; ausserdem stehen einzelne der Epidemien in Verbindung mit den Drammensepidemien.

Amt Hedemarken.

1852. Epidemie in Solör-Odalen;

1853 werden Tönset, Tyldal und Rendalen und

1854 Ringsaker erreicht.

1855. Wieder Epidemie in Solör-Odalen,

1855—56 in söndre Østerdalen,

1857—59 in Hedemarkens Amtsphysikate.

Von diesem Districte kam die Krankheit nach Trysil am Schlusse des Jahres 1858.

1859—60. Wieder Epidemie in der Gegend vom Werke Odalen.

1863—65. Epidemie im Amtsphysikate; Rendalen wird erreicht im Jahre 1864 und nordre Østerdalen im Jahre 1865.

1865—69. Epidemie in Solör-Odalen. Im Jahre 1867 werden söndre Osterdalen, Hedemarken und Rendalen erreicht; 1868 Tönset.

1875 (Nov.) fängt die Epidemie in Solör-Odalen an — Ansteckung von Kristiania aus nach Odals Werk. Gleichfalls im November im Districte Hedemarken — Ansteckung von Kristiania aus; in söndre Osterdalen am Schlusse des Jahres 1875, in Trysil im Mai 1876 und in Rendalen und Trönset gleichfalls im Jahre 1876.

Die Epidemien gehen, so wie es scheint, öfters vom Osten nach Westen und vom Süden nach Norden, indem Solör-Odalen (Odals Werk) am häufigsten die zuerst angegriffene Stelle ist. Ausserdem spielt die Einschleppung der Ansteckung von Kristiania her eine Rolle.

Amt Kristian.

1862—64. Die Krankheit fing in Hadeland-Land im Mai 1862 an, erreichte Toten später und Faaberg in den letzten Tagen desselben Jahres, Lom im Jahre 1864 und Lesje 1865.

1869—72. Die Krankheit tritt gegen Weihnachten 1868 in söndre Valders — Ansteckung von Ringerike aus, auf; erreicht Hadeland-Land im Mai 1869; nordre Valders und Toten gleichfalls im Jahre 1869. Nach Faaberg kommt die Ansteckung von Ringsaker aus im Jahre 1869.

1876—78. Die Krankheit hat 2 Ausgangspunkte; den einen im südlichen Theile von Hadeland-Land (das Glaswerk), den andern in Lillehammer. In Hadeland-Land fängt die Krankheit schon im Jahre 1875 an; im Juli kommt die Krankheit nach Toten, im December nach nordre Valders, während söndre Valders wahrscheinlich von Drammen aus angesteckt worden ist. In der Gegend von Lillehammer fing die Krankheit auch im Jahre 1875 an; im Anfange vom Jahre 1876 erreichte sie Ringebo, im September Lom und im Februar 1877 Lesje.

Im Ganzen scheint die Ausbreitung vom Süden nach Norden stattgefunden zu haben; Lillehammer und Hadeland-Land (das Glaswerk) sind die häufigsten Ausgangspunkte in dem Amte. Ausserdem findet Einschleppung der Ansteckung von den herumliegenden Districten sowie von Drammen und Kristiania statt.

Amt Bratsberg.

1856—57. Die Epidemie fängt in Kragerö an durch Ansteckung von Kristiania aus.

1866—67. Die Epidemie fängt in den Städten Skien und Kragerö im Jahre 1866 an; Sauland und Hviteseid werden im Jahre 1867 erreicht.

Die späteren Epidemien gehen gleichfalls von den Städten aus; so fängt die grosse Epidemie 1875—78 schon am Schlusse von 1874 in Kragerö an; Drangedal wird im Jahre 1876 erreicht; gleichfalls Hviteseid im Januar 1876, Laurdal im Februar und Tinn im September 1876.

Amt Nedenäs.

1857—59. Die Epidemie fängt in östre Nedenäs, in den Kirchspielen Gjerrestad und Söndeled an, erreicht östre Risör im März, Arendal im Herbste und breitet sich dann gegen Westen aus; die Krankheit hatte in östre Nedenäs aufgehört, während sie in den südlichen und westlichen Gegenden fortdauerte.

1865—67. Diese Epidemie entwickelte sich aber von einem Focus in Höivaag in vestre Nedenäs aus und breitete sich von hier nach östre und vestre Nedenäs und Arendal aus. Nach Aamli kam die Krankheit im Jahre 1866, nach Evje 1867.

1870—71. Diese Epidemie schien wieder in östre Nedenäs angefangen zu haben, indem die ersten Fälle in Tvedestrand im Februar 1870 vorkamen. Erst im September desselben Jahres wurden Arendal und vestre Nedenäs erreicht.

1875—77. Auch diese Epidemie schien in östre Nedenäs, wo die ersten Fälle schon im December 1874 auftraten, angefangen zu haben. Im Januar 1875 wird Öster Risör erreicht, im Februar Tvedestrand und vestre Nedenäs, wo die Krankheit in Grimstad durch einen Matrosen von England eingeschleppt war. Aamli wird im Januar 1867 erreicht, Evje im Februar 1876 und Sätersdalen im Jahre 1877.

Die Krankheit scheint hier eine bestimmte Tendenz zu zeigen, sich von Osten nach Westen auszubreiten.

Durch die lebhafte Schiffahrt wird die Krankheit stets eingeführt — theilweise vom Auslande.

Amt Lister-Mandal.

1840. Mehrere Fälle in Kristiansand.

1842. Epidemie in Kristiansand und Mandal. 1841—42 Epidemie in Lyngdal und Flekkefjord.

1858—59. Grosse Epidemie in Mandal, während Kristiansand verhältnissmässig frei ausgeht.

Die Epidemien im Amte halten sich wesentlich an die Städte, nämlich Kristiansand, Mandal, Flekkefjord und Farsund, und den umliegenden Landdistricten. Die Städte führen die Ansteckung gegenseitig einander zu; sie wird aber ausserdem auch eingeführt vom Amte Stavanger: Stavanger, Ekersund und Sogndal.

Amt Stavanger.

1866—67. Die Epidemie fing in Stavanger im Juni 1866 an und in Skudesnäshavn im December 1866. Finnö wurde im Februar 1867 erreicht, Ekersund und Sogndal in April und Sand im Mai.

1871—72. Die Epidemie scheint in Haugesund und auf Karmö im Jahre 1870 angefangen zu haben, erreichte Sand 1871 und gleichfalls in demselben Jahre Sandnäs.

1876—77. Die Epidemie wurde wahrscheinlich von Grimstad durch ein Kind in Ekersund eingeschleppt; sie wurde von Ekersund nach Sand im September 1876 und nach Sandnäs im März 1876 überführt.

1876. Die Krankheit wurde von Mandal nach dem Karmö und nach Haugesund von England überführt.

Auch in diesem Amte scheint keine regelmässige Ausbreitung stattgefunden zu haben; wahrscheinlich weil Ansteckung den Städten in zahlreicher Menge zugeführt wurde.

Amt südl. Bergenhus.

1863—65. Die Epidemie scheint von 2 Foci heraus ausgegangen zu sein; der eine im südlichen Theile des Amtes, nämlich indre Söndhordland, wo die ersten Fälle im Anfang des Jahres 1863 auftraten; ytre Söndhordland und ytre Hardanger wurden im Mai 1863 erreicht und indre Hardanger im ersten Halbjahre 1864. Der zweite Focus war in der Gegend von der Stadt Bergen, in nordre Midthordland und indre Nordhordland, wohin die Krankheit schon am Schlusse des Jahres 1862 durch Ansteckung von Bergen überführt worden war. Söndre Midthordland und ytre Nordhordland wurden im Februar 1863 erreicht.

1867—68. Auch diese Epidemie fängt von den beiden genannten Foci an. In indre Nordhordland wird die Krankheit durch Ansteckung von Bergen und „Arne Fabrik" ausgebreitet.

1870. Ansteckung wird von Bergen nach indre Nordhordland gebracht.

1871—72. Die Epidemie geht in diesen Jahren nach Norden zu.

1876—77. Die Stadt Bergen wird als Focus der Ansteckung für indre Söndhordland, Midthordland und Nordhordland erwähnt. In ytre Söndhordland wird die Amtsschule auf Utne als Focus genannt.

1878. Die Krankheit wird von Stavanger nach indre Söndhordland gebracht.

Nach Voss kommt die Krankheit dieses Jahr von der Amtsschule auf Utne. In söndre Midthordland breitet die Krankheit sich vom Süden nach Norden aus. Die Stadt Bergen dominirt also in Bezug auf die Ausbreitung der Ansteckung, zum Theil auch neben ihr „Arne Fabrik". Es scheint, als könne man eine gewisse Neigung bei den Epidemien, sich von Süden nach Norden auszubreiten, nachweisen.

Amt nördl. Bergenhus.

1863. Scharlachfieber kam in indre und ytre Söndfjord sowie in Kin vor.

1864. Ytre Nordfjord wird erreicht.

1865. Indre Nordfjord wird erreicht.

1867—70. In Kin.

1872—74. Die Epidemie fing ungefähr gleichzeitig an in Lärdal, ytre Söndfjord und Kin, und im November 1872 wurde indre Nordfjord erreicht. Nach ytre Nordfjord soll die Krankheit von Söndmöre gebracht worden sein (?). Sogn und indre Söndfjord wurden im Jahre 1874 erreicht.

1876. Nach Lärdal wurde die Krankheit von Hemsedalj gebracht.

1877. Die Epidemie fing in ytre Sogn im December 1876 an und erreichte indre Sogn im Juni 1877.

Nach midtre Sogn kam Ansteckung von Bergen: ebenso nach Söndfjord (im Januar). Nach Nordfjordeidet

durch Ansteckung von Kristiansund im Februar. Im
März kam Ansteckung von Nordfjordeidet nach indre
Nordfjord.

In den 60 Jahren scheint die Krankheit wie von Kin (wo grosse
Fischereien sind) auszugehen; in den 70er Jahren wird Bergen am
häufigsten als Focus der Ansteckung aufgeführt. Die Angaben in
Bezug auf dieses Amt sind indessen etwas mangelhaft.

Amt Romsdal.

1863. Epidemie in indre Romsdal.

1864 werden die söndmöreschen und
1865 die nordmöreschen Districte ergriffen.

1869. Epidemie in Molde und Kristiansund.

1869—70 wird Surendalen ergriffen; vestre Söndmöre wird im Juli
1870 erreicht; Aalesund (nordre Söndmöre) im Mai 1870;
östre Söndmöre und indre Romsdal im Jahre 1871 und
nordre Nordmöre im Jahre 1872.

1874—78. Die Epidemie fing in vestre Söndmöre im Februar an, in
ytre Romsdal im März und in nordre Söndmöre im Juni
1874; östre Söndmöre wurde im Anfange des Jahres
1875 erreicht; söndre und nordre Nordmöre und Surendalen im Jahre 1875 und Sunddalen 1876.

Die Städte, wie Kristiansund und Molde, sind die wesentlichsten
Foci der Ansteckung; die Epidemien scheinen aber doch im Ganzen
als von Westen (der Küste) nach Osten (dem Inlande) gehend aufgefasst werden zu können. Ausserdem scheinen die Epidemien eine
Tendenz zu haben von einem Focus der Ansteckung in Molde (ytre
Romsdal) und einem andern in vestre Söndmöre aus nach Norden zu
sich zu verbreiten.

Amt südl. Drontheim.

1864—65. Die Epidemie fing in der Stadt Drontheim an; erreichte
Strinden und Opdal im October 1864, Selbo, Röros und
Guldal im Jahre 1865. In Fosen scheint ein selbständiger
Focus gewesen zu sein, indem die Krankheit in midtre
Fosen im März 1864 epidemisch anfing, später in dem-
selben Jahre nordre Fosen erreichte und endlich söndre
Fosen im December.

1871—73. Die Epidemie fing in der Stadt Drontheim im Jahre 1871
an; gegen den Schluss desselben Jahres tritt Scarlatina in
Strinden auf (Ansteckung von Stjördal); im März 1872

wird Guldal und Opdal erreicht; im 1. Halbjahre 1872 Orkedal, im October söndre Fosen und etwas später nordre und midtre Fosen; endlich werden Selbo und Röros erreicht im Jahre 1873.

1874. Epidemie in midtre Fosen. Im November 1875 wird nordre Fosen erreicht und im October 1876 söndre Fosen.

1876. Die Epidemie fing in der Stadt Drontheim an; im Februar 1876 bekommt die Krankheit epidemische Ausbreitung in Strinden; im August 1877 in Orkedal und 1878 werden Fosen, Guldal und Selbo erreicht.

Die Stadt Drontheim dominirt also das Amt — hauptsächlich jedoch das Binnenland, während die Küstendistricte (Fosen) sich durch mehr Selbständigkeit auszeichnen, indem midtre Fosen mehrmals als Focus der Ansteckung aufzutreten scheint.

Amt nördl. Drontheim.

1864. Die Epidemie fängt in ytre Namdal im Januar 1864 an; im Juli kam die Krankheit nach indre Namdal durch Ansteckung von Björnör in nordre Fosen; im November kam sie nach Stjördal, im März 1865 nach midtre Indherred und im December 1866 nach Frosten.

1870. Epidemie in Levanger.

1871.   „   „ Stenkjär und Stjördal.

1872.   „   „ Frosten.

1873.   „   „ Inderöen.

1874.   „   „ ytre Namdal.

1875. Wieder Epidemie in Stenkjär.

1877—78. Die Epidemie fing in Stjördal im Januar 1877 an; gleichzeitig auch in Stenkjär (Ansteckung von Drontheim). Frosten wurde im September erreicht. Nach Levanger kam Ansteckung von Drontheim im November 1877; nach Grong wurde im Frühjahr 1878 Ansteckung von Stenkjär gebracht. In Namsos trat die Krankheit im September und October 1875 auf.

Nach Inderöen wurde die Krankheit im Februar 1878 von Stenkjär eingeführt.

Die Städte Stenkjär und Levanger scheinen wesentlich durch Ansteckung, von der Stadt Drontheim gekommen, das Amt zu dominiren. Einmal ist Ansteckung von nordre Fosen gekommen.

Amt Nordland.

1864—65. Die Epidemie, die wahrscheinlich von Namdalen eingeführt war, fing im Juli 1864 an; gleichzeitig in Brönnö und Alstadhoug. Am Schlusse des Jahres 1864 wurde Skjärstad erreicht. In Gildeskaal trat die Krankheit im Februar 1865 auf, in Vefsen und Østlofoten im Jahre 1866, in Vestlofoten im Mai 1867 und in Ranen im Jahre 1867.

1871—75. Die Epidemie fing in Lurö im Jahre 1871 an und verbreitete sich in demselben Jahre nach Norden zu nach Bodö, Skjärstad, Stegen und Lödingen. Im Jahre 1872 ging sie gegen Norden nach Østlofoten, Vestlofoten und Folden, gegen Süden nach Alstadhoug. Im Jahre 1873 wurde die Krankheit nach Vefsen und Sortland ausgebreitet. Im Jahre 1874 wurden Ranen (also von Vefsen gegen Nord) und der südliche Theil von Lurö, welche Stelle im Jahre 1871 verschont worden war, ergriffen.

1876. Die Krankheit war epidemisch in Brönnö.

Die Krankheit scheint Neigung zu zeigen, sich nach Norden zu auszubreiten; jedoch scheinen die Epidemien (sowie im Jahre 1871) mehr central zu entstehen und von solch einem central liegenden Ausgangspunkte sich sowohl nach Norden als nach Süden zu auszubreiten.

Die Aemter Tromsö und Finmarken.

1863. Die Epidemie fing in Tromsö im Mai an, kam im Sommer nach Malangen, nach Alten (von Tromsö) im October, nach Vadsö im Juni und nach Südvaranger im October.

1864. Nach Trondenäs im Juli (von Lödingen eingeführt), nach nordre Senjen im Juni, nach Hammerfest im Juli, Vardö im Mai und Vadsö am Schlusse des Jahres.

1877. Die Epidemie fing in Tranö im August an, ging im October nach Ibestad hinüber und erreichte Malangen im December. Tromsö wurde im September ergriffen (ohne dass die Einschleppung der Ansteckung nachgewiesen werden kann). Nach Lenvig kam die Krankheit im Januar 1878 und nach Trondenäs im August 1878. Im 2. Vierteljahre fing die Krankheit wieder in Ibestad an und erreichte Lyngen im October.

Die Krankheit scheint öfters von der Stadt Tromsö auszugehen. Ausserdem haben die Städte Hammerfest, Vardö und Vadsö mehrere Epidemien aufzuweisen.

Irgend eine Regelmässigkeit in der Ausbreitung ist nicht zu ersehen.

Die Andeutungen, die im Vorhergehenden gegeben sind zur Erläuterung der Frage, welche Umstände und Verhältnisse man als die Entwicklung und Ausbreitung des Ansteckungsstoffes befördernd betrachten könnte, können schwerlich dazu benutzt werden, den Umstand zu erklären, dass das Scharlachfieber mitunter eine ganz ausserordentliche Ausbreitung über grössere Strecken gewinnt, obgleich zu den gewöhnlichen Bedingungen für seine Ausbreitung anscheinend nichts Neues hinzugekommen ist.

Aber — ist es auch erlaubt das Contagium einer epidemischen Krankheit unter den Gesetzen des organischen Lebens, so wie oben entwickelt — aufzufassen, so muss doch daran erinnert werden, dass die genannten Verhältnisse in der Kette von Bedingungen, die das Leben und die Lebensäusserungen constituiren, nur Glieder sind. Um diese klar auffassen zu können, wäre es nothwendig, diese sämmtlichen Bedingungen zu kennen und ihren Zusammenhang, ihre Wechselwirkung und ihr Verhältniss zur Lebensenergie zu durchschauen. Allein — alle die Versuche, die gemacht worden sind, mit der alten und doch ewig jungen Frage: was ist das Leben? in das Geheimniss der Natur einzudringen, sind erfolglos gewesen, und „keine Fussspuren kehren zurück"; wir sind, wie der alte römische Dichter nur bis zu den „blassen Schatten der Ahnungen" gelangt. — An uns liegt es Terrainstudien zu machen, wonach es der Zukunft möglicherweise gelingen werde, brauchbare Wege zu finden.

Desshalb sind nachstehende Bemerkungen mit a l l e r m ö g - l i c h e n R e s e r v a t i o n ausgesprochen: es muss künftigen Beobachtungen überlassen werden, auszumachen, ob die untenstehenden, von andern organischen Lebensäusserungen hergenommenen Analogien dazu benutzt werden können, die „Ahnungen" etwas festere Formen annehmen zu lassen oder ob sie nur als blose Zufälligkeiten zu betrachten seien. —

Es ist eine Thatsache, dass verschiedene Thiergattungen zu verschiedenen Zeiten in erstaunlichen Massen und mit einer ganz ausserordentlichen Ausbreitung auftreten. Dieses Phänomen ist verhältnissmässig wenig untersucht worden, — in Bezug auf u n s e r Land muss Robert Collett, der in ein paar Abhandlungen in „Nyt Magazin for Naturvidenskaberne" die Frage hinsichtlich einzelner höherer Thiergattungen behandelt hat, erwähnt werden.

In „Bemærkninger til Norges Pattedyrfauna"[1] stellt er die Beobachtung als eine Thatsache hin, dass die für eine enorme Vermehrung einer gewissen Gattung — z. B. der Lemminge — in gewissen Jahren

---

[1] Nyt Magazin for Naturvidenskaberne 1877 (22. Bind) S. 70 ff.

günstigen, übrigens unbekannten Umstände, gleichzeitig auch immer eine Vermehrung anderer, von einander theilweise ganz und gar unabhängigen Thiergattungen bewirken; so dass die Ursache also nicht in einigen der einen Gattung specifischen Umständen liegen kann, sondern in allgemein wirkenden Umständen gesucht werden muss.

Es ist aber hier ein besonderer Zufall, dass die Ausbreitung des Scharlachfiebers mit Rücksicht auf Zeit und Stelle mit diesen enormen Vermehrungen der erwähnten Thiergattungen congruent ist.

Ich werde mir erlauben, im Folgenden die Massenvermehrungs- und Wanderungsjahre der von diesen Thieren am besten untersuchten Gattung, nämlich der der Lemminge, zusammenzustellen.

Nach Robert Collett sind in den letzten Decennien folgende Jahre „Lemmingejahre" gewesen: 1852—53; 1862—64; 1868—69; 1871—72 und 1875—77.

Lemmingejahre.	Scharlachfieberjahre.
1852—53.	**1851—53.**
Lemminge waren stark ausgebreitet in der Gegend von Tromsö.	Epidemie von Scharlachfieber in Tromsö, in welcher Stadt die Krankheit sich seit 1842 nicht gezeigt hatte, und die später von dieser Krankheit bis 1863 verschont wurde.
1862—64.	**1863**
Lemminge wanderten von „Langfjeldene" aus über einen grossen Theil des Landes südlich von Dovre. Die Wanderungen culminirten im Jahre 1863, da die Lemminge von der Küste des Meeres im Stifte Bergen bis nach den Ufern Mjösens ausgebreitet waren.	war ein ausgeprägtes Scharlachfieberjahr und die Ausbreitung der Krankheit fällt für den grössten Theil mit derjenigen der Lemminge zusammen. Das Amt südl. Bergenhus, dessen Mittelzahl 2,5 ist, zeigt eine Verhältnisszahl von 4,7: die Stadt Bergen, deren Mittelzahl 6,2. zeigt 16,2; das Amt Buskerud. dessen Mittelzahl 2,9, zeigt 4,4: auch kommen verhältnissmässig bedeutende Zahlen in den Aemtern Kristian und Akershus vor. Den Zahlen muss ein noch grösserer Werth beigelegt werden, weil die Aufgaben der betreffenden Jahre sehr mangelhaft zu sein scheinen.

9 *

1868—69.

Die Lemmingewanderungen fanden von den Gebirgen, die die Grenze nach Schweden bilden, über das ganze Stift Drontheim statt.

1871.

Locale Lemmingewanderungen im Amte Kristian und Stifte Bergen.

1872.

Lemmingewanderungen fanden wesentlich über das Amt südl. Drontheim von Dovre aus statt, ausserdem wurden auch die Gebirge des Gulbrandsdal und Valders überschwemmt.

1868—69.

Scharlachfieber war in diesen Jahren sehr ausgebreitet im Stifte Drontheim. Das ganze Reich zeigt niedrige Verhältnisszahlen, resp. 1,8 und 2,3 (die Mittelzahl des Reiches 2,9); das Amt südl. Drontheim hat die Verhältnisszahlen 3,5 und 4.5, während die Mittelzahl 3,2 ist; das Amt nördl. Drontheim hat im Jahre 1868 niedrige Verhältnisszahl, nämlich 0,4, im Jahre 1869 aber hohe, nämlich 3,6; die Mittelzahl 3,0.

1871.

Im Amte Kristian hatte die Krankheit in diesem Jahre eine bedeutende Ausbreitung; die Verhältnisszahl ist in diesem Jahre 5,5, während die Mittelzahl 2.4 ist. In der Stadt Bergen und im Amte südl. Bergenhus hatte die Krankheit gleichfalls eine ausserordentlich starke Ausbreitung. Die Stadt Bergen hat 19,6, das Amt südl. Bergenhus 8,9, welche die höchsten an diesen Orten beobachteten Verhältnisszahlen sind. Im Amte nördl. Bergenhus war die Ausbreitung nicht gross, dagegen war sie ganz ausserordentlich gross im Amte Stavanger, welches eine Verhältnisszahl von 26.6 zeigt (Mittelzahl 3, 1).

1872.

Scharlachfieber war in diesem Jahre sehr ausgebreitet im Stifte Drontheim, vorzüglich im Amte südl. Drontheim, welches die höchste Verhältnisszahl zeigt, die für dieses Amt beobachtet ist, nämlich 7,8.

1875—77.

Lemmingewanderungen fanden von „Langfjeldene" aus über die Stifte Kristiania und Kristiansand, sowie über das Amt Romsdal gerade bis zur Küste des Meeres statt. Die Massenausbreitung culminirte im Jahre 1876.

Scharlachfieber und „Lemmingfieber" [1]) sind in den Berichten theilweise zusammen angeführt.

1875—77.

In diesen Jahren erreichte das Scharlachfieber in den Stiften Kristiania, Hamar und Kristiansand, sowie im Amte Romsdal eine bis jetzt ungekannte Höhe und culminirte im Jahre 1876.

Wie schon erwähnt, sind es nicht die Lemminge allein, die in grossen Massen auftreten; gleichzeitig findet sich auch eine ausserordentliche grosse Ausbreitung einer Anzahl der übrigen kleinen Nagethiere, wie Arvicolini und Hasen. Auch von andern als Nägethieren ist Massenauftreten beobachtet worden, wie z. B. von Mustela, Vulpes lagopus, Buteo lagopus, Wölfen — im Jahre 1875—76 — und mehreren anderen. Das stärkere Auftreten der letztgenannten Arten kann nicht unbedingt mit der leichteren und vermehrten Erreichbarkeit von Nahrung, die durch die Lemmingewanderung geboten wird, in Verbindung gesetzt werden, weil eine ausserordentliche Vermehrung einzelner Arten in solchen Districten nachgewiesen werden kann, wo keine Lemmingewanderungen und keine Vermehrung kleiner Nagethiere zu entdecken gewesen. In einer späteren Abhandlung: „Mindre Meddelelser vedrörende Norges Fuglefauna" [2]) macht Collett darauf aufmerksam, dass mehrere Vogelarten auch in denselben Jahren, welche die starke Vermehrung der genannten Säugethiere zeigen, eine ähnliche starke Vermehrung aufzuweisen haben, wie z. B. Linola linaria 1863 und 1872, Corduelis spinus 1863, Surnia furnerea 1876 und Nyctea scandiaca 1872 und 1876.

Collett meint, es seien dieselben Ursachen, die die Vermehrung der verschiedenen Arten hervorbringen. Der Gedanke muss also darauf geleitet werden können, dass in einzelnen Jahren besonders günstige Bedingungen für die Entwicklung von Thierformen, die eine temporär starke Vitalität besitzen, vorhanden seien.

Würde es allzu gewagt sein, den Schlusssatz zu ziehen, dass die epidemischen Krankheiten, deren Curvefigur ein so bestimmt ausgeprägtes Bild, wie das des Scharlachfiebers, zeigt, von besonderen, die

[1]) Siehe unten.
[2]) Nyt. Magaz. f. Naturvid. 23. B. 1877.

Entwicklung und Entfaltung befördernden Verhältnissen der verschiedenen Jahre vielleicht influirt werden können?

In Verbindung mit dem Vorhergehenden muss eine ganz besondere Krankheit, die zu gewissen Zeiten — wesentlich im Jahre 1872 — und in gewissen Districten theils mit dem Scharlachfieber zusammen, theils ohne Zusammenhang mit dieser Krankheit aufgetreten ist, erwähnt werden, nämlich: das sogenannte „Lemænfieber" oder die „Lemænsot" (Lemmingekrankheit).

Für das erwähnte Jahr liegen Berichte über diese räthselhafte Krankheit besonders von den Aemtern Romsdal und südl. Drontheim vor.

In Surendalen [1]), Amt Romsdal, trat diese Krankheit im Herbste und Winter auf und „wurde von dem Volke mit den Wanderungen der Lemminge in Verbindung gesetzt; es wurde auch von älteren Leuten angegeben, dass eine ähnliche Krankheit vor 50 Jahren aufgetreten sei". Die Krankheit äusserte sich durch Fieber, Drüsenanschwellungen und mitunter Urticaria.

Im Amte südl. Drontheim brachte das Auftreten der Krankheit gleichzeitig mit dem Scharlachfieber grosse Confusion unter den Aerzten hervor, indem einige sie einfach Scharlachfieber nannten, andere ein Fieber „sui generis", und wieder andere ein Typhoid-Fieber, während andere dagegen bestimmt festhielten, dass die Krankheit den Excrementen und den verfaulten Cadavern der Lemminge ihre Entstehung verdankte.

Die epidemisch auftretende Krankheit [2]) fing mit starken Fiebersymptomen an, auf welche grosse Mattigkeit, Lendenschmerzen und Drüsenanschwellungen am Halse, in der Ellenbeuge und in den Leisten, Injection und oft diphtheritischer Belag im Rachen, sowie mitunter ein urticariaähnliches Exanthem folgten. Die Dauer war 8—14 Tage, Entstehungsfähigkeit nicht bewiesen, die Mortalität gering.

Von Rendalen in Tönset wird in demselben Jahre die Krankheit als ein „contagiöser Rheumatismus" mit Angina und Exanthem beschrieben.

Wie das Verhältniss zwischen dieser räthselhaften Affection und dem Scharlachfieber erklärt werden soll, festzustellen, muss indessen späteren Beobachtungen überlassen bleiben [3]). —

---

[1]) Eggers: Epidemi af Lemænfeber; Surendalen 1872. Beilage zu dem Medicinalberichte für 1872.

[2]) J. W. Dietrichson: En i det Trondhjemske epidemisk udbredt Feber; Norsk Magazin for Lægev. 1873. S. 24.

[3]) Es darf vielleicht nicht unerwähnt gelassen werden, dass — privater Mittheilung vom Herrn Conservator R. Collett zufolge — er im Jahre 1876 auf sämmt-

Ein dem Massenauftreten des Scharlachfiebers etwas näher liegendes Analogon wird man in der starken, zu einzelnen Zeiten vorkommenden Vermehrung der Krätzigen über grosse Strecken des Landes finden, welche enorme Vermehrung von Eilert Sundt [1]) beschrieben und „Klaa-Ri" (Juck-Seuche) genannt wird; sie ist aber — soviel ich weiss — später nicht zum Gegenstande irgend einer Forschung gemacht worden.

Nach Sundt scheint die Massevermehrung der Krätzmilben in den Jahren 1860—1865 ausserordentlich gross gewesen zu sein, indem ein grosser Theil des südlichen Norwegens von Krätze so zu sagen überschwemmt war; dieselbe trat in sehr bösartiger Weise auf, ergriff sämmtliche Classen und sämmtliche Alter; bei Leuten, die früher die Krankheit in geringem Grade hatten, trat sie jetzt so heftig auf, dass sie weder gehen noch arbeiten konnten. — Hier ist also eine Krankheit, die sich von einem Individuum zum andern schleicht und „beinahe als eine Naturnothwendigkeit" angesehen wird. Dann plötzlich — ohne dass irgend eine sichtbare Veränderung in den Bedingungen der Lebensenergie der Milben eingetreten ist — wird die Zahl der Kranken und die Bösartigkeit der Krankheit stark vermehrt. Nach einigen Jahren nimmt die Krankheit wieder ab und bekommt wieder ihre gewöhnliche Ausbreitung, und zwar, wie Sundt bemerkt, (S. 448) „sicherlich ziemlich unabhängig von den gegen sie getroffenen Veranstaltungen".

Sollte man sich also jetzt nicht denken können, dass die epidemischen und ansteckenden Krankheiten, die in der Geschichte als anscheinend „neue" aufgetreten sind, in Analogie mit den oben erwähnten wie auch mit vielen andern Beispielen durch die naturwissenschaftliche Beobachtung erklärt werden könnten? Hier will ich nur Phylloxera und Coloradokäfer nennen; diese haben längere Zeit ein unbemerktes Dasein geführt, bis sie plötzlich als „neue" Arten auftauchten, um sicherlich wieder in diejenige Dunkelheit, woher sie kamen, zu verschwinden und „neuen" Kräften Platz zu machen.

---

lichen älteren Lemminge-Individuen favusähnliche Borken und Excoriationen auf dem Rücken und einen an der Wurzel geschwollenen und verdickten Schwanz fand. Beinahe sämmtliche der untersuchten Individuen waren männlichen Geschlechts. Collett meint, in solchen Jahren wurden beinahe keine Thiere weiblichen Geschlechts producirt.

[1]) Om Renlighedsstellet i Norge. Kristiania. 1869. S. 446.

Ausländische Verfasser haben versucht die zu gewissen Zeiten starke Ausbreitung des Scharlachfiebers auf die Weise zu erklären, dass sie eine gewisse Periodicität in seinem epidemischen Vorkommen aufstellen.

So hat Fleischmann in Bezug auf Wien eine ziemlich ausgeprägte Regelmässigkeit in dem Auftreten der Epidemien gefunden; Nach ihm sind diese in folgenden Jahren vorgekommen:

1854, 1858, 1862, 1866 und 1870 — also mit je einem Zwischenraum von 4 Jahren.

Förster hat in Dresden in folgenden Jahren Epidemien gefunden:

1824, 1829, 1831, 1832, 1834, 1839, 1845, 1847, 1851, 1856. 1862 und 1867,

also ungefähr jedes 5. oder 6. Jahr.

Bärensprung und Weineck haben in Halle folgende Epidemien gefunden:

1832—33, 1844, 1846—47, 1851—54, 1862—63. 1865—66.

In Leipzig kamen grössere Epidemien vor:

1843—44. 1851—52, 1856—58, 1864, 1867—68. 1870—71, 1875—76.

In London: 1840, 1844, 1848. 1852. 1854, 1858—59, 1862—64, 1868—70.

In unserm Lande ist das Scharlachfieber am meisten ausgebreitet gewesen in den Jahren

1865—67, 1870—72 und 1875—77.

Nach den angeführten Beispielen zu urtheilen scheint es, als könne man eine gewisse Periodicität nachweisen, diese ist indessen jedenfalls bei den verschiedenen Localitäten wechselnd; und es könnte schliesslich auch disputabel sein, was man überhaupt Epidemie nennen soll, und was nur zahlreiche sporadische Fälle sind. Speciell wird dieses in Bezug auf die grösseren Städte schwer zu entscheiden sein. wo eine mehr oder weniger dichte Reihe sporadischer Fälle die grossen Epidemien zusammenbinden.

Ausserdem liegen von mehreren Orten Berichte über Epidemien vor, die gar keine Periodicität vorzuweisen haben. Den Tabellen Gutmanns [1]) zufolge giebt es auch kein Jahr, worin keine Scharlachfieberepidemie gewesen; aber — gewisse Jahre scheinen für das Auftreten grösserer Pandemien, die grössere Theile desselben Welttheiles in derselben Zeit verheeren können, günstig zu sein.

---

[1]) Vgl. a. a. O. S. 19.

Ueber die Mortalität.

Es ist ein vollständig aprioristischer Schlusssatz, dass, so lange unsere Kenntniss von der Natur des Contagiums am passendsten verglichen werden kann mit einem sehr defecten Mosaikbilde, in welchem die einzelnen Contouren nur schwach durchschimmern, so lange werden auch alle Versuche, die einzelnen Beobachtungen und Thatsachen in Bezug auf die Bösartigkeit oder Gutartigkeit der Epidemien, deren grössere oder geringere Mortalität, deren mehr oder weniger heftiges Auftreten — mit einem Worte: hinsichtlich des C h a r a k t e r s derselben unter bestimmte Regeln zu bringen, resultatlos bleiben. Auch hier haben wir nur das Material zu sammeln, worauf die Zukunft möglicherweise evidente Schlusssätze bauen kann.

Das Scharlachfieber ist eine der wichtigsten Todesursachen unseres Landes; die Tabelle V zeigt, welche Rolle diese Krankheit in den letzten 26 Jahren im Verhältnisse zu sämmtlichen anderen aufgeführten Todesursachen gespielt hat. Die Mittelzahl in den Jahren 1855—78 macht 4,6 %; diese Zahl ist aber unbedingt zu niedrig, weil die Angaben der ersten Jahre sehr ungenau sind. Für die Jahre 1867—78, in welcher Zeit die Angaben als bedeutend vollständiger angesehen werden müssen, macht sie 6,6 % und dieses Verhältniss kommt der Wahrheit gewiss näher. Sie variirt — von den ersten Jahren abgesehen — von 2,12 %—12,5 %.

Die Mortalität bei dem Scharlachfieber kann ganz bedeutend variiren. Hirsch[1]) giebt eine Differenz von 3—30 % von den Erkrankten an.

---

[1]) a. a. O. S. 240.

Die Tabelle VII zeigt das Procentverhältniss zwischen den Ge-
storbenen und den Behandelten für alle Jahre von 1867—78.
Die Mittelzahl dieser 12 Jahre macht 12,7 %, welches als die mitt-
lere Procentzahl angesehen werden muss — wenigstens bis höhere
Zahlen sie in der Zukunft möglicherweise verändern werden. Eine
Mortalität über 13 % muss also als gross angesehen werden, und
Epidemien mit einer so grossen Mortalität als bösartig, während
Epidemien mit einer Mortalität unter 10—12 % mehr zu den gut-
artigen gerechnet werden müssen. Hirsch[1]) rechnet sämmtliche
Epidemien mit einer Mortalität von 10 % zu den bösartigen, während
Thomas Epidemien mit einem Mortalitätsprocent unter 10 % als
sehr günstig betrachtet[2]).

Diese Begriffe: Bösartigkeit oder Gutartigkeit können jedoch nicht
als ein adäquater Ausdruck für die Natur einer Epidemie aufgefasst
werden; es ist nämlich nicht die Mortalität allein, die den Charakter bestimmt; dieser wird in hohem Grade von der Menge und
Art der Complicationen und deren grössere oder kleinere Intensität beeinflusst. Das Verhältniss der Mortalität zu den verschiedenen Complicationen soll unten des Näheren behandelt werden; es
soll auch gezeigt werden, welche Complicationen in den verschiedenen
Epidemien vorzugsweise vorkamen.

Im Folgenden werde ich die Bemerkungen über den Charakter
der Epidemien, die in den Berichten zu finden sind, durchgehen:

Die Epidemien können bösartig anfangen und während ihrer
Existenz einen mehr gelinden Charakter annehmen; ein solches Verhältniss findet man ziemlich häufig angegeben; so z. B. von

Stavanger	. . . . .	1841—42.
Grimstad	. . . . .	1845.
Kragerö	. . . . .	1856 – 57.
Arendal	. . . . .	1857—58.
Svelvig	. . . . .	1858.
Amt Jarlsberg-Laurvig	. . .	1862—63.
„ Hedemarken	. . . .	1867—71.
„ Strinden	. . . . .	1872—73.
„ Frosten	. . . . .	1872—73.
„ Ringebo	. . . . .	1877.
„ Finmarken und Nordland		1817.

---

[1]) a. a. O. S. 241 Anm. 1.
[2]) Das mittlere Mortalitätsprocent für unser Land wird oft höher als 12,7 %
angegeben, z. B. als 14 % von Dr. O. J. Broch in „Le royaume de Norvège et la

Von einzelnen Orten wird bemerkt, dass die Epidemien mit dem Sommer gelinder wurden. So wurde die Epidemie in Inderöe 1872—73 vom Monat Juni ab gelinder. Die Epidemie im Amte südl. Bergenhus 1871—72 war bösartig im Jahre 1871, wurde aber gelinde im Sommer 1872. Die Epidemie in Levanger im Jahre 1878 wurde gelinde vom Monat Juni ab; ebenso in Eidsvold 1876.

Die Epidemien können auch gelinde anfangen und während ihres Bestehens einen bösartigen Charakter annehmen. Von einzelnen Orten wird angeführt, dass die bösartigen Fälle gleichzeitig mit dem Herbste[1] eintrafen (vgl. was oben über das Auftreten der Epidemien in den verschiedenen Jahreszeiten bemerkt ist).

Die Epidemie auf Kongsberg im Jahre 1844 war gutartig während des Sommers, wurde aber bösartig später im Herbste.

Die Epidemie in Holtaalen im Jahre 1872 wurde stark ausgebreitet und bösartig gleichzeitig mit strenger Kälte im Monate November.

Die Epidemie in Tromsö im Jahre 1873 war gelinde bis zum Herbste, wo sie bösartig wurde.

In Tönsberg schien die Intensität der Epidemie im Jahre 1856 zuzunehmen im Verhältnisse, in dem die Fälle weniger häufig wurden.

Die Epidemie in Langesund im Jahre 1840 war im Anfang gutartig, wurde aber später bösartig. Das war auch der Fall bei den Epidemien

in Grimstad	1843
„ Fredrikshald	1868
„ Tönsberg	1870—71
„ Kin	1872—73
im District Hedemarken	1875—78
in Hadeland-Land	1876—77
„ Levanger	1877—78.

Gleichzeitige Epidemien in Nachbardistricten können verschiedenen Charakter haben:

---

peuple norvégienne". S. 268. Er hat das mittlere Mortalitätsprocent sämmtlicher bekannten Todesfälle an Scharlachfieber von den in den Jahren 1862 bis 72 Behandelten genommen — welches das Procent natürlicherweise vergrössern muss. Nimmt man das mittlere Mortalitätsprocent für die 17 Jahre 1862—1878, nach sämmtlichen bekannten Todesfällen berechnet, wird 15,4 % herauskommen.

[1] Genaue Angaben über das Verhältniss zwischen den an Scharlachfieber Gestorbenen und den Jahreszeiten können nicht vorgelegt werden, weil die Medicinalberichte keine Angaben über die in jedem einzelnen Monate Gestorbenen haben (ausgenommen in „Beretninger om Sundhedstilstanden i Kristiania By").

Die Epidemie im Amte Nedenäs 1857—59 war bösartig in Arendal, aber gutartig in Grimstad.

Die Epidemie im Amte Akershus 1875—77 war gutartig in Trögstad, aber bösartig in Eidsvold und Aker.

In Eidsberg 1876 war die Bösartigkeit verschieden in den verschiedenen Kirchspielen.

Die Epidemie im Districte Hvalöerne 1875 war im Frühjahre gutartig auf den Inseln, aber bösartig im Herbste in den Landdistricten.

Die Epidemie im Amte Buskerud 1862—63 war im Ganzen bösartig, aber gutartig auf Eker.

Die Epidemie in Hallingdal 1876 war bösartig, während die Krankheit sonst im Amte gutartig war.

Die Epidemie im Amte Jarlsberg-Laurvig 1875 war bösartig in Sandherred, während sie sonst im Amte gutartig war. Im Jahre 1877 war die Krankheit gutartig in Tönsberg und bösartig in Hof.

Die Epidemie in nordre Valders 1876—77 war bösartig, während sie in söndre Valders und Hadeland-Land gelinde war.

Die Epidemie im Amte Bratsberg 1875—78 war bösartig, ausgenommen in Porsgrund, Skien und Stathelle, wo sie gutartig war.

Im Jahre 1864 war das Scharlachfieber bösartig im Amte südl. Drontheim und gutartig im Amte nördl. Drontheim; 1865 war das Verhältniss umgekehrt.

Die Epidemie im Amte Nedenæs 1870—71 war gutartig in Arendal, bösartig in vestre Nedenæs und Tvedestrand.

Im Districte Flekkefjord 1866 war die Epidemie gelinde, ausgenommen in der Stadt Flekkefjord, wo sie bösartig war.

Im Amte Lister-Mandal 1875—76 war die Epidemie gutartig in der Stadt Flekkefjord, während sie sonst im Amte bösartig war.

Die Epidemie in Strinden 1877 war bösartig in der Gegend von der Stadt Arnsheim, gelinder in den weiter weg liegenden Kirchspielen.

In demselben Districte können 2 verschiedene Einschleppungen der Ansteckung in demselben Jahre 2 Epidemien mit verschiedenem Charakter hervorbringen.

In Oddernos traten 2 Epidemien auf, eine bösartige im Frühjahre und eine gutartige im Herbste.

In Rendalen herrschte im März 1876 eine wenig ausgebreitete Epidemie, durch Ansteckung von Tönset gekommen; dagegen im Juni eine ausgebreitete und bösartige Epidemie, durch Ansteckung von Elverum eingeführt.

In Næs auf Hedemarken bestand eine gutartige Epidemie im

Jahre 1876—77; im October 1877 wurde die Krankheit von Gjövik eingeführt und wurde bösartig.

Bei Ansteckung scheinen die Epidemien nicht immer ihren Charakter überführen zu müssen, wenn dieses auch oft geschieht:

Während der Epidemie im Amte Bratsberg 1875—78 war die Krankheit bösartig in Siljord, wohin sie durch Ansteckung von einer gutartigen Epidemie in Skien überführt war.

Die Epidemie in Hviteseid war bösartig, obgleich sie von einer gutartigen Epidemie in Vraadal überführt worden war.

Die Epidemie in Drangedal 1866—67 war bösartig, obgleich sie von einer gutartigen Epidemie in Skien übergeführt war.

Die Epidemie in Undal 1871 war bösartig, und von einer bösartigen Epidemie in Farsund eingeschleppt.

Die Epidemie in indre Nordfjord 1877 war bösartig und von einer bösartigen Epidemie in Nordfjordeidet eingeschleppt.

Von einem Hause in Aafjorddalen in nordre Fosen 1878 wurde die Ansteckung zu einem andern Hause daselbst übertragen; die Krankheit wurde an der letztgenannten Stelle gelinde. Später wurde die Ansteckung von der erstgenannten Stelle auch nach Björnöer und nach der Küste geführt und entwickelte sich dort als eine bösartige Epidemie.

In Bezug auf den Einfluss tellurischer Verhältnisse auf den Charakter der Krankheit habe ich folgende Bemerkungen gefunden:

Von der Röros-Epidemie 1869—70 wird bemerkt, dass die Krankheit im untern Theile der Stadt, wo der Boden feucht und ungesund war, sowie in den Landdistricten in den Höfen, die feucht lagen, am schlimmsten war.

Ebenso wird von Fredrikshald erwähnt, dass die feuchte Beschaffenheit des Bodens auf die Mortalität Einfluss hat.

Hinsichtlich des Einflusses der Wohnungen und der socialen Stellung finde ich folgende Beobachtungen:

Von Skien 1866—67 und Hviteseid 1867 wird bemerkt, dass die Krankheit am meisten ausgebreitet und bösartig in den niedrig liegenden, feuchten Wohnungen war; in Häusern von mehreren Etagen war die Krankheit gewöhnlich im Parterre, während in den andern Etagen, in welchen die mehr wohlhabenden Leute wohnten, wenige Krankheits- und keine Todesfälle auftraten.

Von vestre Söndmöre wird bemerkt (1867), dass schlechte Wohmungen, schlechte Nahrung und Hygiene die Bösartigkeit beförderten.

Von Hadeland-Land (1876—77) wird bemerkt, dass die Krankheit am meisten die Familien der Häusler heimsuchte, während es den Familien der besser gestellten Hüfner besser ging: von 24 Todesfällen fiel nur ein einziger auf die Hüfnerclasse.

In Toten (1876—78) kam nur ein einziger Todesfall in Häusern mit Schornsteinen vor, während 11 Todesfälle bei Familien, die in kleinen Zimmern mit schlechter, eingeschlossener Luft wohnten, auftraten.

Von Ytre-Hardanger (1877) wird berichtet, dass die Krankheit in den alten „Rögstuer" (Häuser worin sich kein Ofen befindet, sondern in der Mitte des Wohnraumes nur ein Herd, dessen Rauch durch ein Loch im Dache hinausgeht) mit kräftiger Ventilation gelinder war als in den neuen Häusern mit kleinen Zimmern.

Von Hadeland-Land (1877) wird bemerkt, dass die Krankheit an den Orten, wo die Kinder sich während der Krankheit in frischer Luft aufhielten, gelinder war, als wo sie in schwülen Zimmern in Betten hineingesteckt wurden.

Schlechte hygienische Verhältnisse scheinen also einen ungünstigen Einfluss auf den Charakter der Krankheit zu haben, und da nun solche Verhältnisse, insbesondere bei der ärmeren Bevölkerung gewöhnlich sind, wird auf diese Weise auch erklärt, wesshalb die Mortalität hier am grössten ist [1].

Auf der andern Seite finden sich auch Aeusserungen, die darauf hindeuten, dass die wohlhabenden Classen mitunter den bösartigen Epidemien vorzugsweise ausgesetzt sein können.

So wird von Stavanger im Jahre 1841 bemerkt, dass hauptsächlich Kinder der wohlhabenden Familien ergriffen wurden, und Prof. Lochmann [2] hat sehr schlimme und tödtende Epidemien in besser situirten Familien gesehen.

---

[1] Lievin: Deutsches Archiv für öffentl. Gesundh. 1871 III. S. 357 hat statistisch nachgewiesen, dass die Mortalität mit der Armuth zunimmt und mit dem Wohlstand abnimmt.

[2] Forhandlinger i med. Selskab. 1866.

Ueber den Einfluss des Alters und Geschlechts auf die Mortalität.

In der Tabelle V findet man die absoluten Zahlangaben der am Scharlachfieber in den Jahren 1853—78 Gestorbenen.

In der Zeit von 1867—78 sind 10 382 Todesfälle am Scharlachfieber angegeben; für 9855 ist das Alter angegeben. Von diesen waren:

Kinder (unter 15 Jahren) 9617 = 97,6 %
Erwachsene (über 15 Jahre) 238 = 2,4 %.

Für 10 089 ist das Geschlecht angegeben; von diesen waren:

Männl. Geschlechts 5310 = 52,6 %
Weibl. „ 4779 = 47,4 %.

In den Jahren 1867—78 wurden
57 982 Kinder ergriffen und
9 617 „ starben.

Von 100 erkrankten Kindern starben also 16,6.

In den Jahren 1867—78 wurden
6 278 Erwachsene ergriffen und
238 „ starben.

Von 100 erkrankten Erwachsenen starben also 3,8.

In den Jahren 1867—78 wurden
30 425 Personen männl. Geschl. behandelt und
5 310 „ „ „ starben;
31 427 „ weibl. „ behandelt und
4 779 „ „ „ starben.

Von 100 behand. Personen männl. Geschl. starben also 17,5 und
„ „ „ „ weibl. „ „ „ 15,2 [1].

Die beiden folgenden Tabellen werden das Procentverhältniss zwischen den in den verschiedenen Altersclassen am Scharlachfieber Gestorbenen und der Summe der Fälle, in welchen das Alter angegeben ist, und das Verhältniss zwischen den am Scharlachfieber Gestorbenen und der Bevölkerung, in Altersclassen und nach dem Geschlechte geordnet (Volkszählung 1875), zeigen.

---

[1] Die angegebenen Procentzahlen haben nur einen relativen Werth, da die mit Geschlecht und Alter angeführten Fälle oft bedeutend geringer als die ganze Summe der Behandelten sind.

Das Procentverhältniss zwischen den in den verschiedenen Alters-classen am Scharlachfieber Gestorbenen und der Summe der Fälle, in welchen das Alter angegeben ist (1867—78).

Altersclasse	Das Procent-verhältniss zu 9855 (Tabelle V S. 84. 85)	Altersclasse	Das Procent-verhältniss zu 9855 (Tabelle V S. 84. 85)
0— 1 Jahr	10,3	30—40 Jahre	0,3
1— 5 Jahre	59,5	40—50 „	0,07
5—10 „	23,0	50—60 „	0,04
10—15 „	4,8	60—70 „	0,03
15—20 „	1,2	70—80 „	0,01
20—30 „	0,8	80—90 „	0,02

Das Verhältniss (pro mille) zwischen den am S c h a r l a c h f i e b e r Gestorbenen (1872—78) und der B e v ö l k e r u n g (Volkszählung 1875), in Altersclassen und nach dem Geschlechte geordnet.

Altersclasse	Zahl der männlichen Bevölkerung	Zahl der am Schar-lachfieber Gestorb. männl. Geschlechts	Procentsatz der Gestorbenen männl. Geschlechts	Zahl der weiblichen Bevölkerung	Zahl der am Schar-lachfieber Gestorb. weibl. Geschlechts	Procentsatz der Gestorbenen weibl. Geschlechts	Gesammtzahl der Bevölkerung beiderlei Geschl.	Zahl der am Schar-lachfieber Gestorb. beiderlei Geschl.	Procentsatz der Ge-storbenen beiderlei Geschlechts
0— 1 Jahr	26906	389	2,1	25801	310	1,7	52707	700	1,9
1— 5 Jahre	87835	1982	3,2	85634	1824	3,0	173469	3806	3,1
5—10 „	102267	820	1,1	99490	667	1,0	201757	1487	1,1
10—15 „	100189	181	0,3	97012	145	0,2	197201	326	0,2
15—20 „	89184	33	0,06	90661	48	0,08	179845	81	0,07
20—30 „	131015	18	0,02	152295	14	0,01	283310	32	0,02
30—40 „	97021	6	0,01	109488	12	0,02	206509	18	0,01
		Mittel = 0,97			Mittel = 0,86			Mittel = 0,91	

Nach obenstehenden Verhältnisszahlen scheint also in Bezug auf die Mortalität das männliche Geschlecht zu prävaliren.

Im obencitirten Berichte über die Aalborger Epidemie in den Jahren 1857—58 war das Uebergewicht auf der Seite des weiblichen Geschlechtes, — ausgenommen in der 5. und 6. Jahresclasse, in welchen das männliche Geschlecht mit ungefähr der doppelten Zahl steht. Man muss indessen bedenken, dass das Material, woraus meine Ver-hältnisszahlen gebildet sind, bei weitem grösser ist, als dasjenige der Aalborger Epidemie.

Aus der Tabelle über die in der Stadt Kristiania am Scharlachfieber Gestorbenen (Tabelle VI) wird hervorgehen, wie die Mortalität sich stellt für die Zeit vor dem 5. Jahre.

Das Verhältniss zwischen den unter 1 Jahre alten am Scharlachfieber gestorbenen und sämmtlichen am Scharlachfieber gestorbenen Personen ist 9,8 %; im 1. Monate 0 %; im 2. und 3. 0,3 %; im 4. 5. und 6. Monate 1,2 %; im 2. Halbjahre 8,4 %; im 2. und 3. Jahre 43 %; im 4. und 5. 22,6 %.

Es wird jedoch kaum möglich sein, aus diesen Zahlen weitere Schlusssätze zu ziehen, weil weder über die Anzahl der Erkrankten noch über die lebenden Individuen in diesen frühen Jahresclassen Angaben vorliegen. Die kleinen Procentzahlen müssen mit dem, was oben über die geringere Empfänglichkeit des jüngeren Alters für den Ansteckungsstoff des Scharlachfiebers erwähnt ist, in Verbindung betrachtet werden.

Koren [1]) hat 61 Todesfälle in Bezug auf das Alter geordnet und ist zu folgendem Resultat gekommen:

Gestorbene	männlichen Geschlechts	weiblichen Geschlechts	Zusammen
Unter 1 Jahre	—	1	1
1 Jahr	10	2	12
2 Jahre	3	3	6
3 „	6	11	17
4 „	5	2	7
5 „	1	4	5
6 „	1	2	3
7 „	2	1	3
8 „	—	2	2
10 „	1	3	4
14 „	—	1	1

Die Medicinalberichte enthalten hinsichtlich des Verhältnisses des Alters zu dem Charakter der Epidemien folgendes:

Von Horten wird im Jahre 1856 bemerkt, dass ⁵/₉ der am Scharlachfieber Gestorbenen zwischen 1 und 3 Jahren waren; es starben keine Personen über 8 und unter 1 Jahre.

Von Hedemarken heisst es im Jahre 1877, dass die Mortalität am grössten unter den kleinen Kindern war; bei Kindern im 5. oder 6. Jahre oder darüber waren die Todesfälle verhältnissmässig seltener; Kinder an der Brust gingen öfters frei aus.

---

[1]) Norsk Magazin f. Lægev. 1879 S. 189.

Von söndre Valders in den Jahren 1876—78: die meisten Gestorbenen waren circa 2 Jahre alt; sehr wenige wurden im ersten Lebensjahre befallen — dann aber leicht mit tödtlichem Ausgang. In Ringebo war die Mortalität im Jahre 1878 am grössten bei einjährigen Kindern.

Nach dem, was hier bemerkt ist, scheint es also, als ob die Kinder von 1 zu 5 Jahren die schlechteste Prognose geben, und unter diesen vorzüglich diejenigen im 2. und 3. Jahre. Ist das der Fall, so kann man sich leicht denken, dass dieser Umstand auf den Charakter der Epidemie Einfluss haben kann; hat eine solche Epidemie z. B. 4—6 Jahre früher an derselben Stelle gewüthet, so wird die spätere Epidemie die Kinder in dem hinsichtlich der Prognose am schlechtesten gestellten Alter treffen und kann dann sehr bösartig werden. Ein solcher Fall wird von Sogndal in Stavanger im Jahre 1877 gemeldet; 4—5 Jahre früher hatte eine Epidemie im Districte geherrscht: in der letzten war die Mortalität 71 %.

In der Tabelle I hat man eine Uebersicht über den Charakter der Epidemien in den verschiedenen Aemtern in den Jahren 1825—52.

Die Tabellen II und III zeigen die Mortalität während der verschiedenen Epidemien in den verschiedenen Aemtern und Districten in den Jahren 1853—78.

Sowohl die Epidemien wie die sporadischen Fälle können höchst wechselnde Mortalitätsverhältnisse aufweisen; wegen des fehlenden Materials aber (speciell weil jegliche Vertheilung der Todesfälle auf die Monate fehlt) kann man unmöglich eine andere bestimmtere Regel aufstellen, als die oben angedeutete: dass die Mortalität in den Herbst- und Wintermonaten am grössten ist.

In Bezug auf die Stadt Kristiania, als den einzigen Ort, von dem man monatliche Berichte über die Todesfälle hat, habe ich in untenstehender Tabelle die Todesfälle für jeden einzelnen Monat in den 5 Jahren 1874—78 zusammengestellt.

In Kristiania in den Jahren 1874—78 am Scharlachfieber Gestorbene auf die Monate vertheilt:

Januar	Februar	März	April	Mai	Juni	Juli	August	September	October	November	December
79	45	47	35	10	11	20	12	28	56	71	80

Die Monate December, Januar und November haben die höchsten Zahlen aufzuweisen; Mai, Juni, August und Juli die niedrigsten — dieses entspricht dem, was oben über die Prävalenz der Todesfälle in den Winter- und Herbstmonaten erwähnt ist; der Sommer zeichnet sich dagegen oft durch Remissionen in dem Gange der Epidemien aus.

Ueber die Mortalität in den Städten und in den Landdistricten.

Die Einwohnerzahl der Städte war nach der Volkszählung im Jahre 1875: 326 420.

Am Scharlachfieber in den Städten Gestorbene:

1877: 293 = (nach 10 000 Einw. berechnet) 9,0
1878 [1]): 225 = „ „ „ „ $\underline{6,9}$
Mittel = 8,0.

Die Einwohnerzahl in den Landdistricten war nach der Volkszählung im Jahre 1875: 1 480 480.

Am Scharlachfieber in den Landdistricten Gestorbene:

1877: 1135 = (nach 10 000 Einw. berechnet) 7,6
1878: 594 = „ „ „ „ $\underline{4,0}$
Mittel = 5,8.

Hier muss aber bemerkt werden, dass in den Städten in der Regel der grösste Theil der Todesfälle zur Kenntniss der Aerzte kommt; während dieses gewiss nicht in den Landdistricten der Fall ist, indem hier die von den Aerzten angegebenen Todesfälle den wirklich eingetroffenen gewiss bei weitem nicht entsprechen; die Aerzte können sogar mitunter so niedrige Zahlen von sämmtlichen Gestorbenen als 4,5 % oder sogar 1,3 % und 0 % angeben.

Ich habe alsdann, um das Verhältniss zwischen der Mortalität in den Städten und in den Landdistricten genauer zeigen zu können, in der umstehenden Tabelle für die Jahre 1869—78 die Städte, die besondere Physicate bieten, sammt dem District Stavanger, und diejenigen Landdistricte zusammengestellt, in welchen die von den Aerzten an-

---

[1]) Nur für diese 2 Jahre hat man specificirte Angaben über in den Städten und in den Landdistricten Gestorbenen.

gemeldeten Todesfälle in den 3 Jahren, für welche solche Angaben zu haben sind, 50 % oder mehr von den wirklich eingetroffenen Todesfällen, ausgemacht haben[1]).

1869—1878.

Städte	Einwohnerzahl (Volkszählung 1875)	Am Scharlachfieber Erkrankte	Am Scharlachfieber Gestorbene
Kristiania.	77 041	4 122	639
Fredrikshald	9 956	610	39
Arendal	4 132	485	61
Kristiansand	11 766	526	49
Stavanger	28 354	1 815	219
Bergen	33 841	1 923	365
Drontheim	22 152	1 160	207
Summa der Städte	187 242	10 641	1 579
Landdistricte:			
Drammen	31 370	1 923	256
Modum	25 384	578	76
Sandsvær	11 766	357	55
Ringerike	14 369	413	47
Hof	18 346	321	70
Trysil	5 520	211	31
Rendalen	9 316	547	53
Nordre-Valders	7 855	198	44
Kragerö	19 666	1 211	110
Skien.	24 487	1 126	111
Hviteseid	8 704	360	42
Østre Nedenäs	27 920	1 539	204
Sundal	6 269	21	2
Röros	5 428	496	76
Østlofoten	4 729	99	39
Vefsen	6 992	181	42
Ibestad	6 572	127	26
Summa der Landdistricte	234 693	9 708	1 284

[1]) Angaben über das Procentverhältniss zwischen den von den Aerzten angegebenen und den wirklich eingetroffenen Todesfällen stehen in

Medicinalberetning für 1876 in der Tabelle XXXV.
„ „ 1877 „ „ „ XXXVIII.
„ „ 1878 „ „ „ XLI.

Von 10 000 Einwohnern in den Städten starben am Scharlachfieber . . . . 8,4 [1]).

„ „ „ in den Landdistricten starben am
Scharlachfieber . . . . . 5,5.

Von 100 vom Scharlachfieber in den Städten Befallenen starben
. . . . 14,84 %.

„ „ „ „ in den Landdistricten Befallenen starben . . . . 13,23 %.

Untersucht man für die 2 Jahre, für welche in dieser Hinsicht
brauchbares Material zu schaffen ist, das Verhältniss zwischen den
am Scharlachfieber in den Städten und den Landdistricten Gestorbenen
und sämmtlichen angegebenen Todesfällen, so findet man
folgendes:

In den Städten:
sämmtliche Todesfälle im Jahre 1877 $= 5198$ $\Big\}$ $= 5,6\ \%$
am Scharlachfieber Gestorbene „ „ „ $= 293$

In den Landdistricten:
sämmtliche Todesfälle „ „ „ $= 9071$ $\Big\}$ $= 13,6\ \%$
am Scharlachfieber Gestorbene „ „ „ $= 1135$

In den Städten:
sämmtliche Todesfälle „ „ 1878 $= 6223$ $\Big\}$ $= 3,6\ \%$
am Scharlachfieber Gestorbene „ „ „ $= 225$

In den Landdistricten:
sämmtliche Todesfälle „ „ „ $= 7873$ $\Big\}$ $= 7,5\ \%$
am Scharlachfieber Gestorbene „ „ „ $= 594$

Hier ist also ein bedeutendes Uebergewicht auf der Seite der
Landdistricte. Die angegebenen Verhältnisszahlen müssen aber mit
der grössten Vorsicht behandelt werden; erstens muss nämlich — wie
oben auch erwähnt — erinnert werden, dass die von den Aerzten
angegebenen Todesfälle oft eine sogar sehr niedrige Procentzahl
sämmtlicher Todesfälle bilden, und dann, dass das Scharlachfieber in
den Landdistricten auf öffentliche Kosten behandelt wird, so dass man
voraussetzen muss, dass die Fälle schon aus diesem Grunde mit
Aufmerksamkeit verfolgt werden, und so verhältnissmässig mehrere
Todesfälle vom Scharlachfieber (wie von den epidemischen Krankheiten überhaupt) bekannt werden.

---

[1]) Nach der Formel: 187 242 (Einwohnerzahl der Städte) x 10 : 1579 (in
Städten Gestorbene) $= 10\ 000 : x$.

Einzelne ausländische Verfasser, wie Richardson[1]), haben eine grössere Mortalität in den Städten, während andere, wie Eulenberg und Kolb, eine grössere Mortalität in den Landdistricten gefunden haben. Thomas ist geneigt, das letztgenannte Verhältniss durch den Umstand zu erklären, dass ärztliche Hülfe in den Städten mehr angewendet wird.

Die Mortalität in den Stiften

wird aus untenstehender Tabelle hervorgehen.

Das Verhältniss zwischen den am Scharlachfieber Gestorbenen und 10000 Einwohnern in den Stiften[2]):

1867—1878.

Stifte	Mittelzahl d. Bevölkerung 1872	Am Scharlachfieber Gestorbene 1867—78	Von 10000 Einw. am Scharlachfieb. Gestorbene
Kristiania.	468 540	3 213	5,7
Hamar	235 676	1 213	4,3
Kristiansand	337 260	2 030	5,0
Bergen	278 506	1 704	5,1
Drontheim	265 756	1 292	4,1
Tromsö.	166 227	933	4,7

Die Mittelzahl des Reiches wird also 4,8.

Nach der Grösse der Verhältnisszahlen ordnen die Stifte sich folgender Weise:

Stift	Kristiania	5,7
„	Bergen	5,1
„	Kristiansand	5,0
„	Tromsö	4,7
„	Hamar	4,3
„	Drontheim	4,1.

---

[1]) Thomas a. a. O. S. 321.

[2]) Nach der Formel: Zahl der Einwohner x 12 : Am Scharlachfieber Gestorbene = 10 000 : x.

Das Verhältniss zwischen den am Scharlachfieber
Gestorbenen und 100 in den Stiften Gestorbenen.
1867—1878.

Stifte	In den Stiften Gestorbene 1867—1878	Am Scharlachfieber Gestorbene 1867—1878	Von 100 Todesfällen war Scharlachfieber
Kristiania.	107 420	3 213	2,99
Hamar	42 815	1 213	2,83
Kristiansand	77 603	2 030	2,62
Bergen	55 939	1 704	3,05
Drontheim	51 280	1 292	2,52
Tromsö.	37 549	933	2,49

Nach den Grössen der Verhältnisszahlen kommt folgende Reihen-
folge aus:

Stift Bergen 3,05
„ Kristiania 2,99
„ Hamar 2,83
„ Kristiansand 2,62
„ Drontheim 2,52
„ Tromsö 2,49.

Das Verhältniss zwischen den bekannten Todesfällen
und der bekannten Zahl Behandelte:
1867—78 (vergl. Tabelle IV).

Stifte	Von 100 bekannten Fällen endeten sterblich	Stifte	Von 100 bekannten Fällen endeten sterblich
Kristiania	14,6	Bergen	16,3
Hamar	13,2	Drontheim	16,2
Kristiansand	14,0	Tromsö	22,8

Diese Tabelle darf aber nicht mit dem in der Tabelle VII aus-
gerechneten Procent von 12,7 °/₀ verglichen werden, weil in der letztgenannten Tabelle nur die von den Aerzten behandelten Fälle,
während in der Tabelle IV, wonach obenstehende Tabelle ausgerechnet
ist, sämmtliche bekannte Fälle von Scharlachfieber angeführt
sind, und die bekannten Todesfälle den bekannten und behandelten
Fällen zugefügt sind. Die Mittelzahl der obenstehenden Tabelle ist
15,3 %.

Nach der Grösse der Verhältnisszahlen können die Stifte folgender Weise geordnet werden:

Stift Tromsö 22,8
„ Bergen 16,3
„ Drontheim 16,2
„ Kristiania 14,6
„ Kristiansand 14,0
„ Hamar 13,2.

Diese Zahlen müssen aber auch mit Kritik aufgenommen werden; denn je nachdem die Angaben ungenauer werden, werden oft nur die Todesfälle angemerkt, und dieses muss natürlich ein Missverhältniss zwischen den Erkrankten und den Gestorbenen hervorbringen.

Als Beiträge zu der Frage, in wie fern die Mortalität der Epidemien unseres Landes in den späteren Jahren zugenommen hat, lässt das vorliegende Material sich wohl kaum benutzen. Nur für Kristiania, wo für eine grössere Reihe von Jahren so genaue Angaben existiren, dass man sie bequem in dieser Beziehung benutzen kann, ist das Verhältniss berücksichtigt, und scheint es, als ob die Mortalität für jede grössere Epidemie zugenommen habe. Tafel C. III zeigt hierfür das Genauere.

Nachdem ich jetzt die epidemische Verbreitung des Scharlach-fiebers in Norwegen durchgegangen habe, wende ich mich zunächst zu der Untersuchung, welche Lehre hinsichtlich mehrerer der Punkte, um welche das wesentliche Interesse bei der Pathologie und den epidemischen Verhältnissen dieser Krankheit sich concentrirt, aus dem vorliegenden Material gezogen und welche Beiträge zur Lösung der-jenigen Fragen, woran die Pathologie der Krankheit — wie auch die-jenige sämmtlicher exanthematischen Krankheiten — so reich ist, daraus gewonnen werden können. Es scheint auch, als könnten die angeführten Beobachtungen — mitgetheilt, wie sie sind, von unbe-fangenen und intelligenten Aerzten, die die einzelnen Thatsachen so klar und einfach, wie sie beobachtet sind, und ohne jeden Anspruch auf eine Systematisirung oder eine „erhabene Anschauung" der Sache dargestellt haben, — auf ein ganz bedeutendes Interesse An-spruch machen; erhält man dann aus den Beobachtungen, die von verschiedenen Aerzten zu verschiedenen Zeiten und an verschiedenen Orten gemacht worden sind, dasselbe Resultat, — dann vermehrt sich das Interesse, und der Werth der Beobachtungen wird gerade durch diesen quasi controllirenden Beweis ihrer Richtigkeit und Genauigkeit noch grösser.

Gerade dadurch, dass auf diese Weise und zwar in der grössten Ausdehnung durch die vielen unabhängigen Beobachtungen die in-ductive Methode der modernen Naturwissenschaft realisirt wird, können unsere Kenntnisse und unsere Anschauungen eine festere Basis zum weiteren Aufbau bekommen und in dieser Weise kann unsere wissen-schaftliche Arbeit die mächtigen Hebel der Gegenwart: Association und Solidarität gebrauchen.

Der erste Punkt, der behandelt werden soll, ist

das Verhältniss der Ansteckung.

Dass Scharlachfieber eine ansteckende Krankheit ist, die nur durch Ansteckung ausgebreitet werden kann, darf jetzt als allgemein anerkannt betrachtet werden [1])

Der inficirende Stoff selbst scheint ins Blut aufgenommen zu werden und — der jetzigen Anschauung dieser Verhältnisse zufolge — an feinen Micrococcusstäbchen gebunden zu sein.

Coze und Feltz [2]) fanden im Blute scharlachfieberkranker Patienten punkt- und stäbchenförmige Körper; wurde solches Blut Kaninchen injicirt, starben diese im Laufe von 1½—14 Tagen und im Blute dieser Thiere wurden dieselben Körper gefunden. Riess [3]) machte ähnliche Beobachtungen und ausserdem diejenige, dass fortgesetzte Inoculationen von den todten Kaninchen ab wieder dieselbe Krankheit und den Tod hervorbrachten. v. Recklinghausen [4]) wies in Corticalis und Basis der Pyramiden der Nieren eines Scharlachfieberpatienten sowie im Urin desselben Cylinder von denselben grünlichen, aus höckerigen Massen bestehenden Stäbchen nach. Hallier [5]) hat ebenfalls Schizomyceten in grosser Menge im Blute Scharlachfieberkranker nachgewiesen. Sie kamen theils einzeln, theils in Colonien, mitunter in kurzen Ketten oder sporenbildend vor. Balogh [6]) injicirte stäbchenhaltigen Urin eines Scharlachfieberkranken in Kaninchen, wonach diese oft starben; im Blute wurden zahlreiche Kugelbakterien gefunden.

Inoculation ist auch bei Menschen versucht worden, um möglicherweise eine leichtere Form der Krankheit hervorzubringen; die Resultate scheinen aber zu unbestimmt gewesen zu sein, um als Basis einer berechtigten Ansicht benutzt werden zu können. Williams [7]) bemerkt, dass die hervorgerufene Krankheit ebenso gefährlich als das gewöhn-

---

[1]) Der einzige der neueren Verfasser, der — soviel ich weiss — noch daran festhält, dass Scharlachfieber spontan — ohne Ansteckung — auftreten kann. ist Richardson: Diseases of moderne life; die Uebersetzung Schouboes, Kopenhagen 1879 S. 67.

[2]) Schmidt's Jahrbücher B. 154 S. 239.

[3]) Archiv v. Reichert u. Dubois-Reymond 1872 S. 240.

[4]) Würzburger Verhandl. II, Sitzungsbericht f. J. 1871 S. XII.

[5]) Jahrbuch f. Kinderheilkunde 1869 II, S. 169.

[6]) Centralzeitung 1876 S. 625.

[7]) British med. Journal 1875 S. 37.

liche Scharlachfieber sei. Rostan¹) beobachtete eine Incubation von 7 Tagen, Miquel²) fand eine Incubation von 30 Stunden. Nach Guersent³) versuchte Petit-Radel Scharlachfieber dadurch hervorzubringen, dass er Epidermisschuppen unter die Haut brachte; er bekam ein negatives Resultat, während Stoll (demselben Verfasser zufolge) nach derselben Procedur ein positives Resultat bekommen haben soll.

Die einzige Stelle in unserer Literatur wo eine Art Inoculation erwähnt wird, ist in „Forhandlinger i medic. Selskab" 1877 S. 68, wo Malthe erzählt, dass er, von einem Scharlachfieberpatienten nach Hause gekommen, zu einem 3jährigen Kinde gerufen wurde, um eine Wunde an der Stirn zu verbinden. Einige Stunden darauf wurde das Kind unpässlich und bekam Erbrechen; den nächsten Tag wurde diphtheritischer Belag in der Wunde bemerkt und im Laufe des Tages brach Scharlachfieber-Exanthem aus. Von Ansteckung auf irgend einem andern Wege lagen keine Aufklärungen vor.

Das Ansteckungsverhältniss wird nur an einzelnen Stellen in den Medicinalberichten vor 1862 erwähnt. Die ersten Stellen, an denen man Bemerkungen über Ansteckung findet, sind — die obenbehandelte Dissertation Nelles ausgenommen — in Witt's Medicinalberichte für 1817 und im Berichte Winther's für dasselbe Jahr⁴): in diesen wird erwähnt, dass Ansteckung von Archangel nach Finmarken gebracht worden ist. Demnächst wird in den Medicinalberichten für 1835⁵) erwähnt, dass Ansteckung durch „einen jungen Menschen" von Kragerö nach Drammen überführt wurde.

Vom Jahre 1862 ab wurden die Berichte über Ansteckung häufiger, man könnte beinahe sagen: jedes Jahr.

Die Ansteckung kann den Berichten zufolge auf folgende Weise geschehen:

1) durch scharlachfieberkranke Personen,
2) durch Versammlungen, wie Beerdigungen, Hochzeiten, Auctionen u. s. w.,
3) durch gesunde Personen und
4) durch Gegenstände, die entweder mit den Kranken in Berührung oder in der Nähe derselben gewesen sind.

---

¹) Prag. Vierteljahrsschrift 3 S. 96.
²) Schmidt's Jahrbücher B. VII S. 373.
³) Encyclopäd. d. med. Wissenschaft. 1833 X S. 40.
⁴) Beide diese Berichte finden sich im Reichsarchiv.
⁵) Departements Tidende. 1837 S. 308.

I. Ansteckung durch kranke Personen [1]).

Ueber eine solche directe Ansteckungsübertragung liegen eine Reihe Berichte vor; aber nur in den wenigsten Fällen ist es angegeben, durch welche Personen oder auf welche Weise die Uebertragung geschehen ist. In den folgenden Zusammenstellungen kann selbstredend nur auf die genauern Angaben Rücksicht genommen werden.

Die kranken Personen, die am häufigsten als „Träger der Ansteckung" aufgeführt werden, sind:

a. Dienstleute und Arbeiter.

1865. Ein krankes Mädchen bringt Ansteckung von Drontheim, wo sie sich eine Zeit aufgehalten hat, nach ihrem Wohnort, söndre Indherred.

1876. Auf Toten breitet die Krankheit sich durch Arbeiter und Häusler aus.

Nach Hause kommende Eisenbahnarbeiter bringen die Ansteckung nach Tönset mit.

1877. Ein kranker, heimgekehrter Arbeiter bringt Ansteckung von Kristiansund nach Nordfjordeidet.

Ein Dienstmädchen bringt Ansteckung von Bolsö nach Kleven Annex (ytre Romsdal).

1878. Eine Frau bringt Ansteckung von Porsgrund oder Brevig nach Hviteseid.

Ein kranker Knabe bringt die Krankheit von Hemsedal nach Lærdal, wo er sich in einer Sennhütte 24 Stunden aufhielt.

Ein kranker Dienstknabe, der von Stavanger nach Hause kehrt und stirbt, bringt Ansteckung nach indre Söndhordland.

Wegarbeiter bringen Ansteckung von Drangedal nach Siljord.

b. Schulkinder.

1864. 2 Kinder bringen Ansteckung von Aalesund nach Urskog.

2 Kinder bringen Ansteckung von Fredö nach Kristiansund.

1869. Ein Kind bringt Ansteckung von einer Schule in Tvedestrand nach einem Hofe in Holt.

---

[1]) Wenn es in den Berichten heisst: „Ansteckung durch einen Hausirer". „Ansteckung durch einen Landstreicher" und ähnlich, scheint es als müssten hiedurch nur kranke Personen gemeint werden, weil, wenn die Ueberführung durch gesunde Personen geschehen ist, immer sich angegeben findet: „Der Träger des Ansteckungsstoffes blieb frei", „selbst gesund" und ähnlich.

1871. In Sandnæs wird die Krankheit durch Schulkinder ausgebreitet.

In Stathelle wurden 10 Personen von einem Schulkinde angesteckt.

Nach Egersund wurde Ansteckung durch ein Schulkind von Mandal gebracht.

1877. Durch Confirmanden wurde die Krankheit über ytre Sogn ausgebreitet.

Ein Schulknabe bringt die Krankheit von Bergen nach indre Sogn.

1878. Von Kristiania wird bemerkt, dass viele Fälle — besonders die zerstreuten — ihre Anknüpfpunkte in den Schulen haben.

In Bamble bewirkten Schulkinder aus nicht hinreichend desinficirten Häusern, dass die Krankheit wieder aufloderte.

Nach Voss wurde die Krankheit theils durch Confirmanden von Nærödalen, theils durch Schüler von der Amtsschule auf Utne gebracht.

Nach Stjordal wird die Ansteckung durch einen Schulknaben, der aufs Land geschickt worden war, um der Krankheit zu entgehen, gebracht.

Nach dem Kirchort Langnœs wird die Krankheit durch Confirmanden von Berlevaag (Finmarken) gebracht.

c. Fischer und Seeleute.

1864. Ansteckung nach Tvedestrand von Bordeaux in Frankreich.

1874. Ansteckung nach verschiedenen Theilen vom Districte ytre Namdal durch Sommerheringsfischer.

1875. Ansteckung nach Tvedestrand durch Seeleute von Kristiania und Lyngöer.

Nach Grimstad wird die Krankheit durch einen von England heimgekehrten Matrosen gebracht.

1876. Nach Haugesund ebenso durch einen von England nach Hause gekommenen kranken Matrosen.

Nach Ekersund wird die Krankheit durch einen Schiffer („Jagteförer") von Sand gebracht.

d. Landstreicher.

1869. Ein Landstreicher bringt die Krankheit auf einen Hof in Sandökedal.

1875. Ein herumstreifender Holzhauer bringt die Ansteckung nach Tvedestrand.

Eine Landstreicherfamilie bringt die Krankheit nach Moland in Laurdal.

Bettler bringen die Krankheit nach der Gemeinde Hartmark in Oddernaes.

Eine Landstreicherin bringt die Krankheit nach einem Hofe in den Gebirgen in nordre Fosen.

1876. Herumstreifende Bettler („Fanter" d. i. Zigeuner) bringen die Ansteckung nach Vanelven (im Amte Romsdal).

1878. Ein Landstreicher bringt die Krankheit zu einem isolirt gelegenen Hofe in Gjerpen.

Ein krankes Zigeunerkind bringt die Krankheit nach der Gemeinde Hopen in nordre Nordmöre.

Eine Landstreicherin bringt die Krankheit nach den obersten Höfen in den Gebirgen in nordre Fosen.

e. Hausirer und Reisende.

1870. Ein reisender Gesell bringt die Krankheit nach Aamli.

1872. Fischaufkäufer von Lister bringen die Krankheit nach der Gemeinde Hiterö in Flekkefjord.

1875. Reisende von Mandal bringen die Krankheit nach den Gemeinden Vigmostad und Østebö.

Ein Reisender bringt die Krankheit nach Buksnaes.

1876. Ein Hausirer bringt die Krankheit von Kristiania nach Tistedalen in Aal in Hallingdal.

Fischaufkäufer bringen die Ansteckung von Kristiania nach Tjömö.

Ein Hausirer bringt die Krankheit nach Waage.

Von Laerdalsören wird erwähnt, dass die Ansteckung von den Landdistricten dadurch überführt wurde, dass die reisenden Bauern unterwegs ihre Bekannten besuchten, um während des Essens unter Dache zu sein.

1878. Reisende bringen von Osten her die Krankheit nach Suledal in Stavanger.

In Lödingen wird die Ansteckung durch Kirchenleute ausgebreitet.

Auswanderer bringen im Juni 1871 die Ansteckung nach Hammerfest.

Ein Augenpatient, der nach Bergen geschickt war, um operirt zu werden, bringt im Jahre 1877 die Krankheit mit sich nach indre Sogn.

II. Ansteckung durch Versammlungen, Beerdigungen, Hochzeiten, Auctionen u. s. w.

1875. In Askim in Smaalenene wurde die Krankheit nach einem Weihnachtsschmause eingeführt.

Von Solör-Odalen wird gemeldet, dass die Ansteckung von Kristiania kam und nach der Gesellschaft (Gravöl) bei der Beerdigung des zuerst Gestorbenen ausgebreitet wurde.

In söndre Osterdalen bekommt die Epidemie erst Aufschwung nach dem Markte in Grundseth.

Nach einer Beerdigungsgesellschaft in nordre Fosen wird die Krankheit nach dem ganzen Aafjorddal ausgebreitet, (die Ansteckung war durch eine Landstreicherin eingeführt, vergl. oben).

1876. Nach dem Markte in Grundseth bekommt das Scharlachfieber auch in diesem Jahre eine grosse Ausbreitung.

1877. Nach Näs auf Hedemarken wird die Ansteckung von Gjövik gebracht; die Krankheit wird nach einer Beerdigungsgesellschaft in der zuerst angesteckten Familie über das Kirchspiel gebracht.

In Evje wohnte ein Mann mit scarlatinöser Angina einer Auction bei; ein Kind, das ebenfalls dabei zugegen war und gleichfalls scarlatinöse Angina bekam, ging kurz danach in die Schule. Von diesen beiden Herden, der Auction und der Schule, wurde die Krankheit als ein bösartiges Scharlachfieber über das Kirchspiel ausgebreitet.

In Eidanger (im Amte Bratsberg), wo das Scharlachfieber herrscht, wird ein „Bazar" abgehalten. Kinder, die diesen besuchen, bringen die Krankheit nach Stathelle.

1878. Nach Nordhordland wird die Krankheit vom Ostervold Filiale, unter dem Kirchspiel Sund, durch Personen, die dort Hochzeit gefeiert hatten, gebracht.

III. Ansteckung durch gesunde Personen.

1870. Von Kragerö ist bemerkt, dass die Uebertragung des Ansteckungsstoffes durch gesunde Personen, mehrmals beobachtet worden sei.

1871. Eine Frau, die selbst frei ausging, brachte die Krankheit von Farsund nach Spangereid in Undal.

1873. Es findet sich die Bemerkung, dass der Hausvater in der zuerst angegriffenen Familie in Ritsen (midtre Fosen) ein herumreisender Arbeiter war, der möglicherweise die Ansteckung mit sich nach Hause gebracht haben könne.

1876. Von Eidsberg ist bemerkt, dass die Krankheit sehr ansteckend war und von Hause zu Hause durch gesunde Personen gebracht wurde.

Nach Nissedel wird die Krankheit durch den Heizer auf einem Dampfboote gebracht; der Heizer selbst blieb frei.

Ebenso wurde die Krankheit von Vraadal nach Torrisdal durch einen Bauernjungen, der selbst frei blieb, gebracht.

1877. Ein Mädchen vom Filial Dovre, wo das Scharlachfieber damals herrschte, geht über Foldalen nach Lille-Elvedalen. Sie ist selbst gesund, allein sowohl in Foldalen als in Lille-Elvedalen bricht auf den Höfen, wo sie geschlafen hat, Scharlachfieber aus.

In Flekkefjord bringt eine Wäscherin, die das Zimmer, in welchem eine kranke Person gelegen, gescheuert hat, die Krankheit zu ihren Töchtern mit, während sie selbst frei bleibt.

1878. Ein gesunder Schuhmacher auf Toten bringt die Krankheit an verschiedenen Stellen, die er besucht, mit.

Ein Schneider von Fortun bringt die Ansteckung nach der Gemeinde Dale in Lyster.

Ein Arbeiter von Stjördal, der zu Hause kranke Kinder hat, bringt die Krankheit nach Frosten.

In seiner Abhandlung im Norsk Magazin for Lægevidenskaben 1867 S. 193 flg. theilt Thoresen eine Reihe Beispiele von Ansteckungsübertragung durch gesunde Personen im Winter 1866—1867 mit.

Die Uebertragungsweise der Ansteckung war um so viel leichter zu controlliren, als die strenge Winterkälte die Kinder im Hause hielt, und nur Erwachsene sich hinauswagten. Daraus ist es zu erklären, dass die Uebertragung durch gesunde Personen in einer bedeutenden Mehrheit (in 24 von 30 Fällen) geschah.

Ein Paar der am meisten charakteristischen Beispiele werde ich hier erwähnen:

Die ersten Fälle von Scharlachfieber kamen auf Berger Fabrik in Eidsvold vor.

Ein Schuhmacher hatte dort zu arbeiten, als das erste Kind dort krank wurde. Einige Tage darauf wurde sein eigenes Kind krank. Während der Krankheit des Kindes hatte er erst zu arbeiten auf Furulund, wo 6 Kinder ergriffen wurden, dann auf Jokums, wo 3 Kinder und endlich auf Piro, wo ebenfalls 3 Kinder ergriffen wurden. Er ging, während sein Kind krank lag, jeden Abend nach Hause.

Ein Mädchen, die in einem Hause versorgt wurde („Lægdepige"), bekam die Krankheit, nachdem der Dienstknecht dort in einem angesteckten Hause auf Besuch gewesen war.

Zwei Kinder erkrankten am Scharlachfieber an einem Häusler-
orte, nach welchem ein der Krankheit freies Mädchen von einem angesteckten Hause hinkam, um einen Auftrag zu besorgen.

Eine Frau wachte bei einem Pneumoniker, dessen Kinder Recon-
valescenten nach dem Scharlachfieber waren; die Kinder der Frau
bekamen Scharlachfieber. Der Abstand zwischen den beiden Höfen
war $^3/_8$ Meile.

In seiner späteren Abhandlung in „Norsk Magazin for Lægevidenskaben 1872 S. 49" betont Thoresen gleichfalls scharf die Ansteckungsübertragung durch gesunde Personen. —

Dass Aerzte die Ueberträger der Ansteckung gewesen, findet
sich auch ein paar Male verzeichnet.

So erzählt Thoresen, dass 2 seiner Kinder in der Zeit, da er
die Kranken auf Berger Fabrik besuchte, vom Scharlachfieber ergriffen
wurden.

Im Jahre 1865 wird von Skjærstad in Nordland berichtet, dass
es anzunehmen sei, dass der Districtsarzt die Ansteckung über den
District ausgebreitet habe; sein Haus war das zuerst angegriffene.

Im Jahre 1875 wird von Kongsvinger bemerkt, dass die Ansteckung
von Schweden zu dem Hause des Districtsarztes und demjenigen seines
Nachbars kam; die Krankheit wurde aber durch Isolation und Desinfection gehindert sich weiter auszubreiten.

Bei der Beurtheilung der obenerwähnten Fälle von Ansteckungsübertragung durch gesunde Personen muss man doch den Umstand
vor Augen haben, dass die Krankheit bei Erwachsenen und älteren
Kindern als eine ganz leichte, aber doch ansteckungsfähige Angina —
welches später genauer behandelt werden soll — auftreten kann.

IV. Ansteckung durch Gegenstände, die entweder mit den Kranken in Berührung oder in der Nähe derselben gewesen sind.

In der Versammlung der medicinischen Gesellschaft am 14. November 1866 [1]) bemerkt Kierulf, dass Ansteckung nach Drontheim
in einem Koffer gebracht worden sei.

W. Boeck erzählt in derselben Versammlung folgenden interessanten
Fall: Die Kinder eines Collegen hatten Erlaubniss bekommen, mit
verschiedenen Sachen in einem alten Schreibtische zu spielen. In

---

[1]) Norsk Magazin for Lägevidenskaben 1867.

einer Schublade lagen Haare, die zwei vor 20 Jahren am Scharlachfieber verstorbenen Kindern abgeschnitten waren; seit der Zeit war die Schublade nicht angerührt worden. Jetzt wurde sie geöffnet und die Kinder bekamen Scharlachfieber. Diese Fälle waren die ersten in der Stadt, so dass die Wahrscheinlichkeit dafür spreche, dass die Ansteckung auf diese Weise übertragen worden sei,

Im Jahre 1871 wird von Vardö erwähnt, dass eine Violine aus einer Familie, deren Kinder in der Abschuppung befindlich waren. die Ansteckung bewirkte, indem die Krankheit von einer Gesellschaft. wo sie benutzt worden war, ausgebreitet wurde.

Im Jahre 1874 wird Scharlachfieber durch Milch nach Molde überbracht.

1875. Eine Kinderhaube, die von einem angesteckten Hause in Kristiania gesandt war, bringt die Krankheit zu einem abgelegenen Hofe in Enebak.

Photografien bringen Ansteckung von Lillesand nach Bamble.

1876. In Sandö im Amte Romsdal entsteht Scharlachfieber durch Ansteckung vermittelst Kleider, die vom vorigen Jahre in einem angesteckten Hause ohne desinficirt gewesen zu sein gelegen haben.

1877. Ansteckung kommt nach Flekkefjord von Ekersund mit Briefen und Packeten.

In Brönnö entsteht Scharlachfieber nach Ansteckung durch Kleider. die einem Kinde, das am Scharlachfieber gestorben war, gehört hatten.

1878. Nach Langesund kommt Ansteckung durch einen Brief von einem abwesenden Bruder, der ein paar Tage nach der Absendung des Briefes krank wird[1]).

Ein ganz besonderer Fall ist der folgende:

In Lödingen wurde im Jahre 1871 angenommen. dass eine von dem Hülfsvaccinator während der Krankheit vorgenommene Vaccination zu der grossen Mortalität beigetragen hätte: denn sämmtliche Kinder, an welchen die Vaccine anschlug, starben unter Symptomen von pyämischer Infection, indem grosse gangränescirende Geschwüre sich auf den Armen bildeten.

---

[1]) Es ist nicht zu sehen, ob diese beiden Fälle von Langesund und Flekkefjord vielleicht mit dem vom Medicinaldirector Dahl erwähnten (Den offentlige Sundhedspleie 1880 S. 41) identisch sind.

Der Ansteckungsstoff ist mehrmals vom Auslande importirt worden, so:

1817 von Archangel nach Finmarken,
1864 von Bordeaux nach Tvedestrand,
1870 von Schweden nach Groug,
1870 von London durch eine reisende Familie nach Ringebo,
1875 von Schweden nach Kongsvinger,
1875 von England nach Grimstad,
1876 von England nach Haugesund.

Im Inlande zeichnen die Städte, besonders die grösseren, sich häufig als Herde der Krankheit aus. Auch Fabriken und Werke, wo viele Arbeiter angesammelt sind, bilden oft einen Ausgangspunkt der Krankheit. Als solche Werke können genannt werden: Bergers Werk auf Eidsvold, Odals Werk, Arne Fabrik in Nordhordland u. mehr. Von solchen Stellen geschieht also eine Art Export von frischem, lebenstüchtigem Ansteckungs-Stoffe, und es ist oft leicht genug sowohl die Epidemien als die sporadischen Fälle zu einem solchen Ursprunge zurückzuführen.

Aus den notirten Beispielen von Ansteckungsübertragung geht es aber klar hervor, dass der ansteckende Stoff mitten in einer Bevölkerung so zu sagen wohnen kann und nur auf günstige Verhältnisse zu warten braucht, um zur Entwicklung und Ausbreitung zu gelangen. Es scheint nicht sehr zweifelhaft zu sein, dass viele sporadische Fälle auf diese Weise erklärt werden können; denn aus den mitgetheilten Beobachtungen geht es hervor, dass der Ansteckungsstoff ganz besondere Eigenschaften, die in dieser Beziehung eine grosse Bedeutung haben, besitzt.

Der Ansteckungsstoff scheint demnach eine ganz ausserordentliche Tenacität zu besitzen.

Neben den angeführten Beispielen — unter welchen der vom Herrn Prof. W. Boeck mitgetheilte Fall sich besonders auszeichnet — trifft man in den Berichten mehrmals Andeutungen, wonach der ansteckende Stoff so aufgefasst werden könnte, als ob seine Geburt längere Zeit zurück zu datiren sei, und er selbst einen bedeutenden Widerstand gegen die Einwirkung der Jahre habe. So wird vom Districte Alten in Finmarken im Jahre 1868 gemeldet, dass der zuerst Erkrankte in einem Hause, wo 4 Jahre vorher Scharlachfieber bestanden hatte, wohnte; irgend eine andere Art, auf welche er die Krankheit sich zugezogen haben könnte, wurde nicht ermittelt.

Von Bamble wird im Jahre 1872 gemeldet, dass Scharlachfieber in einem Hause, das ein Jahr vorher inficirt, aber auch später desinficirt gewesen, ausbrach; und

von Ranen im Amte Nordland 1878, dass ein Fall dort behandelt wurde, bei dem angenommen werden musste, dass die Krankheit dadurch, dass Scharlachfieber etwa 2—3 Jahre vorher in demselben Hofe und in der Nachbarschaft gewesen, entstanden war.

Ferner scheint der Ansteckungsstoff sehr widerstandsfähig zu sein.

Interessant ist in dieser Beziehung die obenerwähnte Beobachtung Thoresens [1]), nämlich, dass der Ansteckungsstoff in strenger Winterkälte und in den dünnen, abgetragenen Kleidern der armen Bevölkerung — oft weite Wege mitgetragen werden kann.

Der Ansteckungsstoff scheint auch grosse Neigung zu haben sich an Gegenstände aller Art zu heften, nicht allein an solche, die a priori als besonders geeignet erscheinen müssen, ihn in sich aufzunehmen, wie Bettwäsche, Kleidungsstücke, Haarlocken u. s. w., sondern auch an ganz schlichte Gegenstände, als Briefe und Photografien [2]). —

Beim Durchgehen der obengenannten Fälle, wo der Ansteckungsstoff längere Zeit hindurch wie verwahrt gewesen ist, kommt es mir vor, als seien Thatsachen vorhanden, die dafür sprechen, dass aus solchen — man könnte wohl sagen veralteten — Ansteckungskeimen sich sehr selten eine beträchtliche Epidemie entwickelt hat. So wurden im Jahre 1868 in Alten (durch ein 4 Jahre altes Contagium) nur Personen in einem Hause ergriffen; in Ranen im Jahre 1878 (durch ein 2—3 Jahre altes Contagium) nur eine Person, und ebenfalls nur eine Person in Bamble im Jahre 1872 (durch ein 1 Jahr altes

---

[1]) Norsk Magazin for Lägevidenskaben 1867 S. 201.

[2]) Es darf hier nicht unerwähnt bleiben, dass einzelne Verfasser (so z. B. Bohn in Gerhardts Handbuch der Kinderkrankheiten 2. B. S. 282—283) viel Bedenken tragen diejenige Anschauung ganz zu acceptiren, wonach das Scharlachfieber sich durch solche Gegenstände, die oben erwähnt sind, ausbreiten könne. In unserer eigenen Literatur kommt dasselbe Bedenken zum Vorschein in einem Briefe von F. Vogt in Tvedestrand, welche in der Versammlung der medicinischen Gesellschaft den 31. Januar 1878 vorgelesen wurde (Forhandlinger i medicinsk Selskab 1878 S. 11). Vogt meint, dass selbst die „unerklärlich entstandenen" Scarlatinafälle, die einer Ansteckung per Post, per Haarlocke, per Arzt u. s. w. zugeschrieben werden können, auf kranke Personen, die die Beschaffenheit ihrer Krankheit nicht kennen und oft nur mit einer leichten Angina ohne oder mit nicht beachtetem Exantheme herumgehen, zurückgeführt werden können.

Contagium). In Sandö im Jahre 1876, wo die Ansteckung in getragenen Kleidern lag, scheint die Anzahl der Fälle auch nicht gross gewesen zu sein. Auch in Brönnö im Jahre 1877 kamen durch ein einjähriges Contagium von getragenen Kleidern nur ganz einzelne Fälle vor. Die einzige Stelle, wo eine bedeutendere Anzahl Fälle nach solcher „alten Ansteckung" vorgekommen zu sein scheint, ist Röken im Jahre 1877; hier wird es aber auch als zweifelhaft angesehen, ob die Ansteckung wirklich durch die getragenen Kleider von Drammen geschehen. Es ist also möglich sich zu denken, dass die Fähigkeit zum Keimen durch das lange Liegen verloren gegangen, und dass der Ansteckungsstoff so zu sagen nicht Kraft genug hat, regenerationsfähige Individuen, die die Krankheit wieder weiter führen können, zu produciren. Das hier vorliegende Material ist aber zu klein, um eine bestimmte Ansicht darauf bauen zu können, und die hier mitgetheilten Beobachtungen dürfen im Ganzen nur als Versuche, einzelne Stellen in der Physiologie des Ansteckungsstoffes zu beleuchten, aufgefasst werden. —

Die Incubationszeit des Scharlachfiebers wird in den Berichten, wie aus untenstehender Tabelle hervorgeht, verschieden angegeben:

Anzahl der Fälle	Tage	Anzahl der Fälle	Tage
5	1	2	6
3	2	2	8
2	2½	1	10
3 [1]	3	1	12

Ausserdem giebt ein Arzt in Drontheim an, mehrmals eine Incubation von 8—14 Tagen beobachtet zu haben.

Thoresen nimmt eine Incubationszeit von 2—4 Tagen als das Gewöhnliche an, hat aber einmal eine Incubationszeit von nur einigen Stunden beobachtet. Einmal hat er eine Incubationszeit von 27 Tagen

---

[1] Koren: Meddelelser fra Lazaretterne for Skarlagensfeber; N. Magaz. f. Lägev. 1879 S. 192—93.

gesehen und einmal eine von 6 Wochen[1]). Den angeführten Beobachtungen zufolge scheint die Incubationszeit sich also innerhalb weiter Grenzen zu bewegen[2]).

Worin die Ursache dieser Variabilität der Incubationszeit im Gegensatze zu der ziemlich constanten Incubationszeit bei den Blattern und Masern gesucht werden soll, ist schwer zu sagen. Einzelne haben sie in der verschiedenen Intensität der verschiedenen Epidemien in der Weise gesucht, dass der mehr intense Fall eine kürzere Incubation bedingen sollte. Beim Durchgehen der Fälle, in denen die Incubationszeit in den Berichten angegeben ist, scheint es, als hätte diese Meinung eine theilweise Berechtigung. Beispielsweise kann erwähnt werden, dass die Incubation während der gutartigen Epidemie in Ostlofoten im Jahre 1873 10 Tage dauerte; in einer mittel-bösartigen Epidemie in Follo im Jahre 1875 6 Tage; in einer Epidemie in Nordmöre im Jahre 1875, wo die Krankheit mit sehr heftigen Initialsymptomen auftrat, 36 Stunden; in drei mit Tod endenden Fällen in Romsdalen im Jahre 1878 24 Stunden; in einer gelinden Epidemie in Sœtersdalen im Jahre 1877 8 Tage. Die Incubation war respective 1, 2 und $2\frac{1}{2}$ Tag in einer bösartigen Epidemie in Grong im Jahre 1878; 8—14 Tage in einer Epidemie in Drontheim im Jahre 1865 mit einer Mortalität von $10_{,1}$ Procent.

Thoresen[3]) hat auch bemerkt, dass die Localsymptome um so viel heftiger aufgetreten sind, je kürzer die Incubation gewesen ist.

In Bezug auf die Erklärung einer so langen Incubationszeit wie bis zu 6 Wochen, sind zwei Ansichten ausgesprochen worden. Die eine wird von Thomas[4]), der sie in einer verspäteten Entwicklung der individuellen Disposition begründet ansieht, repräsentirt. Diese verspätete Disposition soll dann den Uebergang zu den Fällen bilden, wo in einer Familie bei dem ersten Angriffe des Scharlachfiebers nur ein

---

[1]) "Smittestoffenes Natur og deres Forhold til den menneskelige Organisme". N. Mag. for Lägev. 1869 S. 176.

[2]) Auch die ausländische Literatur lässt die Incubationszeit innerhalb Grenzen, die ungefähr den hier angegebenen entsprechen, variiren. In einem Falle giebt Murchison die Incubationszeit zu 14 Stunden an. Thomas giebt 4—7 Tage als die mittlere Incubationszeit an. Trousseau 24 Stunden. Böning (Deutsche Klinik 1870 S. 30—33) giebt eine Incubationszeit von 14 Tagen an. Paasch (Schmidt's Jahrbücher 95 S. 239) eine Incubationszeit von 12 Tagen; Gerhardt (Deutsches Archiv f. Klin. medic. XII S. 1) eine Incubation von 11—13 Tagen. Einzelne Male (Thomas a. a. O. S. 178) ist eine Incubation von 3—5 Wochen beobachtet worden.

[3]) a. a. O. S. 205.

[4]) a. a. O. S. 178.

Theil der Kinder krank wird, während die übrigen diese Zeit benutzen, um eine Disposition für den Ansteckungsstoff bei sich hervorzurufen, die in einer späteren Epidemie bei erneuerter Infection wieder die Krankheit hervorzurufen im Stande ist.

Die andere Ansicht — dass der Ansteckungsstoff nicht in der Person sondern in den Kleidern liegt, — ist von Thoresen [1]); es muss dann angenommen werden, dass es Gelegenheits-Ursachen sind, die das Contagium so zu sagen frei machen. Allein auch hier ist das vorliegende Material zu klein, um als Grundlage zur Untersuchung dieser Frage benutzt werden zu können.

Die Unregelmässigkeit in Betreff der Länge der Incubationszeit hängt von uns noch unbekannten Ursachen ab. — Uebrigens findet man zur Beleuchtung der Frage, wann das Ansteckungsvermögen aufhört, und wann es anfängt, weiter Nichts in dem vorliegenden Material. Man findet nur ein einziges Beispiel davon, dass die Ansteckung sich lange gehalten hat; dieses Beispiel ist von Medicinaldirector Dahl [2]) mitgetheilt; ein Dienstmädchen war im Reichshospitale in Kristiania einen Monat nach dem Aufhören der Krankheit zurückgehalten, steckte aber doch bei seiner Rückkehr die Kinder im Hause, wo sie diente, an, trotzdem ihre Kleider desinficirt waren; es scheint also, als ob die Ansteckung an ihrer Person gehaftet habe [3]).

In der ausländischen Literatur findet sich eine Angabe von Lichtenstädt [4]), der der Meinung ist, dass das Ansteckungsvermögen 8 Wochen lang fortbestehen kann.

Hinsichtlich der individuellen Disposition liegen noch keine Angaben vor.

Als Beispiel von Familiendisposition [5]) kann möglicherweise eine Pastorfamilie erwähnt werden. Von den 5 Kindern bekamen 4 das Scharlachfieber, 3 von ihnen starben (Epidemie in Romsdalen 1878).

Dass Personen, die, obschon sie sich in der Nähe der Kranken

---

[1]) a. a. O. S. 202.

[2]) a. a. O. Seite 42.

[3]) Es ist nicht zu ersehen, ob der von Dahl (a. a. O. S. 41) erzählte Fall, dass ein Ohrenarzt, der während die Krankheit sich bei ihm in der Incubationszeit befand, durch Lufteinblasen in Tuba Eustachii die Krankheit auf eine Frau überführte, in Norwegen passirt oder mit dem von Trojanowsky (Dorpat. med. Zeitschrift 1873 III S. 227) angeführten Fall identisch ist.

[4]) Schmidt's Jahrbücher 12 S. 44.

[5]) Vergl. Thomas a. a. O. S. 182.

befinden und die Ansteckung an andere Personen überführen können,
selbst die Krankheit doch nicht bekommen, davon habe ich im Vor-
stehenden mehrere Beispiele erwähnt.

Im Folgenden werde ich eine Reihe Fälle erwähnen, in welchen
die Empfänglichkeit besonders bei Erwachsenen und älteren Kindern
sehr gering gewesen ist, so dass diese nur von einer rudimentären
Form des Scharlachfiebers, z. B. einer leichten Angina. ergriffen worden sind.

Wie wenig für Ansteckung empfänglich selbst Kinder mitunter
sein können, davon kann als ein ganz merkwürdiges Beispiel angeführt
werden, dass in der Epidemie auf Modum im Jahre 1876 in einer
Häuslerwohnung („Husmandsplads") von 10 Kindern nur ein einziges
ergriffen wurde, obschon die Kinder, die im Alter von $^1/_2$—14 Jahren
waren und das Scharlachfieber früher nicht gehabt hatten, sich in
demselben Zimmer aufhielten und in demselben Bette schliefen: —
dieses Verhalten soll auch an anderen Orten auf Modum und in
Kongsberg beobachtet worden sein.

Etwas Aehnliches wird auch von anderen Orten im Lande gemeldet; z. B. von Drontheim im Jahre 1865, wo die Krankheit selten
mehr als 1 oder 2 von den Kindern in einer Familie ergriff. —

Auf der anderen Seite wird aber oft erwähnt, dass die meisten
Kinder ergriffen werden und dass die Krankheit von einem Hause
zum andern geht und sowohl Erwachsene als Kinder befällt.

Das Nähere in Bezug auf Geschlecht. Alter u. s. w. ist früher
behandelt.

Das mehrmalige Auftreten des Scharlachfiebers bei dem-selben Individuum.

Das Scharlachfieber gehört zwar zu den Krankheiten, die im Allgemeinen dasselbe Individuum nur ein einziges Mal befallen. Aus-
nahmen von dieser Regel kommen aber hier wie bei den übrigen
exanthematischen Krankheiten — vielleicht noch häufiger als bei
diesen — vor. Thomas[1]) hat aus der Literatur ungefähr 200 Fälle
sammeln können, in welchen ein Individuum vom Scharlachfieber mehr
als einmal befallen worden ist.

---

[1]) a. a. O. S. 196.

Solch ein zweimaliges Auftreten des Scharlachfiebers bei demselben Individuum kann am bequemsten in 2 Classen getheilt werden:

I) Das Scharlachfieberrecidiv,

II) das wirkliche, wiederholte, zum zweiten Male erworbene Scharlachfieber.

I. Unter Scharlachfieberrecidiven versteht man Fälle, in denen ohne neue Ansteckung ein Exanthem zum zweiten Male auftritt und die übrigen Symptome sich während oder gerade nach der Desquamationsperiode wiederholen; also in der 4.—5. Woche nach dem ersten Ausbruch der Krankheit [1]).

In unserer Literatur theilt Koren [2]) einen Fall von wirklichem Scharlachfieberrecidive mit Exanthem und Angina, das bei einem 6jährigen Knaben am 30. Tage nach dem ersten Ausbruche der Krankheit eintraf, mit. Das Recidiv war hier schwächer als bei dem ersten Anfall.

Im Jahre 1871 wird von Arne Fabrik (im Amte südl. Bergenhus) erwähnt, dass zwei Anfälle von Scharlachfieber mit 4 Wochen Zwischenzeit beobachtet wurden.

Da wir den Grund dafür, dass ein einmaliges Ueberstehen der exanthematischen Krankheiten meist gegen weitere Anfälle schützt, nicht kennen, ist es vollständig unmöglich sich irgend eine Meinung davon zu bilden, wie diese Recidive erklärt werden sollen. Ich finde indessen diese Stelle auch nicht dazu geeignet weiter darüber zu theoretisiren und dadurch auf die Theorien von „Erschöpfung" und „Schutz" oder auf die Theorie Grawitz' von der erhöhten Lebensenergie, die dem Organismus für eine Zeit mitgetheilt werden, soll um später verloren zu gehen [3]), des Näheren einzugehen.

Ich werde nur ein paar Punkte, die von Interesse für die hier vorliegende Frage sind, erwähnen.

Einzelne Verfasser, wie z. Beisp. Robinson [4]), Trojanowsky [5]),

---

[1]) Es scheint, als ob die „Pseudorecidive" Thomas' (a. a. O. S. 199) — wo in der 2.—3. Woche sich ein mehr oder weniger ausgebreitetes, scharlachähnliches, meist flüchtiges Exanthem unter protrahirtem Fieber zeigt —, am richtigsten als ein neues Auflodern der Krankheit aufgefasst werden müssen und bei der Beurtheilung der wirklichen Recidive nicht in Betracht kommen können.

[2]) Norsk Magaz. for Lægev. 1879 S. 193.

[3]) IX. Congress der deutschen Gesellschaft d. Chirurgie (Berlin. klin. Wochensch. 1881 Nr. 16).

[4]) Virchow-Hirsch Jahresh. 1870 II. S. 264.

[5]) Dorpat. med. Zeit. IV. S. 19.

Murchison und Thomas[1]), sehen die Neigung zu Scharlachfieberrecidiven als eine Familieneigenthümlichkeit an. Einzelne Thatsachen
scheinen darauf zu deuten, dass Störungen in der Entwicklung
des Exanthems eine gewisse Rolle bei dem Hervorrufen des Recidives
spielen. Trojanowsky[2]) hat z. B. beobachtet, dass das Exanthem
bei dem ersten Anfalle sich auf der oberen Hälfte des Körpers, bei
dem Recidive auf der unteren Hälfte zeigte. Berton[3]) hat dagegen
ein umgekehrtes Verhältniss wahrgenommen.

Ebenso ist bei den Beschreibungen Trojanowsky's der in Lief-
land vorkommenden „Recurrensformen" vom Scharlachfieber, —
deren Recht zum Scharlachfieber gerechnet zu werden übrigens zweifelhaft genug sein kann, — bemerkt, dass das Exanthem bei dem
zweiten Anfalle, der 7—17 Tage nach dem ersten zum Vorschein
kam, an Stellen des Körpers, wo es sich das erste Mal nicht zeigte,
aufgetreten ist.

Diess muss also bei künftigen Beobachtungen der Scharlachfieberrecidive in das Auge gefasst werden.

Die Recidive können sich heftiger oder gelinder als der erste
Anfall zeigen.

II. Das wirkliche Scharlachfieber zum zweiten Male.

Hierunter ist ein Scharlachfieber zu verstehen, das bei einer
Person, die die Krankheit schon gehabt hat, durch neue Ansteckung
längere Zeit nach der Genesung von der ersten Krankheit entsteht.

Die Zeit, nach welcher man das Scharlachfieber zum zweiten
Male bekommen kann, variirt zwischen 2 Monaten und 27 Jahren[4]):
den letztgenannten Fall hat Heyfelder an sich selbst beobachtet.

Im Medicinalberichte für 1858 wird erwähnt, dass in der Epidemie
in Arendal 1857—59 mehrere Personen, die in früheren Epidemien
die Krankheit durchgemacht hatten, wieder befallen wurden. Die am
nächsten vorgehende Epidemie war 1846—47, so dass dazwischen eine
Zeit von 11—12 Jahren liegt.

In der Versammlung der medicinischen Gesellschaft in Kristiania
den 8. März 1871[5]) bemerkt Vogt, dass er ein paar Personen, die

---

[1]) a. a. O. S. 199.
[2]) a. a. O. S. 25.
[3]) Journal f. Kinderheilkunde. I S. 381.
[4]) Von dem Fall Hilliers (Journal f. Kinderkrankh. 39 S. 385) abgesehen, wo
die Zeit zu 36 Tagen angegeben wird, und welches offenbar besser zu den Recidiven
hingerechnet werden muss.
[5]) Forhandl. i. med. Selskab 1871 S. 50.

ein Jahr früher das Scharlachfieber durchgemacht hatten, an derselben Krankheit unter Behandlung gehabt.

Dr. Holst aus Drammen hatte 2 ähnliche Fälle gesehen; einen mit einer Zwischenzeit von 2 Jahren und den anderen mit einer Zwischenzeit von 3 Monaten.

P. Winge hat auch einen Fall von Scharlachfieber zum 2. Male bei demselben Patienten mit einer Zwischenzeit von 2 Jahren beobachtet.

Owre hat auch einen solchen Fall von Scharlachfieber beobachtet, indem dieselbe Krankheit einige Jahre vorher von Prof. W. Boeck diagnosticirt worden war.

In einer Abhandlung: „Meddelelser fra Lazaretterne for Skarlagens-feber 1875 – 77 [1])" bemerkt Koren, dass unter den a u s s e r h a l b der Hospitäler behandelten Fällen einige waren, von denen man mit Sicherheit wusste, dass die Erkrankten früher dieselbe Krankheit gehabt hatten.

Bei Beobachtungen, wie die oben mitgetheilten, liegt es auf der einen Seite nahe, an Fehler in der Diagnose zu denken, — und W. Boeck erklärt selbst in der genannten Versammlung, dass er bei einem erneuerten Ausbruche eines exanthematischen Fiebers geneigt sein würde seine eigene erste Diagnose zu bezweifeln.

— Die Krankheit, die in dieser Beziehung zunächst in das Auge gefasst werden muss, ist Rubeola; es verdient auch in Bezug auf die genannten Fälle in Arendal bemerkt zu werden, dass eine ausgebreitete Rubeolaepidemie im Jahre 1855 zwischen den erwähnten Scharlachfieberepidemien herrschte. —

Auf der anderen Seite liegen aber so exacte Beobachtungen, die das zweimalige Auftreten des Scharlachfiebers bei derselben Person bekräftigen, vor, dass sie keinen Zweifel übrig lassen.

Zu den allergrössten Seltenheiten gehört es aber, dass ein Individuum mehr als zweimal befallen wird: Richardson und Gillespie wollen selbst das Scharlachfieber dreimal gehabt haben: Bins [2]), Moore [3]) und Thompson haben jeder einen Fall gehabt, Stiebel [4]) will das Scharlachfieber viermal bei demselben Individuum beobachtet haben; Jahn [5]) erzählt sogar vom siebenmaligen Scharlachfieber und

[1]) N. Mag. f. Lägev. 1879 S. 193.
[2]) Jahrbuch f. Kinderheilk. 1871 IV S. 103.
[3]) Journal f. Kinderkrankh. 31 S. 463.
[4]) Journal f. Kinderkrankh. 33 S. 145.
[5]) Rust's Magazin 28 S. 69.

erwähnt einen Bericht von Henrici über die Scharlachfieberepidemie in Kiel 1797–98, wonach eine Frau das Scharlachfieber siebzehn Male (?) gehabt haben soll.

Solchen Fällen gegenüber wird man verleitet, an Hautkrankheiten, die dem Scharlachfieber speciell in Bezug auf Abschuppung ähnlich sein können, zu denken, und dann am nächsten an Percherons: Dermatite exfoliatrice généralisée[1]).

In dieser Verbindung müssen auch die Beobachtungen Köbners über das scarlatinaähnliche Exanthem mit Abschuppen nach dem Gebrauche von Chinin[2]) erwähnt werden.

Folgende Mittheilung dürfte hier vielleicht von Interesse sein:

Es kam in meiner Praxis eine Dame vor, die das Scharlachfieber dreimal durchgemacht hat:

das erste Mal in Coblenz, 2—3 Jahr·alt, wo die Diagnose von Dr. Velten gestellt wurde; die Krankheit war sehr heftig;

das zweite Mal auf Jersey, 11 Jahre alt, unter einer grossen Scharlachfieberepidemie, die beinahe sämmtliche Kinder auf der Insel ergriff; die Krankheit war mittelheftig; die Diagnose wurde von Dr. Wills gestellt;

das dritte Mal endlich, 15 Jahre alt, in Bonn, wo die Diagnose von Dr. Rittershausen gestellt wurde; die Krankheit fing nach einem Besuche in einem inficirten Hause an und war sehr heftig mit gewaltiger Angina — im Ganzen schlimmer als das erste Mal.

Ueber das Exanthem.

Das Exanthem beim Scharlachfieber ist wesentlich eine Entzündung der Haut, und die Grundform ist eine Roseola, deren Farbe gewöhnlich dunkler ist, je intensiver der Fall; bei erschwerter Respiration kann die Farbe bläulich werden.

Die Entzündung bildet mitunter Exsudat, das wieder als kleine hervorstehende Papeln (Scarlatina papillaris) auftreten kann. Ist dieses der Fall, während das Exanthem als isolirte Roseolaflecken auftritt, gleicht es dem der Morbilli sehr. Die weitere Entwicklung der Papeln wird zur Bläschenbildung (Scarlat. miliaris, Friesel) führen.

---

[1]) Thèse de Paris A. Delahaye 1875.
[2]) Köbner: Ueber Aznei-Exanthem. Berliner klinische Wochenschrift 1877 N. 22—23.

Bei einzelnen Epidemien kann dieses Exanthem so allgemein vorkommen, dass Fälle mit normalem Exantheme vollständig in der Minorität sind [1].

Geht die Hautentzündung noch weiter, so tritt Zerreissung der Gefässe ein (Scarlat. hämorrhagica). Die bläuliche Farbe, die die Haut dadurch erhält, hat entweder ihren Grund nur in diesen Blutaustritten, und dann hat sie an und für sich wenig Bedeutung, falls sie nicht — was auch möglich — als Vorläufer für Blutungen aus inneren Organen zu betrachten sein kann, — oder sie kann zugleich in Cyanose begründet sein, welches immer eine schlechte Prognose mit sich bringen wird. Eine Scarlatina haemorrhagica wird demzufolge immer zu Befürchtungen Veranlassung geben.

Scarlatina sine exanthemate kommt nach den neueren Verfassern wie Thomas [2] und Bohn [3] nicht so ganz selten vor; die Fälle, worin Abschuppungen vorkommen, müssen aber bestimmt ausgeschlossen werden: denn dann muss man sich ein präexistirendes Exanthem denken, das sehr flüchtig gewesen ist und sich der Beobachtung entzogen hat.

Beim Durchgehen unserer eigenen Literatur und der officiellen Medicinalberichte habe ich in Bezug auf das Exanthem die nachfolgenden Bemerkungen gefunden.

Thoresen [4] meint, dass das Exanthem in einem gewissen Verhältnisse zur Menge und Beschaffenheit des aufgenommenen Contagiums stehe und dass es dadurch hervorgebracht werde, dass das vergiftete Blut, die Capillargefässe passirend und mit Epidermis in Berührung kommend, eine Irritation derselben hervorrufe. Er hat auch gefunden, dass das Exanthem sich nach dem Fieber gerichtet hat und mit diesem abgenommen. Er erwähnt auch (S. 57) wiederholte Eruptionen des Exanthems bei heruntergekommenen Patienten.

Von der Epidemie von Næs auf Hedemarken im Jahre 1877 wird erwähnt, dass 6 Kinder, wovon 4 starben, ein bläuliches Exanthem im Vereine mit Gangräne im Mund und Pharynx bekamen.

Ebenso wird in der bösartigen Epidemie in Skien und Holden 1866—67 ein tiefrothes beinahe violettes Exanthem, das mit Pemphigusblasen verbunden war, erwähnt.

---

[1] Von diesem „Friesel" müssen „Sudamina", die dann entstehen, wenn die trockene Haut während der Besserung zu schwitzen anfängt, ausgesondert werden.
[2] a. a. O. S. 253.
[3] a. a. O. S. 267.
[4] Om Skarlagensfeber. Norsk Magaz. for Lägev. 1872 S. 55.

Besonders in den Berichten von früheren Jahren, z. B. von Bergen und Drontheim 1830 und 1832, Röros 1842, övre Romerike 1838 und Moss 1836 werden die Friesel erwähnt. W. Boeck[1]) bemerkt, dass Scarlatina miliaris im Westlande gewöhnlich vorkommt und dass sie oft sowohl unter guten wie schlechten hygienischen Verhältnissen bösartig auftritt. In den späteren Jahren wird Miliaria von vestre Söndmöre 1866 und Lyngdal 1871 gemeldet; auf diesen Stellen waren die Eruptionen sehr flüchtig und die Epidemien sehr bösartig.

Koren[2]) dagegen meint beobachtet zu haben, dass dieses Exanthem[3]) einen mildernden Einfluss auf den Gang des Scharlachfiebers ausgeübt habe. Er hat sich auch nicht der Auffassung Thomas's von dem Friesel anschliessen können: dieser Auffassung zufolge sollen sie nämlich nach einer schweisstreibenden Behandlung oder durch eine Irritation der Haut nach hydrotherapeutischen Manipulationen erzeugt werden; er hat aber gesehen, dass Miliaria sich auch unter dem zweckmässigen Regime der Lazarethe entwickelt hatten[4]).

Er hat während der Krankheit eine Erythema multiforme und einmal am 12. Tage des Scharlachfiebers einen Herpes Zoster auf der rechten Seite ohne nachfolgende Neuralgie beobachtet.

Scharlachfieber o h n e A u s s c h l a g ist mehrmals beobachtet worden. z. B. in der Epidemie in Drammen 1862—63; hier muss jedoch ein obgleich flüchtiges Exanthem vorgekommen sein, weil ein — sogar s t a r k e s Abschuppen erwähnt wird.

In Laurdal trat die Krankheit im Anfange der Epidemie von 1876 ohne Exanthem auf, und war in der Regel gelinde.

In Tinn kamen 1876—77 ebenfalls viele Fälle ohne Exanthem vor; die Krankheit war auch hier ziemlich gelinde.

Ebenso in indre Namdal 1865, wo die Epidemie gelinde war. und in Stenkjær 1875, wo die Epidemie auch gelinde war und ohne Neigung zu hydropischen Affectionen, indem die Kinder während der Krankheit sich oft in freier Luft aufhielten und manches erdulden mussten.

Von vestre Söndmöre wird aus dem Jahre 1866 gemeldet. dass ⅓ der Fälle vom Exanthem frei war: die Epidemie war bösartig.

---

[1]) Forh. i. med. Selskab 14. Novbr. 1866.
[2]) N. Magaz. for Läger. 1879 S. 690.
[3]) In den älteren Berichten ist das Adjectiv „leicht" das gewöhnlichste, was mit den Frieseln combinirt wird.
[4]) Vergl. in der „Einleitung" die Auffassung der Friesel Boerhaaves.

Von Strinden wird im Jahre 1872—73 bemerkt, dass das Exanthem oft ausblieb; man konnte aber nicht finden, dass dieser Umstand irgend einen Einfluss auf die Bösartigkeit der Krankheit ausübte.

Obenstehenden Bemerkungen zufolge ist es also möglich, dass Scarlatina sine exanthemate meist zu den gelinden Epidemien gehört.

Koren hat gefunden, dass, wenn das Exanthem ganz leicht oder rudimentär ist, Unregelmässigkeiten in seinem Hervorbrechen keine wesentliche Bedeutung haben. Ist das Exanthem dagegen stark markirt und hat dann einen anomalen Verlauf, z. B. wenn es auf Stellen, die der Regel nach zu den am seltensten ergriffenen gehören (z. B. den Füssen), anfängt und von da hinaufsteigt, dann ist ein solcher Verlauf ein sicheres Anzeichen einer gefährlichen Krankheit. Er theilt auch einen Fall mit, in dem ein retardirter Ausbruch des Exanthems eine abnorme Fiebercurve zur Folge hatte.

Hinsichtlich der Desquamation beschreibt er eine charakteristische zackige Grenzlinie auf dem Radial- und Ulnarrande der Hand zwischen dem Handrücken, wo die Desquamation früh endete, und der Handfläche, wo sie langsamer vor sich ging.

Im Folgenden werde ich genauer untersuchen, in welchem Verhältnisse das Scharlachfieber zu den Complicationen steht, welche Bedeutung diese haben in Bezug auf den Charakter der Epidemien, und welche Epidemien von den verschiedenen Complicationen vorzugsweise begleitet worden sind.

Ueber Halsaffectionen während des Scharlachfiebers.

Die scarlatinöse Halsaffection ist eine Entzündung der Schleimhaut in den Fauces, die man sich entweder auf primäre Weise durch die Einwirkung des Giftes auf die Schleimhaut [1] hervorgebracht denken kann, oder auf secundäre Weise als einen Ausdruck der allgemeinen Infection. — Diese Entzündung kann sämmtliche Grade der Intensität und sämmtliche Farbennüancen durchgehen — von dem hellsten Rothe zu dem Zustande, der bis zur letzten Zeit als ein diphtheritischer Process, der das Scharlachfieber compliciren sollte, betrachtet worden ist.

Wie in der Einleitung erwähnt, war es während der grossen Epidemien im vorigen Jahrhundert (1720—50), als die Meinung hervortrat, dass Scharlachfieber und Diphtheritis dieselbe Krankheit seien oder wenigstens denselben Ursprung haben. Auf der anderen Seite wurde jedoch hervorgehoben, dass beide Krankheiten allerdings verschieden seien, allein dass Diphtheritis eine häufige Complication sei, wozu die gewöhnliche Angina im Scharlachfieber disponirte.

Wenn man unsere eigene Literatur durchgeht, findet man, mit Ausnahme von der in der Einleitung erwähnten Abhandlung vom Dr. Munk in „Eyr“, nur spärliche Berichte über den Standpunkt dieser Frage gegenüber.

---

[1] Thoresen: N. Magaz. f. Lägev. 1872 S. 44.

Es scheint, als ob die Aerzte vor der grossen Diphtheritisepidemie
im Jahre 1845—47 eine Neigung gehabt zwischen Diphtheritis und
Scharlachfieber zu unterscheiden und sogar die dem Scharlachfieber
begleitende Diphtheritis als einen Ausdruck der Krankheit anzusehen.
Wittkugel[1]) bemerkt z. B. dass die Halsaffection in Diphtheritis
„ausarten" könne[2]).|

Vom Amte Nordland wird im Jahre 1841 ausdrücklich bemerkt,
dass eine bösartige Halskrankheit im District Helgoland gleichzeitig
mit Scharlachfieber und Masern ausbrach; vom Amte südl. Bergenhus
ebenfalls im Jahre 1841, dass eine für Erwachsene sowie für Kinder
ausserordentlich gefährliche „biliöse" Halskrankheit gleichzeitig mit
Blattern, Masern und Scharlachfieber herrschte.

In der Discussion in „Lægeforeningen in Kristiania" den 14. Februar 1842[3]) behauptet Kallevig seine Auffassung, dass die epidemische Angina von der exanthematischen Krankheit abhängig sei —
im Gegensatze zu Prof. Holst, der die Scharlachfieberangina als eine
zufällige Complication aufzufassen scheint, „die etwas Einfluss auf die
Stimmung des Exanthems hat".

Sandberg[4]) sieht Angina und Scharlachfieber als epidemische
Krankheitsformen an, die in „engster Verbindung" einhergehen.

In den Jahren 1845—47 trat die „trondhjemske" Halskrankheit
auf; sie wird von Roll in Drontheim[5]), Dietrichson in Levanger[6]),
Raabe auf Toten[7]) und Jebe in östre Namdal[8]) beschrieben. Nach
dieser Zeit scheint es, als ob die allgemeine Meinung gewesen, dass
Diphtheritis Scharlachfieber complicirte, und dass Diphtheritis aus
denselben Ursachen wie Scharlachfieber entstanden sein müsste. Ein
kleiner Aufsatz von Lund[9]), in welchem er eine Abhandlung von
Dr. Rhode (Deutsche Klinik Nr. 1 1865) referirt, erläutert dieses
Verhältniss; in dieser Abhandlung wird nämlich ein gleichzeitiges Auftreten von Scharlachfieber und Diphtheritis erklärt. Der Schlusssatz

---

[1]) Ugeskrift for Med. og. Pharm. 1842. S. 229.

[2]) Von Arendal wird im Jahre 1835 erwähnt, dass Brand in den Fauces
während des Scharlachfiebers entstand.

[3]) Ugeskrift for Med. og Pharm. 1842 S. 64.

[4]) Norsk Magaz. for Lägev. 1844 (8 Bind) S. 256 („Om de i Fredriksvärn 1843
herskende Sygdomme").

[5]) Norsk Magaz. for Lägev. 1848. S. 1.

[6]) Norsk Magaz. for Lägev. 1848. S. 73.

[7]) Norsk Magaz. for Lägev. 1848. S. 78.

[8]) Norsk Magaz. for Lägev. 1848. S. 393.

[9]) Scarlatina og Difterit. Norsk Magaz. for Lägev. 1865. S. 697.

Tabelle XII.

Angegebene secundäre Todesursachen in

Für 1873—1875

Jahr	Sämmtliche am Schar-lachfieber Gestorbene	Angegebene secundäre Todesursachen	Angina und Diphtheritis	Nephritis, Hydrops und Urämie	Convulsionen und Meningitis	Pyämie	Gangrün	Noma	Phlegmonöse Ent-zündung am Halse	Phlegmonöse Parotitis
1862	243	17	6	7	1	1	—	—	—	—
1863	588	118	37	35	17	—	1	1	18	—
1864	421	113	41	34	18	—	—	4	6	—
1865	679	53	15	27	1	—	—	—	—	—
1866	473	15	1	12	2	—	—	—	—	—
1867	764	30	16	4	2	—	—	—	2	1
1868	435	47	19	18	3	1	2	—	2	—
1869	510	51	27	10	3	8	—	1	—	—
1870	612	39	10	16	7	—	1	—	1	—
1871	1425	25	12	7	2	—	—	—	—	—
1872	965	19	11	4	1	—	—	—	2	—
1876	1924	98	45	13	8	16	—	—	1	—
1877	1428	57	29	15	7	12	—	—	1	—
1878	819	6	5	1	—	—	—	—	—	—
Sa.	11289	688	274	193	72	38	4	6	33	1
		% Verhält-niss zu 688:	39,83%	28,05%	10,47%	5,54%	0,58%	0,87%	5,80%	0,14%

Folge von Scharlachfieber in Norwegen.

fehlen die Angaben.

Carbunculus	Bronchitis	Pneumonia	Pleuritis	Hydrothorax	Lungenödem	Bluterbrechen	Enteritis	Typhus	Otitis	Collaps	Blutungen
—	2	—	—	—	—	—	—	—	—	—	—
—	—	4	1	1	—	—	—	—	—	—	3
—	6	—	—	1	2	1	—	—	—	—	—
1	—	6	—	—	—	—	—	3	—	—	—
—	—	—	—	—	—	—	—	—	—	—	—
—	—	2	—	—	2	1	—	—	—	—	—
—	—	—	1	—	—	—	1	—	—	—	—
—	—	1	—	—	—	—	—	—	1	—	—
—	—	2	1	—	—	—	1	—	—	—	—
—	2	2	—	—	—	—	—	—	—	—	—
—	—	—	—	—	1	—	—	—	—	—	—
—	—	6	—	—	—	—	6	—	1	2	—
—	—	—	—	—	—	—	—	—	—	3	—
—	—	—	—	—	—	—	—	—	—	—	—
1	10	23	3	2	5	2	8	3	2	5	3
0,14%	1,45%	3,34%	0,44%	0,29%	0,73%	0,29%	1,16%	0,44%	0,29%	0,73%	0,44%

12 *

des Verfassers ist, dass die Grundursachen beider Krankheiten in derselben Weise aufgefasst werden müssen und zwar in einem von aussen eindringenden deletären Stoff beruhen, der entweder in den Fauces local bleiben (Diphtheritis) oder die ganze Blutmasse afficiren kann (Scharlachfieber). Der Referent findet, dass diese Auffassung mit den bei uns gemachten Beobachtungen übereinstimme.

In der ausländischen Literatur ist auch beinahe überall die Meinung geltend gemacht, dass Diphtheritis eine Complication vom Scharlachfieber ist. (Vergl. z. B. Thomas[1]) und Bohn[2]).

Gegen diese Auffassung tritt Koren auf (Norsk. Magaz. f. Lägev. 1879 S. 694), indem er sich auf die von Prof. Hj. Heiberg in den Scharlachfieberlazarethen in den Jahren 1875—77 durch Obductionen gemachten Beobachtungen stützt, und von der Auffassung des Prof. Henoch ausgeht, dass die diphtheritische Angina in der Regel eine nekrotisirende Entzündung ist, die nicht als wirkliche Diphtheritis aufgefasst werden kann, weil erdie nachfolgenden characteristischen Lähmungen niemals beobachtet hat[3]).

Heiberg und Koren haben gefunden, dass diese Nekrose an den Lymphapparat der Fauces gebunden ist — sie finden eine Analogie in der Affection des Lymphapparates des Darmes bei Typhoid-Fieber —, während die wirkliche Diphtheritis, anatomisch betrachtet, eine Krankheit in der Schleimhaut der Fauces ist.

Klinisch betrachtet gleichen die beiden Krankheiten einander sehr; Koren meint jedoch bemerkt zu haben, dass die grauweise Farbe bei der Nekrose so zu sagen tiefer in dem Parenchym der Tonsilben selbst liegt, während bei Diphtheris ein Exsudat vorkommt, das allerdings die Schleimhaut infiltrirt, aber doch auch als ein Beleg oben auf derselben liegen kann.

---

[1]) a. a. O. S. 230.

[2]) a. a. O. S. 270.

[3]) Charité-Annal. 1874. I. S. 600. Auch später hat Henoch diese Meinung präcisirt nämlich in Sitzung der Berliner med. Gesellschaft 15. Nov. 1876 (referirt in Berl. klin. Wochenschr. 1877 S. 93), wo er gerade die nekrotisirende Neigung des Scharlachfiebergiftes accentuirt. Dieselbe Auffassung von der Verschiedenheit der Scharlachdiphtheritis und der specifischen Diphtheritis (Synanche contagiosa) scheint auch Senator zu haben (Berl. klin. Wochensch. 1877 S. 109). Vglch. die klare und gute Weise, auf welcher Halbey zwischen Angina scarlatinosa und Diphtheritis unterscheidet (Berl. klin. Wochensch. 1877 S. 211), die Aeusserungen Gerhardts und Jürgensens, zweiter Congress für innere Medicin (Berl. kl. Woch. 1883 S. 289) und Heubner: Beobachtungen über Scharlachdiphtherie (Jahrbuch für Kinderheilkunde. XIV 1879).

In den Lymphadeniten hat Koren keine Anweisung zur Diagnose gefunden im Gegensatze zu Thoresen [1]), der sie als ein sicheres Criterium für Scharlachfieber ansieht.

In einem Falle scheint Koren Complication mit wirklicher Diphtheritis beobachtet zu haben, indem er bei der Section diphtheritischen Belcg in den Fauces gefunden. Der Patient starb aber, che man Gelegenheit fand, Lähmungen zu beobachten, so dass die Diagnose nicht mit absoluter Sicherheit gestellt werden darf.

Dagegen liegen in den Medicinalberichten an zwei Stellen Mittheilungen über Lähmungen nach Scharlachfieber vor:

Das erste Mal während der bösartigen Epidemie in Skien und Holden 1866—1867, wo Lähmungen im Pharynx und an den Unterextremitäten als Nachkrankheiten auftraten.

Das andere Mal 1877 in Næs in Hedemarken; es wird bemerkt, dass der Tod erfolgte] „theils auf dem höchsten Punkte des Fiebers, theils als eine Folge einer Emaciation und Lähmung im Pharynx."

Thoresen hebt in dem 2. seiner Aufsätze über Scharlachfieber [2]) die Bedeutung der Angina als primärer Sitz der Krankheit und als Ausgangspunkt des ganzen Krankheitprocesses hervor. Das Anschwellen der Drüsen, dem er grosse diagnostische Bedeutung beilegt, vergleicht er mit den Bubonen bei Syphilis. Laryngiten, Bronchiten. Coryza u. s. w. fasst er als Folgen der localen Einwirkung des Contagiums auf.

Wie früher erwähnt, ist man darauf aufmerksam geworden, dass das Scharlachfieber nur als eine leichte Angina — besonders bei Erwachsenen und ältern Kindern — auftreten kann [3]).

Es liegen, wie aus untenstehendem Verzeichnisse hervorgeht, eine ganze Reihe solcher Berichte vor — oft mit der bestimmten Angabe, dass diese Fälle (Angina scarlatinosa, Febris scarlatinosa sine exanthemate, Angina scarlatinosa sine exanthemate) wie auch die mehr ausgeprägten Formen, den Ansteckungsstoff mit sich geführt haben.

---

[1]) N. Mag. for Lägev. 1872. S. 68 fl.
[2]) N. Magaz. f. Lägev. 1872. S. 52.
[3]) Nach Thoresen bleibt die Krankheit in diesem Falle local.

Solche Fälle werden erwähnt von:

Orte	Jahr	Orte	Jahr
Amt Nedenäs	1857—1859	Amt Nedenäs	1870—1871
Dronthcim......	1837—1838	Undal.......	1872, 1876
Flekkefjord	1842, 1866	söndre Nordmöre ..	1875
„	1876	Landdistrict Drammen	1876
Stavanger......	1858	Hallingdal......	1876
Strandebarm.....	1865	Evje	1877
Grimstad	1860	indre Sogn	1877
Mandal	1865	Vos	1878
Ekersund	1871	Ringebo	1878

Die Beziehung zwischen der Ausbreitung des Scharlachfiebers
und der Diphtheritis wird am besten aus der Tafel A I und II
ersichtlich. Die Curvenfigur gleicht — wie früher erwähnt — der-
jenigen des Scharlachfiebers nicht im Geringsten.

Ueber Nierenaffectionen während des Scharlachfiebers.

Die Nierenaffectionen, die das Scharlachfieber begleiten, können
a) entweder früh in der Krankheit, schon in der 1. Woche, entstehen
b) oder erst später — am frühsten in der 2. Woche.

Einzelne Verfasser, wie Steiner[1] und Eisenschitz[2] betrachten die erste Form als einen constanten Begleiter des Scharlachfiebers und meinen, dass sie in Hyperämie und Katarrh besteht:
sie kann in die 2. Form übergehen, die dann als eine croupöse und
parenchymatöse Nephritis beschrieben wird. Diese Verfasser haben
den Process in den Nieren mit der Hautaffection verglichen und von
einem „Enanthem" und einer „Desquamation" in den Harncanälen
gesprochen.

Gegen diese Auffassung sind dann mehrere Verfasser aufgetreten,
unter Andern Bartels[3], der die erste Form als ein einfaches Fieber-
symptom erklärt[4], Thomas[5], der nur ausnahmsweise und vorüber-

---

[1] Compendium d. Kinderkrankh. Leipzig 1873. S. 399.
[2] Wiener med. Presse VII. 1864. S. 1084.
[3] Bartels: Krankh. d. Harnappar. in Ziemssen: Handbuch der spec. Path. u.
Therapie. B. IX. S. 222.
[4] a. a. O. S. 221.
[5] a. a. O. S. 263.

gehend in der ersten Woche der Krankheit Eiweis in dem Urin gefunden hat, und Bohn[1]), der mit Thomas die erste Form als selten
ansieht.

In unserer Literatur fasst Bull[2]) die erste Form als nur dem
Fieberstadium zugehörend auf.

Koren[3]) dagegen scheint geneigt zu sein, auch diese Form, die
er „primär Albuminuri" nennt, für specifisch anzusehen[4]). Er hat
diesen Zustand, welchen er theils als eine Affection des Nierenepithels,
theils als eine pathologische Veränderung sowohl des Stroma als des
Epithels (in einem Falle Bakterienemboli in einer Arterie) beschreibt,
seinen Berechnungen zufolge in circa 24% gefunden — was wahrscheinlich ein bedeutend höherer Procentsatz ist, als derjenige, den
die obengenannten Verfasser gefunden haben. Einen Uebergang zu
der andern Form meint er nicht beobachtet zu haben[5]).

Um das häufige Entstehen der 2. Form, die als eine Nephritis
scarlatinosa, eine acute, parenchymatöse Entzündung u. s. w. bezeichnet wird, zu erklären, sind 2 Theorieen aufgestellt; die eine
sucht die Ursache entweder in einem specifischen Stoffe (Bartels)[6]),
oder wie Thomas[7]), „einzig und allein in allgemein wirksamen,
übrigens unbekannten Ursachen." Die andere Theorie, die in der
spätern Zeit von Bohn[8]) angenommen ist, sucht die Ursache in dem
Antagonismus zwischen Haut und Niere (die mechanische Theorie),
wodurch die in der Haut liegenden mechanischen Hindernisse für die
Blutcirkulation, z. B. durch Erkältung entstanden. Hyperämie und
Entzündung der Nieren hervorbringen. Diese Affection soll am häufigsten nach einem stark entwickelten Exanthem und protrahirter Desquamation entstehen.

---

[1]) a. a. O. S. 273. Näheres von dem pathol.-anat. Stande der Nefritis-Frage
in Scarlatina siehe: Die Sitzungsberichte des Vereins für innere Medicin 5. Febr.
1883: Vortrag Friedländers (Deutsch. Medicinal-Zeitung 1883 Nr. 9, S. 119).

[2]) Studier over Brightske Sygdomme. Nord. med. Arkiv 133. 1881, No. 11 S. 20.

[3]) Meddelelser om Skarlagensfeber. N. Mag. f. Lägev. 1881. S. 301.

[4]) a. a. O. S. 324.

[5]) a. a. O. S. 339.

[6]) a. a. O. S. 222.

[7]) a. a. O. S. 276.

[8]) a. a. O. S. 275.

Chauffard (Progrès médical 31. Jan. 1880) hebt das Refrigerum, das man unter der
Reconvalescenz nach leichtem Scharlachfieber leicht bekommt, als Ursache hervor.
Grainger Stewart schlägt einen Mittelweg zwischen den beiden Auffassungen
ein, indem er eine Blutvergiftung als Grundursache und das Refrigerum als Ge-
legenheitsursache ansieht.

Dickinson [1]) sucht die Ursache in einem vikariirenden Verhältnisse zwischen Rachen und Niere, so dass, wo eine bedeutende Halsaffection stattfindet, Nephritis selten vorkommt.

Untersucht man unsere eigene Literatur in Bezug auf diese Fragen, wird man finden, dass die verschiedenen Theorien auch da befürwortet sind.

In den Medicinalberichten trifft man auf folgende Bemerkungen und Erklärungen:

Von Svelvig wird aus dem Jahre 1850 erwähnt, dass Nachlässigkeit und die Einwirkung der Luft gleich nach dem Verschwinden des Exanthems die Ursachen des Ascites waren.

Von Kristiansand wird aus 1842 bemerkt, dass Wassersucht sich nur bei Nachlässigkeit einfand.

In Bergen 1839 und in Mandal 1842 kam Wassersucht gewöhnlich vor besonders bei den Armen, die sich die nöthige Pflege nicht verschaffen konnten.

Von Flekkefjord wird 1841 berichtet, dass Nachkrankheiten kamen — einerlei ob Vorsicht angewendet war oder nicht.

Von ytre Hardanger wird aus dem Jahre 1867 berichtet, dass Hydrops gewöhnlich war; jedoch nicht gewöhnlicher bei denjenigen Personen, die sich in freier Luft befanden, nachdem die acute Heftigkeit gebrochen war, als bei denjenigen, die zu Hause blieben.

Von Stenkjær wird aus dem Jahre 1875 mitgetheilt, dass mehrere der ältern Kinder Nachkrankheiten entgingen, obgleich sie sich während des Sommers in freier Luft aufhielten, indem sie das Vieh weideten und des Abends oft nass nach Hause kamen.

Von Hadeland-Land wird im Jahre 1864 bemerkt, dass Hydrops sich nach einem schlecht entwickelten oder nicht bemerkten Exanthem und nach geringem Halsleiden ziemlich sicher einfand, während er dagegen selten entstand, wo der Ausschlag und die Angina stark entwickelt gewesen waren.

Thoresen [2]) meint, dass Nierenkrankheiten in einem bestimmten Verhältnisse zu der Irritation des Contagiums auf die Nierencanäle stehen; auf der andern Seite will er jedoch nicht verneinen, dass Erkältung auch mitunter eine Rolle mitspielen kann.

E. Bull [3]) findet, dass die Auffassung Dickinsons mit seinen Beobachtungen übereinstimmt (vergl. oben Hadeland-Land 1864).

Koren [4]) kann nicht finden, dass Erkältung irgend einen Ein-

---

[1]) On the pathology and treatment of albuminuria. London 1877. S. 87.
[2]) Om Skarlagensfeber. N. Mag. for Lægev. 1872. S. 60—61.
[3]) a. a. O. S. 25.
[4]) N. Mag. for Lægev. 1881.

fluss auf das Entstehen der Nierenkrankheiten gehabt: die meisten Patienten bekommen diese Krankheiten in ihrem Bette. Characteristisch ist folgendes Beispiel. Ein Knabe, 11 Jahre alt, nahm während der Desquamation mitten im Juni mehrere Bäder in offener See, ohne dass dies schädliche Folgen hatte. Dagegen bekam er ungefähr 3 Wochen nachher unter der zweckmässigsten Pflege im Lazareth eine acute Nephritis.

Hält man nun die oben erwähnten Beobachtungen mit dem Umstand, dass unser Klima als besonders disponirend angesehen werden müsste, zusammen, so scheint es dahin zu deuten, dass man der Erkältung als einer der Ursachen der Nierenkrankheiten während des Scharlachfiebers nur wenig Bedeutung beimessen kann. Allein, falls es auf der andern Seite zugegeben wird, dass Erkältung überhaupt Nierenkrankheiten hervorbringen kann — welches einzelne Verfasser z. B. Wagner[1]) sehr zweifelhaft finden —, dürfte der Zulässigkeit der Annahme nichts im Wege stehen, dass dieses Causalmoment während des Scharlachfiebers irgend einen Einfluss haben kann: — in diesem Falle jedoch — und diess muss wohl bemerkt werden — nicht in der alten Bedeutung eines in diesen Verhältnissen beinahe specifischen Einflusses[2]).

Nephritis tritt verschieden auf in den verschiedenen Scharlachfieberepidemien. Nach Steiner[3]) schwankt die Anzahl der davon Ergriffenen zwischen 5 % und 70 % und gehört demgemäss unter „das Unbekannte", das den Character der Epidemien bedingt. Ihr Vorkommen scheint, wie früher schon bemerkt, nicht im Verhältnisse der Intensität der Krankheit zu stehen, indem die leichteren Fälle oft mit Nephritis complicirt sind.

Thoresen[4]) meint indessen, dass der Character der Epidemie für das Auftreten der Nierenkrankheiten bestimmend ist, so dass diese in bestimmter Beziehung zu der Bösartigkeit des Contagiums stehen.

In den Medicinalberichten wird von folgenden Orten bemerkt,

---

[1]) Wagner: Beiträge zur Kenntniss des acut. Morb. Brightii. Deutsch. Archiv f. klin. Medic. B. 25 S. 566.

[2]) Interessant ist eine Notiz in Häsers Geschichte der Medic. III. B. S. 583, wo bemerkt wird, dass erfahrene Aerzte während der grossen Scharlachfieberepidemien in Deutschland in und nach dem Jahre 1776 frische Luft als Vorbeugungsmittel gegen „Levkophlegmasien" eifrig anriethen.

[3]) Compend. d. Kinderkr. S. 399.

[4]) N. Mag. for Lägev. 1872. S. 59.

dass Hydrops und Nierenkrankheiten gewöhnlich nach Scharlachfieber vorgekommen sind.

Orte	Jahr	Orte	Jahr
Bergen	1839	Ringerike	1854—1855
Arendal	1835	ytre Hardanger	1867
Stavanger	1841—1842	Aker	1875
Grimstad	1843	Hurdalen	1877
Kongsberg	1852		

Genauere Angaben über die Anzahl der Ergriffenen habe ich in den Berichten von folgenden Orten gefunden:

Von Fredrikshald 1854, wo Wassersucht bei 18 von 53 von einem Arzte behandelten Patienten vorkam $= $ ca. 34 %

Von Tönsberg 1857 bei $^2/_3$ der Behandelten . . . . $= $ ca. 60 %

Von Flekkefjord 1841 bei mehr als $^2/_3$ der Behandelten $= $ ca. 70 %

Von Drammen 1862—1863 bei wenigstens $^1/_2$ der Behandelten . . . . $= $ ca. 50 %

Von Sigdal 1867 bei beinahe sämmtlichen Behandelten $= $ ca. 90 %

Von ytre Nordfjord 1873 bei 32 von 98 Behandelten $= $ ca. 33 %

Von vestre Söndmöre 1867 bei 14 von 63 Behandelten $= $ ca. 22 %

Von Levanger 1878 . . . . $= $ ca. 60 %

Koren[1]) hat 69 von 406 Behandelten . . . . . . $= $ ca. 17 %

Bull[2]) hat 35 von 216 Behandelten . . . . . $= $ ca. 16 %

Mittel $= $ ca. 45 %

Wie man ersehen wird, zeigt das Procentverhältniss eine ganz bedeutende Variation; es hält sich auch nicht innerhalb der von Steiner gezogenen Grenzen, sondern geht von 16 % bis über 90 % ($= $ „beinahe sämmtlichen"). Die Angaben sind aber doch zu wenig zahlreich und theilweise zu ungenau um darauf fernere Schlusssätze bauen zu können.

Bezüglich der Frage bei welcher Art von Scharlachfieber besonders Nierenkrankheiten folgen, hat Koren[3]) untenstehende Beobachtungen gemacht. Er hat Nierenkrankheiten

8 mal nach heftigem Scharlachfieber,

17 mal nach mittleren Scharlachfieber,

44 mal nach gelindem Scharlachfieber beobachtet.

Dieses — mit den Beobachtungen von Hadeland-Land zusammen-

---

[1]) a. a. O. S. 326.

[2]) a. a. O. S. 26.

[3]) a. a. O. S. 337.

gehalten — scheint die Auffassung, dass Nephritis am meisten den leichten Fällen folge, zu bestätigen. — In welchem Verhältnisse die Epidemien selbst zu der Disposition zu Nierenkrankheiten stehen, wird nicht aus dem vorliegenden Material erwiesen werden können. Um mir aber dieses Verhältniss doch ein wenig anschaulich machen zu können, habe ich folgende Zusammenstellungen und Betrachtungen gemacht, indem ich gemeint habe, dass die Behauptung erlaubt sei, dass ein Theil der in den Berichten angeführten Fälle von Hydrops, Nierenkrankheiten und Urämie dem Scharlachfieber ihren Ursprung zu verdanken hätten.

In untenstehender Tabelle habe ich also die an diesen 3 Affectionen Gestorbenen und vom Jahre 1873 ab auch die wegen Hydrops und Nierenkrankheiten behandelten Patienten aufgeführt.

Jahr	An Wassersucht und Morb. Brightii Behandelte	An Wassersucht und Morb. Brightii Gestorbene	An Urämie Gestorbene	Zusammen an Wassersucht, M. Brightii und Urämie Gest.
1853	—	112	1	113
1854	—	166	1	167
1855	—	126	1	127
1856	—	184	3	187
1857	—	175	1	176
1858	—	148	—	148
1859	—	197	7	204
1860	—	265	3	268
1861	—	314	3	317
1862	—	300	4	304
1863	—	330	6	336
1864	—	340	4	344
1865	—	409	7	416
1866	—	327	11	338
1867	—	393	12	405
1868	—	445	12	457
1869	—	399	11	390
1870	—	421	7	428
1871	—	405	8	413
1872	—	409	10	419
1873	1142	300	14	314
1874	1064	314	16	330
1875	1013	276	12	288
1876	1236	208	19	227
1877	1181	303	8	311
1878	1261	325	14	339

Hieraus sieht man, dass ein nicht unbedeutender Wechsel in den Grössen der Zahlen stattfindet.

Mit den Epidemiejahren des Scharlachfiebers verglichen, zeigen die Zahlen der vierten Colonne eine Steigerung 1863 und eine noch bedeutendere 1865, 1867 und 1870—72 (die grossen Epidemiejahre). Ebenso kommen hohe Zahlen auch im Jahre 1868 vor, in dem das Scharlachfieber wenig Ausbreitung hatte; im Generalberichte für dieses Jahr wird aber ausdrücklich bemerkt, dass Wassersucht eine häufige Nachkrankheit war.

Dagegen haben die grossen Epidemiejahre 1875—77 eine ausserordentlich kleine Anzahl Fälle aufzuweisen. Es ist möglich, dass ein Theil tödtlicher Fälle von Nierenkrankheiten, die andere Ursachen als Scarlatina haben, unter dieser Krankheit aufgeführt seien; auf der andern Seite ist aber der Unterschied zwischen den in den frühern Jahren und im Culminationsjahre 1876 Behandelten so bedeutend und das Missverhältniss zwischen den im Jahre 1876 Behandelten und Gestorbenen so gross, dass man es als ziemlich wahrscheinlich annehmen darf, dass der Zuwachs in diesem stark ausgeprägten Scharlachfieberjahre seinen Grund in leichten Fällen von scarlatinöser Nephritis hat.

Darf man sich erlauben aus diesem zweifelhaften Materiale Schlusssätze zu ziehen, scheint es, als ob die Epidemiejahre 1865, 1867 und 1870—72 viele Fälle von tödtlichen Nierenkrankheiten mit sich gebracht haben. Das Jahr 1868 scheint für Nierenaffectionen ernsten Characters besonders disponirt gewesen zu sein; das grosse Epidemiejahr 1876 dagegen für ungewöhnlich leichte Fälle von Nierenkrankheiten.

Ueber das Wetter in den genannten Jahren liegen folgende Mittheilungen vor:

1865: Spätes Frühjahr: kalter und regenvoller Sommer und Herbst; früher Winter.

1867: Kälter als gewöhnlich; spätes Frühjahr; kurzer Sommer; strenger Winter.

1868: Frühes Frühjahr, warmer Sommer und Herbst.

1870: Der Winter streng; das Frühjahr kalt; der Sommer und Herbst warm.

1871: Der Winter gelinde; das Frühjahr kalt und trocken; der Vorsommer warm; der Nachsommer kühl und regenvoll.

1872: Das Frühjahr kam früh; der Sommer warm und angenehm; der Herbst kalt.

1876: Der Winter gelinde; das Frühjahr kalt; der Sommer sehr warm und trocken.

Man wird also auf diesem Wege keine bestimmte Beziehung zwischen dem Wetter und der Disposition zu Nierenkrankheiten herausfinden können; es ist jedoch zu hoffen, dass künftige Untersuchungen, die über ein reicheres und zuverlässigeres Material disponiren werden, eine mehr präcisirende Antwort auf diese interessanten Fragen werden hervorbringen können. —

In Bezug auf die Mortalität hat Koren[1]) 9 % gefunden (= 8 Gestorbene von 89 Behandelten) und E. Bull[2]) 17 % (= 6 Gestorbene von 35 Behandelten). Bartels[3]) giebt an einmal 5 % gesehen zu haben und einmal 100 %.

Unter den secundären Todesursachen nehmen Nephritis, Hydrops und Urämie einen hervorragenden Platz ein; von 688 angegebenen secundären Todesursachen (Tabelle XIV) sind 193 diesen drei Affectionen zuzuschreiben, was 28,05 % ausmacht (rechnet man Diphtheritis nicht mit, ergeben die secundären Todesursachen 46,62 %.)

Die scarlatinöse Nephritis soll vorzüglich in der 3. Woche entstehen[4]); jedoch hat man auch davon Beispiele, dass sie in der 1. Woche entstanden ist

E. Bull[5]) hat ihr Auftreten folgendermasen observirt:

in 1 Falle in der 1. Woche (7. Tag)
„ 6 Fällen „ „ 2. „
„ 17 „ „ „ „ 3. „
„ 5 „ „ „ „ 4. „

Koren[6]) hat folgende Beobachtungen gemacht:

in 2 Fällen in der 2. Woche
„ 34 „ „ „ „ 3. „
„ 24 „ „ „ „ 4. „
„ 7 „ „ „ „ 5. „
„ 2 „ „ „ „ 6. „

Aus der Tabelle sieht man, welches bedeutende Uebergewicht die 3. Woche hat.

Bezüglich des Geschlechts der Ergriffenen waren von den 35 Nephritispatienten

---

1) a. a. O. S. 329.
2) a. a. O. S. 35.
3) a. a. O. S. 258.
4) Bohn a. a. O. S. 276.
5) a. a. O. S. 27.
6) a. a. O. S. 328.

E. Bulls [1]) 15 männl. und 20 weibl. Geschlechtes
(siehe Anm.) = 13,6 % „ „ 18,7 % „ „
und von 69 Nephritispatienten
Korens [2]) 34 männl. und 35 weibl. Geschlechtes
(siehe Anm.) = 18,48 % „ „ 15,7 % „ „
Aus diesen Zahlen kann man aber keinen Schlusssatz ziehen in
Bezug darauf, welches Geschlecht Nierenkrankheiten nach dem Scharlachfieber am meisten ausgesetzt ist. Am besten ist es wohl, anzunehmen, dass beide Geschlechter gleich disponirt sind.

Mitunter, aber sehr selten, kommt Hydrops nach dem Scharlachfieber vor, ohne dass Albumin im Urin nachzuweisen ist (Bartels [3]),
Biermer [4]), Bohn [5]).

Thomas [6]) sucht diesen Hydrops als eine Affection in den vaso-
motorischen Nerven zu erklären; aber das Phänomen mag vielleicht
doch am richtigsten nach Analogie mit dem periodischen Verschwinden
des Albumins in amyloiden und granulären Nieren erklärt werden.

Bull [7]) ist geneigt, den Grund darin zu suchen, dass in verschiedenen Epidemien verschiedene Theile der Nieren vorzugsweise
angegriffen werden, so dass in einigen Epidemien die Glomeruli angegriffen werden, in andern das interstitielle Gewebe. Im letzten
Falle mag das Albumin im Urin wohl am leichtesten fehlen können [8]).

Koren [9]) theilt den einzigen Fall in unserer Literatur von scarlatinöser Hydrops ohne Albuminuri mit (gewaltiges Anasarca, das geheilt
wird; Section: normale Nieren).

An einzelnen Stellen in den Berichten wird Wassersucht als das einzige Symptom des Scharlachfiebers besonders bei Erwachsenen angegeben.

---

[1]) Im Ganzen waren von 216 Scharlachfieberpatienten: 110 männl. und 106
weibl. Geschlechtes.

[2]) Im Ganzen waren von 406 Scharlachfieberpatienten: 184 männl. und 222
weibl. Geschlechtes.

[3]) a. a. O. S. 247.

[4]) Virchow: Archiv B. 19 (1860) S. 537.

[5]) a. a. O. S. 277.

[6]) a. a. O. S. 277.

[7]) a. a. O. S. 32. — Vgl. den Vortrag Friedländers (siehe oben).

[8]) Die von Prof. Winge mitgetheilte Beobachtung (Ed. Bull Kliniske
Studier over kronisk Morb. Bright. Kristiania 1875 S. 22 Anmerk.) ist wahrscheinlich als eine scarlatinöse Nephritis ohne Hydrops und ohne Albuminuri zu deuten.

[9]) a. a. O. S. 355.

Z. B. während einer Epidemie in Laurvig, wo 2 Erwachsene Hautwassersucht ohne vorhergehendes Exanthem bekamen.

Ebenso im Jahre 1860 in Laurvig, wo mehrere Fälle von Wassersucht ohne Exanthem vorkamen.

Ebenso im Jahre 1866 in vestre Söndmöre bei Kindern.

Von Tin werden im Jahre 1877 9 Fälle von Wassersucht aufgeführt, in welchen Angina vorhergegangen war.

In Tönsberg und Horten traten im Jahre 1864 Wassersucht und Albuminuri früher im Jahre auf; im Herbste begann die Epidemie.

Ueber die phlegmonöse Entzündung am Halse.

Richardson [1]) sieht das Scharlachfieber als „eine Krankheit der Lymphdrüsen" an; es ist auch gewiss, dass Infectionen und Entzündungen in diesen (Hals-, Nacken-, Axillar-, Inguinal-, Popliteal- und Mesenterial-Drüsen [2]) häufige Begleiter des Scharlachfiebers sind. Die Drüsenaffectionen am Halse stehen allerdings mit der scarlatinösen Angina in Verbindung; ausländische Verfasser meinen aber nicht, dass sie zu dieser in directer Beziehung stehen [3]).

Besonders sind die um den Angulus maxillæ befindlichen Drüsen der Affection ausgesetzt; diese ziehen dann oft das umgebende Gewebe in der Weise mit in den Krankheitsprocess, dass eine grosse, harte Geschwulst entstehen kann, die das Ohr umgiebt und Parotitis gleicht — welchen Namen sie gewiss oft, und zwar mit Unrecht, getragen hat. — Die Geschwulst kann suppuriren oder gangränesciren und bewirkt nicht selten Tod an Pyämie.

Von 688 secundären Todesursachen haben 33 (25,8 %) in phlegmonöser Entzündung der Halsdrüsen und des Zellgewebes am Halse bestanden; vielleicht gehören jedoch einige Fälle von Pyämie hierzu.

In mehreren Epidemien, von denen ich besonders hervorhebe diejenigen in Solör-Odalen im Jahre 1855 und 1875—77, Flekkefjord im Jahre 1841 und Laardal im Jahre 1876—77, werden Drüsenanschwellungen am Halse als sehr gewöhnlich erwähnt. Wahrscheinlich muss ein Theil der als Parotitis aufgeführten Affectionen am richtigsten als Adeniten (vgl. oben) aufgefasst werden.

v. Guttceit hat einen Fall beobachtet, in dem Bedeckungen, Zell-

---

[1]) Diseases of modern life, overs. af Schouboe, Kjöbenhavn 1879 S. 70.
[2]) Bohn a. a. O. S. 281.
[3]) vergl. Thomas a. a. O. S. 259.

gewebe und Fascien vollständig verzehrt waren, so dass Muskel und
Trachea wie präparirt blos lagen. Thomas[1]) citirt diesen Fall als
eine Seltenheit; ich kann als Analogie folgende 2 Beobachtungen anführen:

Der eine Fall wurde in Stavanger im Jahre 1872 beobachtet;
bei einem 2 ½ jährigen Knaben lagen Trachea und Oesophagus vollständig bloss. Genesung erfolgte trotz Corrosion einer Vene.

Der andre Fall wurde auf Ringsaker im Jahre 1877 beobachtet.
Bei einem 7jährigen Mädchen schwollen die Drüsen an der rechten
Seite des Halses an und fingen an zu suppuriren; nach 48 Stunden
gangränescirten die Drüsen an der Vorderseite des Halses bis zum
linken Ohre. 2 Tage später war die Hautbedeckung über der
ganzen Vorderseite des Halses bis zum Jugulum zerstört zwischen
den beiden Musculi sterno-cleidomastoidei in ihrer ganzen Länge bis
zur Wange hinauf. Auf der rechten Seite ging die Gangrän auch
bis in das Gesicht hinauf. Das Ganze präsentirte sich wie ein
Sektionspräparat mit Trachea und den Muskeln blossliegend. Ausserdem kam Perforation auf beiden Seiten der Mittellinie am weichen
Gaumen vor. Der Tod erfolgte in Folge starker Blutungen aus der
V. jugularis interna sinistra. —

Thoresen[2]) ist der einzige unserer Verfasser, der die Frage
in Bezug auf die Bedeutung dieser Entzündungen genauer behandelt
hat. Er meint, dass die Drüsenentzündungen um den Angulus maxillæ
herum in einem bestimmten Verhältnisse zu der Quantität und der
Qualität des in dem Organismus aufgenommenen Contagiums stehen,
und findet in diesen Drüsenaffectionen ein ausgeprägtes Diagnosticum[3])
für das Scharlachfieber — welche Auffassung Koren, wie früher be-
rührt, nicht theilt.

Ueber Parotitis.

In den Berichten findet man oft Parotitis als eine Complication
des Scharlachfiebers angegeben. Wie oben erwähnt, muss jedoch ein
Theil derselben gewiss als eine Infiltration und Geschwulst der um
den Angulus maxillæ liegenden Drüsen und des umgebenden Zellgewebes aufgefasst werden. — Es unterliegt indessen auf der andern

---

[1]) a. a. O. S. 305.
[2]) Om Skarlagensfeber, Norsk Mag. f. Lägev. 1872 S. 49.
[3]) a. a. O. S. 54.

Seite keinem Zweifel, dass eine wirkliche Parotitis (oder möglicherweise öfter Paraparotitis)[1] von der Zellgewebsinfiltration am Halse unabhängig vorkommen kann; sie wird aber in der mir zugänglich gewesenen ausländischen Literatur wenig erwähnt; speciell habe ich über gleichzeitige Epidemien von Parotitis und Scharlachfieber darin nichts finden können, so dass die nachstehenden Beobachtungen mit einigem Interesse gelesen werden dürften.

Im Jahre 1855 kamen mehrere Fälle von Scharlachfieber in Porsgrund und dessen Umgebungen vor; gleichzeitig herrschte in Telemarken eine Parotitis-Epidemie, die eine ausserordentlich grosse Ausbreitung gewann und von einem Hause zum andern ging. Auf der Acme der Krankheit kam ein Exanthem — theils Erysipelas theils dem Scharlachfieber ähnlich — zum Vorschein. Metastasen in den Testes, Ovarien, Meningen und im Peritonäum wurden beobachtet. Tödtlicher Ausgang kam nicht vor.

Im Jahre 1854 herrschte auf Fredrikshald in den ersten Monaten des Jahres eine bedeutende Parotitis-Epidemie, die von der Scharlachfieberepidemie so zu sagen abgelöst wurde, — jedoch in der Weise, dass die Parotitis fortdauerte, das Scharlachfieber complicirend.

Von Grimstad wird ebenso im Jahre 1843 angegeben, dass Parotitis Scharlachfieber complicirt hat.

Im Amte Jarlsberg-Laurvig traten im Jahre 1863 Parotitis und Scharlachfieber gleichzeitig auf; Parotitis kam über das ganze Amt verbreitet, als eine bedeutende Epidemie mit Metastasen vor.

Phlegmonöse Parotitis (?) ist einmal als secundäre Todesursache aufgeführt. Ausserdem wird von Tvedestrand im Jahre 1871 erwähnt, dass suppurirende Parotitiden (?) häufige Todesursachen waren.

Als ein seltener Fall verdient bemerkt zu werden, dass im Jahre 1872 in Nordland ein Scharlachfieberpatient in der Reconvalescenz an Ptyalismus starb, welche letzte Krankheit die Kräfte vollständig erschöpfte.

Nach Thomas[2] ist diese eine ausserordentlich seltene Affection, die Einige mit Urämie, Andere mit Resorption der grossen Speicheldrüsengeschwülste in Verbindung bringen.

---

[1] Thomas a. a. O. S. 239.
[2] a. a. O. S. 305.

Ueber Gelenkentzündung während des Scharlachfiebers.

Gelenkaffectionen während des Scharlachfiebers können secundäre oder pyämische sein und gleichen den bei andern Infectionskrankheiten auftretenden Affectionen. Der Ausgangspunkt ist dann in der Regel das gangränescirende Zellgewebe am Halse und an den Halsdrüsen oder Processe in den Fauces; diese werden hier nicht näher erwähnt. —

Gelenkaffectionen können auch als primäre Affectionen auftreten, nämlich als articuläre Entzündungen, die in ihrer Erscheinung dem acuten Gelenkrheumatismus einigermassen gleichen, wesshalb sie auch oft so genannt werden. Sie können aber in keiner Weise als Complicationen der genannten Krankheit mit Scharlachfieber aufgefasst werden; sie sind ein directer Ausdruck der Localisation des Scharlachfieber-Giftes in den Gelenken und sind am nächsten den Haut- und Nierenaffectionen an die Seite zu stellen.

In den Medicinalberichten wird mitunter „acuter Gelenkrheumatismus" als Scharlachfieber complicirend erwähnt [1]).

Das erste Mal, wo er genannt wird, ist in Tönsberg im Jahre 1855: hier soll er als Complication mit Coryza, Parotitiden, Nierenaffectionen u. s. w. zusammen aufgetreten sein; die Epidemie war ziemlich bösartig.

Dann von Fredrikshald im Jahre 1862; hier trat in der Desquamationsperiode bei 8 Personen eine Art acuter Gelenkrheumatismus auf, der sich durch Schmerzen und Empfindlichkeit besonders in den Knie-, Hand- und Fussgelenken kundgab, und einige Tage — nur bei einem Patienten 3 Wochen — dauerte. Die Epidemie war auch hier bösartig.

In Bergen kam im Jahre 1863 bei zwei ältern Patienten „acuter Gelenkrheumatismus" gleich nach dem Exanthem vor. Auch hier war die Epidemie bösartig.

Während der Epidemie in Sigdal im Jahre 1867 [2]) kam in 2 Fällen ein articulärer Rheumatismus mit Anschwellen des Knies und Ellbogens vor. An einem Orte, wo 5 Kinder ergriffen wurden, litt

---

[1]) Es verhält sich nicht so, wie Koren behauptet, dass die primären Gelenkaffectionen während des Scharlachfiebers hier im Lande immer übersehen worden sind. (Norsk Mag. f. Lägev. 1880 S. 31).

[2]) Edv. Kaurin: Nogle Observationer under en samtidig Epidemie af Scarlat. og Morbilli. N. Mag. f. Lägev. 1868 S. 415.

die Mutter an Angina. Schmerzen, Anschwellung und Röthe in dem
einen Ellbogengelenke. Die Epidemie war sehr bösartig.

Diesen Beobachtungen zufolge scheinen besonders die bösartigen
Epidemien zu Gelenkaffectionen zu disponiren. Diess stimmt indessen
nicht mit der Auffassung Bohns[1]) überein. — dass sie in „einzelnen
nicht schlimmen Epidemien auftreten". —

Koren[2]) hat während der Epidemie in Kristiania 1875—77 in
den Lazarethen 27 Fälle von dieser Polyarthritis scarlatinosa oder
— wie er sie zu nennen vorschlägt — Synovitis scarlatinosa, beobachtet.

Die gesammte Zahl der Patienten war 426, so dass die Procent-
zahl der an primärer Gelenkaffection Leidenden also 6,3 % war: die
Krankheit kam bei Weibern doppelt so häufig (8,2 %) vor, als bei
Männern (4,1 %) und zwar vorzüglich in dem erwachsenen Alter. Die
Epidemie war im Ganzen bösartig.

Die Affection trat hauptsächlich in der 1. und 2. Woche auf und
ergriff besonders

das Handgelenk	—	in 18	Fällen
dann die Fingergelenke	„	12	„
das Kniegelenk	„	11	„
„ Ellbogengelenk	„	9	„
„ Fussgelenk	„	8	„
„ Schultergelenk	„	4	„
„ Hüftgelenk	„	2	„
die Wirbelgelenke	„	1	Falle.

Die Entzündung war flüchtig und in der Regel wurden mehrere
Gelenke angegriffen. Er fand auch, dass sie besonders in gelinden
Fällen auftrat; der Inhalt der Gelenke war in sämmtlichen Fällen
serös.

Koren hat im Scharlachfieber auch die Muskeln angegriffen gefunden; er meint aber, dass die Krankheit sich wesentlich in Peri-
mysium localisirt.

---

[1]) a. a. O. S. 268.
[2]) Die letztangeführte Stelle S. 29 fg.

Ueber Krankheiten der Respirations-Organe.

Die Schleimhaut im Larynx bleibt in der Regel intact. Nach Thomas[1]) können Angina gangraenosa und Diphtheritis Ulcerationen, Glottisoedem und Croup hervorrufen.

Koren[2]) hat in den Lazarethen keinen einzigen Fall von Larynxcroup gesehen; er ist daher geneigt, mehrere der Fälle, die als Croup angesehen werden, als eine Anschwellung oder Oedem in der Apertura laryngis aufzufassen. Wo wirkliche Croupmembranen ausgehustet worden sind, meint er, dass das Scharlachfieber mit wahrer Diphtheritis complicirt gewesen[3]).

In den Berichten habe ich nur an einer einzigen Stelle eine genauere Erklärung der Beziehungen zwischen dem Scharlachfieber und den Larynxaffectionen gefunden, nämlich bei dem Amte Akershus im Jahre 1860 (der Abschnitt: „Difteritisk Svälgbetändelse"). In diesem grossen Diphtheritisjahre wurde Scharlachfieber den Berichten zufolge oft mit Diphtheritis complicirt. Es hiess dann: „Wo der scarlatinöse Ausschlag hervortrat und sich in einer einigermassen regelmässigen Zeit hielt, kam niemals — wie stark die diphtheritische Exsudation in den Fauces auch sein mochte — eine Larynxaffection vor und der Ausgang der Krankheit war immer Genesung." —

Pneumonie und Bronchitis kommen verhältnissmässig selten mit Scharlachfieber zusammen vor — und zwar nur in den ernsteren Fällen.

Pneumonie geht oft in Pleuritis über, welche Krankheit dann grosse Neigung zeigt, purulentes Exsudat abzusetzen.

Pleuritis kommt auch nicht häufig mit Scharlachfieber zusammen vor; wie nach Lungenaffectionen kann sie auch als Complication mit Nephritis auftreten.

Lungenaffectionen können in jedem Stadium zu Lungenoedem, das möglicherweise Herzparalyse zugeschrieben werden muss, führen.

Die Lungenaffectionen scheinen auch zu dem „Charakter" der Krankheit zu gehören. So wird im Jahre 1867 von Sandsvær bemerkt, dass Pneumonie keine ungewöhnliche Nachkrankheit war; ebenso von

---

[1]) a. a. O. S. 235, vergl. a. Bohn a. a. O. S. 271.

[2]) N. Mag. f. Lägev. 1879 S. 704.

[3]) Vgl. a. Gerhardt: Lehrbuch d. Kinderkrankheiten 1881 S. 72, d'Espine und Picot: Grundriss d. Kinderkrankheiten 1878 S. 23.

Fredrikshald und Hvalöerne 1862—63, dass Entzündungen in den Brustorganen häufig waren.

Pneumonie scheint eine verhältnissmässig häufige, secundäre Todesursache zu sein, indem sie von 688 Fällen (Tabelle XI):

in 23 Fällen vorkommt = 3,34 %,
wogegen Bronchitis nur in 10 „ = 1,45 %.
Pleuritis „ „ 3 „ = 0,44 %.
Hydrothorax „ „ 2 „ = 0,29 %.
Lungenoedem „ „ 5 „ = 0,73 %,

Ueber Krankheiten der Verdauungsorgane.

Unter den Affectionen des Magens kommt Hämatemesis mitunter vor als eine Complication des hämorrhagischen Scharlachfiebers; die Krankheit ist zweimal als secundäre Todesursache aufgeführt.

Mitunter kann während des Scharlachfiebers eine ziemlich starke Diarrhöe mit Meteorismus und ernsten nervösen Phänomenen auftreten, so dass man oft an Abdominaltyphus denken kann. Es steht auch oft in den Berichten, dass Scharlachfieber „in Typhus überging" oder mit Typhus complicirt wurde; dieses gilt wesentlich von den älteren Berichten z. B. demjenigen von Flekkefjord im Jahre 1841 [1]).

Enteritis ist achtmal als secundäre Todesursache aufgeführt (1,16 %).

Leberkrankheiten während des Scharlachfiebers werden selten erwähnt [2]).

In den Berichten wird einmal — nämlich von Stavanger 1841 — bemerkt, dass Hepatitis als Nachkrankheit aufgetreten ist.

Danielsen [3]) theilt eine Krankengeschichte mit, nach welcher Scharlachfieber bei einem 20jährigen aussätzigen Mädchen vorkam; der Tod erfolgte am 10. Tage der Krankheit unter Symptomen von Icterus gravis. Die Section zeigte in Leber, Nieren, Milz und Herzen Analogien einer Blutvergiftung. Danielsen meint, dass das Scarlatina-Contagium wegen der besondern Constitutionsverhältnisse

---

[1]) „Typhoid Fieber" wird dreimal als Todesursache aufgeführt. Auch in der neueren Literatur finden sich vereinzelte ähnliche Beobachtungen, vgl. z. B. Klaman: Jahrbuch f. Kinderheilkunde B. XII, wo auch ein Fall von Scharlachfieber in Typhus abdominalis überging.

[2]) vergl. Thomas a. a. O. S. 307.

[3]) Beretning om Lungegaardshospitalets Virksomhedi 3 Aaret 1865—67 N. Mag. f. Lägev. 1868 S. 546 fg.

bei der Patientin — als aussätzig war sie nämlich möglicherweise dazu disponirt — die rasche und bedeutende Fettmetamorphose hervorgebracht habe, — ohne dass diese Erklärung in irgend einer Weise als befriedigend angesehen werden kann. —

Ueber Affectionen der Sinnesorgane.

Unter diesen Organen ist es besonders das Ohr, welches leidet, und zwar theils an einer leichten Otitis externa, die als eine Fortsetzung des Exanthems, auf das Ohr übergeführt, angesehen werden kann, theils an einer Otitis media, die von der Rachenaffection durch die Tuba Eustachii fortgepflanzt ist und durch Meningitis tödten oder mit vollständiger Taubheit, Taubstummheit und Facialparalyse enden kann.

Nach Bohn[1]) liefert das Scharlachfieber im östlichen Deutschland bis zu den letzten Decennien, wo die Cerebrospinalminingitis ihm den Rang streitig macht, das Hauptcontingent für die Taubstummenanstalten. Koren[2]) hat durch Angaben, eingeholt bei den Directoren der norwegischen Anstalten für Taubstumme, gefunden, dass 12,58% der Taubstummen dem Scharlachfieber ihre Krankheit verschulden. Untersucht man das Verhältniss von den in den Anstalten Aufgenommenen plus Denjenigen, welche sich in den verschiedenen Schulkommunen befinden, wird die Procentzahl höher, 13,59 %[3]).

Von 364 geheilten Lazarethpatienten wurde 1 taubstumm. Die purulente Otitis folgte gewöhnlich den ernsteren Formen von Scharlachfieber. Er sah sie in 10,59 %.

In den Berichten wird Ohrenentzündung zweimal als Todesursache aufgeführt.

Ohrenaffectionen, die theils geheilt wurden, theils Taubheit verursachten, haben den Berichten zufolge folgende Epidemien complicirt:

Hedemarken 1860, Fredrikshald 1862—63, Tin 1876 und Skien-Holden 1866—67.

Das Auge kann auch in verschiedener Weise leiden, theils an einer einfachen Conjunctivitis, Keratitis oder Iritis, theils an einer

---

[1]) a. a. O. S. 272.

[2]) N. Magaz. f. Lägev. 1882. S. 786.

[3]) Leichtenstern (Ueber die 1880 und 1881 in Cöln herrschende Scharlachepidemie. Deutsche med. Wchnschr. 1882 Nr. 13 ff.) rechnet 1 Taubheit auf 1000 Fälle von Otitis.

Keratomalacie, die übrigens auch eine Ausdehnung des Processes in den Fauces nach dem Auge zu sein kann, und endlich an Panophthalmitis.

In Bezug auf die Retinitis, welche die Nephritis scarlatinosa oft begleitet, ist zu bemerken, dass sie immer doppelseitig vorkommt, oft aber nicht zu derselben Zeit auf beiden Augen. Die Krankheit dauert oft lange.

Bei Urämie tritt oft transitorische Amblyopie auf.

In den Berichten sind folgende Bemerkungen über Augenaffectionen zu finden:

In Smaalenene wurden in einem Falle im Jahre 1855 beide Augen durch suppurirende Entzündung zerstört.

In Solör-Odalen wurde im Jahre 1855 ein Fall von Iritis mit Staphylom beobachtet.

In der Epidemie in Skien-Holden 1866—67 war Blindheit oft Folge des Scharlachfiebers.

In der Epidemie in Buskerud 1875—77 wurden in einem Falle beide Augen durch „Diphtheritis" destruirt.

Zweimal werden Sehstörungen, die offenbar urämischer Intoxication ihre Entstehung verdanken, erwähnt; das eine Mal von Hadeland-Land 1870, wo Convulsionen und Amaurose, die mehrere Tage dauerten aber günstig endeten, in 2 Fällen auftraten; das zweite Mal von Stjördalen 1872, wo Urämie und Amblyopie bei einem Mädchen, die das Scharlachfieber gehabt, vorkam. Das Mädchen konnte nach 4 Tagen wieder sehen.

Skjelderup[1]) erwähnt aus seiner Praxis einen Fall von Amaurose mit Nephritis scarlatinosa bei einem 11jährigen Knaben.

In den Berichten der Schulkommission ist Scharlachfieber 9mal angegeben als Ursache der Blindheit bei Individuen zwischen 7 und 20 Jahren[2]).

Die Schleimhaut der Nase wird in der Regel nach einer intensen Angina secundär afficirt, mit stinkenden und ätzenden Secretionen und Ulcerationen. (Coryza scarlatinosa.)

Besonders bei den hämorrhagischen Formen des Scharlachfiebers können profuse Nasenblutungen vorkommen. Solche werden von der Epidemie in Drammen 1862—63 erwähnt.

Uebrigens wird Coryza von Ringerike und Tönsberg im Jahre 1855 als gewöhnlich erwähnt.

---

[1]) N. Mag. f. Lägev. 1868 S. 705.
[2]) Koren a. a. O. S. 789.

Ueber Gehirnaffectionen.

Meningitis und Gehirnsymptome werden einige Male als Complicationen des Scharlachfiebers erwähnt: So in söndre Osterdalen und Tönsberg im Jahre 1855, Fredrikshald im Jahre 1862 und in Kristiania im Jahre 1865: im zuletzt genannten Jahre wird ausdrücklich bemerkt, dass Gehirnaffectionen gewöhnlich vorkamen. In diesem Jahre sind Berichte über centrale Affectionen häufig, z. B. in Moss, wo Meningitis als gewöhnlich angegeben wurde, in südl. Bergenhus, wo „starke Congestionen zum Kopfe" gewöhnlich gewesen, und im Amte südl. Drontheim, wo mehrere Personen an Gehirnentzündung starben.

In der Epidemie in Solör-Odalen 1875—77 war Meningitis sehr gewöhnlich in dem Invasionsstadium.

In Flekkefjord starb im Jahre 1841 1 Kind an „Encephalitis" nach Scarlatina.

Meningitis und Convulsionen sind in 72 Fällen als secundäre Todesursachen aufgeführt (= 10,47 %): es ist wohl aber kein Zweifel daran, dass mehrere von diesen auf urämische Intoxicationen zurückgeführt werden müssen.

Mitunter, besonders in bösartigen Epidemien, kommt es vor, dass — ehe das Exanthem und die Halsaffectionen sich entwickeln — heftiges Fieber mit Erbrechen, Delirien, Convulsionen und Collaps auftritt — der sogenannte „Scharlachfieberchoc". Früher wurde dieser Zustand als ein Zeichen erschwerter Diurese und Hautperspiration angesehen; er wird aber jetzt und zwar richtiger (vgl. Thomas a. a. O. S. 289) als eine Folge der Blutinfection, starken Fiebers oder anatomischer Störungen (Gehirnhyperämie, Hydrocephalus, Meningitis u. s. w.) angesehen.

Koren [1]) beschreibt 2 solche Fälle aus den Lazarethen in Kristiania; in dem einen Falle kam auch noch der besondere Umstand vor, dass ein Ascaris erbrochen, und aus dem Rachen herausgezogen wurde.

In den Berichten sind 5 Fälle von Collaps aufgeführt: es ist aber möglich, dass einzelne von diesen — wie auch die oben mitgetheilte Beobachtung aus Solör-Odalen 1875—77 — zu dem Scharlachfieberchoc gehören.

---

[1]) N. Mag. f. Lägev. 1879 S. 212.

Seit Griesinger ausgesprochen hat, „dass der pathogenetische Einfluss der Hautkrankheiten auf psychische Störungen wenigstens sehr problematisch sei", scheint es, als ob die Beziehung zwischen Geistesstörungen und Scharlachfieber nicht besonders beachtet worden sei. Thomas [1]) erwähnt sie nur flüchtig und Bohn gar nicht.

Ich habe aus unserer heimatlichen Literatur 4 Fälle, in welchen Geistesstörungen nach Scharlachfieber auftraten, gesammelt.

Der erste Fall war in Bergen im Jahre 1863; hier trat — ohne dass etwas Näheres darüber zu ersehen ist — acute Manie in der Reconvalescenz ein.

Die nächsten zwei Fälle werden — auch 1863 — in Vardö erwähnt: 2 Kinder, in deren Familie erbliche Anlage zu Geistesstörungen vorkam, bekamen während der Reconvalescenz auch Manie [2]).

Der vierte Fall ist — ganz en passant — vom Director Sandberg [3]) mitgetheilt: in einem Krankenjournale über eine Geisteskrankheit nach Morbilli bemerkt er nämlich, dass die Schwester der Betreffenden nach einem harten Scharlachfieber „fjantet" (albern) geworden. Dagegen hat Sandberg Morbilli als häufigere Ursache von Geisteskrankheiten gefunden.

Ich hätte gern untersucht, ob das Scharlachfieber durch ein Zwischenglied, z. B. Otitis, Geisteskrankheiten hervorbringen kann und wie das Verhältniss sich in dieser Beziehung gestalten würde; dazu hat mir aber das nöthige Material gefehlt. Den erwähnten Erklärungen und den Paar notirten Fällen zufolge scheint das Scharlachfieber indessen zu Geisteskrankheiten nicht besonders zu disponiren.

Von den Schulkommissionen wird Scharlachfieber in 31 Fällen als Grund für Geistesschwäche bei Personen zwischen 7 und 20 Jahren angegeben.

Ueber Pyämie, Gangrän und Noma.

Ueber Pyämie enthalten die Berichte Nichts, — die oben mitgetheilten Beobachtungen, dass pyämische Fälle nach der Vaccination

---

[1]) a. a. O. S. 311.
[2]) Vgl. den Fall von Rabuske: Deutsche med. Wochenschrift. 1881. Nr. 4.
[3]) Klinisk 15 aarsberetning fra Gaustad. N. Mag. f. Lägev. 1871 S. 503 (unter Krankengeschichte N. 6).

vorkommen, ausgenommen. Als secundäre Todesursache ist sie dagegen 38 mal aufgeführt (= 5,5 %).

Koren berichtet über 2 Fälle von Pyämie nach Scharlachfieber,
von welchen der eine mit Tod endete [1]).

Gangrän ist als secundäre Todesursache achtmal aufgeführt;
die Stelle der Gangrän ist aber nur für einen Fall — Buskerud
1864 — angegeben, sie entwickelte sich in einem Geschwüre nach
einem Fliegenpflaster und führte zum Tode.

Noma ist mit 6 Fällen aufgeführt und dieses muss als eine ver-
hältnissmässige hohe Zahl gerechnet werden; indem Thomas [2]) aus der
ganzen Literatur von dem Auftreten dieser Affection während des
Scharlachfiebers nur eine Beobachtung notiren kann.

Purpura haemorrhagica ist einmal als Nachkrankheit beobachtet worden (Tvedestrand 1870—71).

Ueber Scharlachfieber im Wochenbette.

Es liegt nicht im Plane dieser Arbeit, auf die oft und weitläufig
discutirte Frage über das Wochenbettfieber genauer einzugehen; hier
werde ich nur einzelne Punkte, die den hier vorliegenden Gegenstand
angehen, erwähnen. —

Wie in der Einleitung erwiesen, beschrieb Welsch im Jahre
1655 eine Puerperalaffection, die sehr bösartig war, die von Desquamation gefolgt und von ihm „Friesel" genannt wurde. Selber war
er geneigt in der Affection das Product einer Art septischer Decom-
position des Blutes zu sehen („ab ichore peculiariter corrupto et
maligno sanguini fervido confuso orta"). Diese Affection ist wahrscheinlich Scharlachfieber gewesen. Später wurde die Identität dieser
beiden Krankheiten geläugnet und die Affection wurde als ein Puerperalfieber, das unter dem „Bilde" eines Scharlachfiebers — oder
besser mit einer scarlatinaähnlichen, erythematösen Dermatitis — verlief, aufgefasst. Olshausen [3]) aber wies nach, dass sie als ein wirkliches
Scharlachfieber, das jedoch durch die puerperalen Processen modificirt
wurde, aufgefasst werden muss. Die Halsaffection wird nämlich
geringer, das Exanthem mit grosser Schnelligkeit entwickelt, und die

---

[1]) Forhandl. i med. Selskab 1876 S. 173.
[2]) a. a. O. S. 309.
[3]) Archiv f. Gynäkologie IX. 1875.

Krankheit entsteht beinahe immer in den ersten 3 Tagen; junge Erstgebärende werden am häufigsten ergriffen.

Andrerseits kann es nicht geläugnet werden, dass einzelne Umstände vorhanden sind, die dazu geeignet sind, etwas Bedenken zu erregen, ob diese Affection bedingungslos auf Scharlachfieber zurückgeführt werden kann, Zuerst der Umstand nämlich, dass schwangere Frauen für Ansteckung so wenig empfänglich sind (Trousseau, Braxton Hicks, Olshausen), und dann, dass Mehrere, um die Ansteckung erklären zu können, sich genöthigt gesehen haben eine Incubation von mehreren Monaten, in welchen der Ansteckungsstoff latent in dem Organismus gelegen haben soll (Olshausen) anzunehmen; ferner, dass solches Scharlachfieber im Wochenbette beinahe niemals[1]) die Ansteckung auf Personen, die nicht Wöchnerinnen sind, überführen kann, und endlich, dass z. B. Thomas Scharlachfieber während des Wochenbettes niemals gesehen haben will, während Martin[2]) bei 16000 Geburten nur 3 Fälle von Scharlachfieber im Wochenbette hat beobachten können.

Desshalb hat man in der neueren Zeit versucht, das „Puerperalscharlach" zu dem traumatischen Scharlach oder „Pseudoscharlach" zu rechnen, das bei gewissen Personen nach verschiedenen Operationen beobachtet wird[3]). Aber die Meinung wird auch vertreten, dass es sich bei dem „chirurgischen Scharlach" um Infection mit septischen Stoffen handelt (z. B. Konetschke, Wiener med. Presse 1882 N. 47).

Unsere eigene Literatur hat auf diese Fragen nicht viel zu antworten; und doch müsste solch eine Frage, wie über das Verhältniss des Scharlachfiebers zum Wochenfieber, gerade in unseren kleinen durchsichtigen socialen Verhältnissen, falls die nöthige Aufmerksamkeit darauf gewendet wurde, ziemlich gut beleuchtet werden können.

Von unserer Literatur ist folgendes zu bemerken:

In der Versammlung der medicinischen Gesellschaft am 14. November 1866 äusserte W. Boeck, dass „eine Wöchnerin, falls sie im Wochenbette von Scharlachfieber ergriffen wird, rettungslos verloren sei." Ueber diese Aeusserung bemerkt H. Vogt in einem kleinen Aufsatze im Magazin[4]), dass diese Meinung allerdings die gewöhnliche

---

[1]) Thomas a. a. O. S. 193. Vgl. dagegen J. Holst, Vier Beobachtungen von Wochenbett-Scharlach (St. Petersb. med. Wochenschrift 1881 N. 54, referit in Berl. klin. Wochenschrift 1882 S. 355).

[2]) Zeitschrift f. Geburtsheilk. und Frauenkr. I S. 329.

[3]) Trélat: Progrès médical 1878 Nr. 37 S. 721, vgl. Riedinger: Centralblatt f. Chirurgie 1880 Nr. 9.

[4]) N. Mag. f. Lägev. 1867 S. 124.

sei, citirt aber die Untersuchungen M'Clintock's im Hospitale iu Dublin, wo ein mittleres Sterblichkeitsprocent vou circa 48 % gefunden wurde. In einem Aufsatze: „Nogle forklarende Bemärkninger i Anledning af Caud. med. Thoresens Opfatning af nogle Punkter i min Fremstilling af epidemiske Forholde" [1]) behauptet Prof. Faye seine Meinung in Bezug auf Scharlachfieber im Wochenbette, welche Meinung mit der obenerwähnten Olshausens zusammenfällt.

Während der Discussion über Pyämie und Puerperalfieber in der medicinischen Gesellschaft 1879—80 [2]) bemerkte Lochmann, dass es seiner Meinung nach wahrscheinlich sei, „dass das Krankheitsgift des Scharlachfiebers bei den Wöchnerinnen ernste oder tödtliche Fieber hervorrufen könne ohne dass charakteristisches Exanthem sich gezeigt habe, und dass solche Fälle vielleicht im Auslande häufiger als bei uns vorgekommen seien."

Untersucht man das Verhältniss zwischen den an puerperalen Krankheiten und den an Scharlachfieber im Wochenbette Gestorbenen, kommt man zu folgendem Resultat für die 5 Jahre 1874 — 78.

Jahr	Im Wochenbette gestorben	Davon am Schar- lachfieber gestorben
1874	358	0
1875	266	0
1876	306	1
1877	270	2
1878	261	0
Summa 1461		3

Also 0,2 %

Ausserdem wird im Jahre 1860 von Bergen ein Todesfall an Scharlachfieber im Wochenbette erwähnt und im Jahre 1864 vom Amte Buskerud ein Todesfall an „Eclampsie" während des Scharlachfiebers. Von geheilten Fällen von Scharlachfieber im Wochenbette habe ich nur an 2 Stellen Berichte gefunden. In dem einen Falle bekam eine Wöchnerin das Scharlachfieber den Tag nach der Entbindung und hatte Wassersucht und Albuminurie $\frac{1}{2}$ Jahr nachher (Vardö 1865). In meiner Abhandlung: „Bidrag til Miltbrandens Kasuistik og

---

[1]) Norsk Magaz. f. Lägevidensk. 1873 S. 57.
[2]) Forhandl. i med. Selskab. 1880 S. 17.

dens Forhold til Puerperalfeber"[1]) erwähne ich eine Multipara, die ein Scharlachfieber im Wochenbette glücklich überstand.

Ueber Scharlachfieber während der Schwangerschaft liegt nur eine Mittheilung vor, nämlich von Höegh[2]); er erzählt von einer 28 jährigen Frau, die in der 10. Schwangerschaftswoche Scharlachfieber bekam. Sie wurde wieder gesund 8 Tage vor der Geburt; das Kind war gesund und das Wochenbett normal.

Dieser letzte Fall hat nicht geringes Interesse der behaupteten Immunität in der Schwangerschaft gegenüber[3]).

Uebrigens wird man aus dem oben Mitgetheilten keine grossen Schlusssätze ausziehen können; die Angaben sind dazu zu wenig und ungenau, speciell fehlt uns jede Angabe darüber, wie viele Personen im Wochenbette von Scharlachfieber befallen gewesen.

Folgende Beobachtungen werden auch nicht ohne Interesse sein: Von Arendal wird erwähnt, dass Wochenfieber während der Scharlachfieberepidemie in den Jahren 1875—78 nicht so häufig vorkam wie 1873—75, in welchen Jahren Scharlachfieber selten in Behandlung kam.

Von Lillesand wird bemerkt, dass Scharlachfieber im Jahre 1876 wahrscheinlich 2 Fälle von Wochenfieber hervorgerufen habe, während Morbilli im Jahre 1878 beschuldigt werden solch einen Fall hervorgerufen zu haben.

Ueber das Auftreten des Scharlachfiebers bei demselben Individuum gleichzeitig mit anderen epidemischen Krankheiten.

Dass zwei exanthematische Krankheiten gleichzeitig bei demselben Individuum vorkommen können, scheint nicht mehr zweifelhaft zu sein[4]). Es ist aber wesentlich das Auftreten des Scharlachfiebers gleichzeitig mit den Masern, was für uns an dieser Stelle am meisten Interesse hat.

Genaue Beobachtungen haben nachgewiesen, dass diese beiden

---

[1]) Nordisk med. Arkiv 1880 XII No. 18 S. 17.

[2]) Om Skarlagensfeberepidemien i vestre Söndmöre 1867 — Bilag til Medicinalberetningen for 1867 S. 199.

[3]) In British med. Journal Jan. 1880 beschreiben Walker und Day zwei Fälle von Scharlachfieber bei schwangeren Frauen mit Genesung.

[4]) Vergl. Thomas a. a. O. S. 48 und Bohn a. a. O. S. 214. Eine Uebersicht der Literatur von Coincidenz der Masern mit Scharlach wird von Herzog (Morbilli Scarlatina. Berlin. klin. Wochenschr. 1882 Nr. 7) gegeben.

Krankheiten gleichzeitig auftreten können; es muss aber wohl bedacht werden, dass das Masern- und Scharlachfieberexanthem sehr ähnlich sein kann, und dass — worauf auch Thomas (S. 115) aufmerksam macht — das Scharlachfieberrecidiv oft ein Exanthem bewirken kann, das den Masern in hohem Grade gleicht. Daher müssen mehrere der in dem Folgenden aufgeführten Berichte gewiss mit Vorsicht behandelt werden.

Die Bemerkungen, die ich in unserer Literatur in Bezug auf das gleichzeitige Auftreten des Scharlachfiebers und der Masern gefunden habe, sind folgende:

Während der Epidemie in Sigdal im Jahre 1867 [1]) kamen 4 Fälle von Morbilli vor, und bekamen alle 4 Personen Scharlachfieber.

Von Skouger (Amt Jarlsberg-Laurvig) wird ein Kind erwähnt, das im Jahre 1868 Scharlachfieber, in der Reconvalescenz noch die Masern bekam.

Von Moss werden im Jahre 1877 2 Kinder, die gleichzeitig das Scharlachfieber und die Masern hatten, erwähnt; das eine Kind starb.

Koren [2]) theilt einen Fall mit, in dem ein Scharlachfieberpatient Morbilli bekam und 5 Fälle, wo die Patienten theils in der Reconvalescenz nach Scharlachfieber, theils während einer scarlatinösen Nephritis die Masern bekamen.

An einzelnen Stellen, wie z. B. in Drammen, wird im Jahre 1847 bemerkt, dass die Patienten, die Morbilli gehabt hatten, Scharlachfieber nicht bekamen, aber umgekehrt. Von Arendal wird im Jahre 1835 bemerkt, dass beinahe sämmtliche Patienten, die das Scharlachfieber überstanden hatten, später von den Masern ergriffen wurden: diese letzten waren dann von gewöhnlicher Beschaffenheit; folgte aber das Scharlachfieber den Masern, war das erstere beinahe immer gelinde.

Ausserdem wird mehrmals bemerkt, dass Scharlachfieber und Masern „gleichzeitig" vorkamen; es wird aber nicht angegeben, wie dieses aufzufassen ist, ob diese beiden Krankheiten bei demselben Individuum vorgekommen, oder (und wahrscheinlich richtiger) ob sie nur in derselben Zeit, in derselben Localität geherrscht haben.

Vom Amte Hedemarken wird z. B. in den Jahren 1855—57, erwähnt, dass Scharlachfieber, Masern und Rötheln so „zusammen" vorkamen, dass die Diagnose oft unmöglich war. Ebenso traten Scharlachfieber und Masern gleichzeitig auf in Drammen im Jahre

---

[1]) Edv. Kaurin: N. Mag. f. Lägev. 1868 S. 415.
[2]) Forhandl. i med. Selskab 1877 S. 66.

1841 und 1853 (sowie im Jahre 1847 siehe oben). Gleichfalls in Hallingdal im Jahre 1856, in Kragerö, Skien und Brevig im Jahre 1854 und in Ovre-Telemarken im Jahre 1857.

Ebenso in Mandal im Jahre 1856: „ein Paar Fälle von Scharlachfieber während der Masernepidemie."

Ebenso endlich in Stavanger und Ryfylke 1841—42, im Amte südl. Bergenhus 1841, Nordhordland 1842, Bergen 1856 und in Röros 1858. —

Keuchhusten wird mehrmals aufgeführt als gleichzeitig mit Scharlachfieber vorgekommen; z. B. in Ryfylke 1841—42 (auch Morbilli), indre Sogn 1842 und Ranen 1874. —

Varicellen sollen gleichzeitig mit Scharlachfieber in Bergen 1860 und in Svelvig im Jahre 1870 vorgekommen sein: am letzteren Orte bekamen die Kinder in der Regel zuerst die Varicellen und dann das Scharlachfieber. Bei 2 Personen traten alle beide Krankheiten gleichzeitig auf, indem die Varicellen sich 5—6 Tage nach dem Scharlachfieberexanthem zeigten. Ebenso kamen Varicellen und Scharlachfieber gleichzeitig vor bei derselben Person in Skien 1876 [1]).

Erysipelas soll auch mit Scharlachfieber zusammen vorgekommen sein; z. B. in Molde im Jahre 1834 und Kristiansand im Jahre 1840.

Von der seltenen Combination von Pocken und Scharlachfieber wird 1 Fall (von Söndhordland im Jahre 1841 [2]) angeführt.

Bis nach dem Anfange der 1860er Jahre herrschte grosse Verwirrung in der Auffassung des Verhältnisses zwischen der Rubeola, dem Scharlachfieber und den Masern, indem einige Rubeola zu dem

---

[1]) Andr. Backer. Tidsskrift for praktisk Medicin 1882 S. 67.

[2]) Vglch. Thomas a. a. O. S. 360. In der späteren Zeit ist eine solche Coincidenz von Pocken und Scharlachfieber beschrieben von Skowronski (Oester. Jahrb. f. Pædriatik cit. nach Guttmanns Jahrbuch 1877 S. 209) und Wolberg (Berlin. klin. Wochenschr. 1882 Nr. 37).

Scharlachfieber oder den Masern rechneten (Hebra), während andere sie als eine Zwischenform der letztgenannten Krankheit auffassten und wieder andere der Rubeola eine „gewisse" Selbstständigkeit zuschreiben möchten[1]).

In den genannten Jahren fing aber eine richtigere Auffassung des Verhältnisses an sich geltend zu machen, indem Verfasser wie Trousseau, Thierfelder, Gerhardt, Thomas, Lebert, Köhler u. a. für die Selbständigkeit der Krankheit bestimmt das Wort nahmen[2]).

Es mag desshalb nicht wundern, dass die Auffassung des Verhältnisses zwischen dem Scharlachfieber und der Rubeola in den frühesten Berichten aus unserem Lande ein wenig unsicher ist, und dass die beiden Krankheiten in den Angaben mitunter nicht auseinander gehalten werden können. Es ist (wie aus der Tabelle I zu sehen ist) mitunter nothwendig gewesen die angegebenen Fälle von Rubeola mit zu nehmen.

Im Folgenden werde ich eine Uebersicht über die Orte geben, an welchen diese Krankheiten angeblich vereint aufgetreten sind:

1825. Scharlachfieber und „Rötheln" kamen gleichzeitig in Tönsberg und Fredrikshald vor.

1837. Es zeigt sich in Skien eine „Uebergangsform" zwischen dem Scharlachfieber und den Masern; ausserdem kamen auch 11 Fälle „ächten" Scharlachfiebers vor.

1841. Scharlachfieber und Rubeola kamen gleichzeitg in Drammen vor.

1842. Scharlachfieber, Masern und Rötheln kommen gemischt in Nordhordland vor.

1839—40. In Bergen kam eine Ausschlagkrankheit vor, die „Rötheln" genannt wurde, die aber offenbar als Scharlachfieber aufgefasst werden muss, weil sie mit heftigen Halsaffectionen auftrat und in ihrer Folge „Brust- und Bauchwassersucht", die viele Opfer forderten, hatte.

1859. Aus der Stadt Bergen werden einzelne Fälle von Scharlachfieber, die „leicht als erythemische Rubeola" aufgefasst werden

---

[1]) Als eine Curiosität kann angeführt werden, dass der grosse Heine die Rubeola als bei weitem gefährlicher als das Scharlachfieber ansah; so sollten in Berlin in der Zeit von 1784—94 an Rubeola **457**, an Scharlachfieber **172** und an Masern **53** gestorben sein. (Thomas: Rubeola a. a. O. S. 140).

[2]) In der späteren Zeit sind es besonders Buchmüller (Wiener med. Presse 1877), Parker Douglas (Lancet 1877) und Webb (Lancet 1880), die für die Specificität der Rötheln eingetreten sind.

können, erwähnt; — dasselbe Verhältniss wird auch im Jahre 1860 erwähnt.

1855. In Holmestrand wird Rubeola angegeben; Scharlachfieber wird nicht genannt, obgleich diese Krankheit im übrigen Amte epidemisch war.

1855—57. Im Districte Solör-Odalen kamen Scharlachfieber, Masern und Rötheln so unter einander gemischt vor, dass die Diagnose oft unmöglich war.

1864. Scharlachfieber und Rötheln kamen gleichzeitig in Kristiansand vor und wurden von den Aerzten unter eins angegeben (vergl. Tabelle III Amt Lister und Mandal).

1864—65. Von den ersten 17 in Drontheim vorkommenden Fällen von Scharlachfieber muss angenommen werden, dass sie Rubeola gewesen seien.

Aus untenstehender Tabelle, die die Zahl der Rubeola-Fälle im Lande seit dem ersten Jahre, für welche man Angaben hat (1868) und bis 1878 zeigt, wird man ersehen, dass Rubeola anscheinend im Jahre 1871 (das grosse Scharlachfieberjahr) culminirt hat, und dass sie später allmählich in geringerer Anahl mit einer bedeutenden Steigerung in den grossen Scharlachfieberjahren 1876—77 vorgekommen.

Die Angaben über diese Krankheit müssen aber als zu mangelhaft angesehen werden um darauf sichere Schlusssätze ziehen zu können.

1868	1869	1870	1871	1872	1873	1874	1875	1876	1877	1878
53	204	252	560	521	351	276	108	148	156	88

Ueber präventive Maassregeln gegen das Scharlachfieber.

Schliesslich werde ich mir erlauben kürzlich zu erwähnen, welche Erfahrungen man hinsichtlich des Einflusses präventiver Maassregeln auf die Epidemien und die Krankheit nach dem vorliegenden Materiale gemacht hat.

Die präventiven Maassregeln, die dem Gesetze vom 16. Mai 1862 zufolge getroffen werden sollen, können im Ganzen genommen in den Begriffen: Isolation und Desinfection eingeschlossen werden.

I. Isolation: Dieser Begriff umfasst Folgendes: Isolation der Kranken und der angesteckten Häuser, Errichtung von Isolations-localen, Schliessung der Schulen, Verbot gegen religiöse und Kinder-Versammlungen u. s. w.

II. Desinfection: Hierunter kann Folgendes aufgeführt werden: Lüftung, Reinigung, Entwicklung von Essigdämpfen, prophylactisches Gurgeln mit Carbolwasser, Bespritzungen und Waschungen mit Carbolsäurelösungen u. s. w.

Hinsichtlich der Frage wegen der Bedeutung der präventiven Verhaltungsmaassregeln im Ganzen theilen die Erklärungen in den Medicinalberichten sich in 2 Classen; die eine Classe betrachtet diese Vorkehrungen als nützlich um die Epidemien zu begrenzen, während die andere Classe sie ziemlich unnütz findet. Die Stellen wo der Nutzen solcher Vorkehrungen beobachtet worden, sind Folgende:

Orte	Jahr	Anmerkungen
Nannestad	1877	Ausgebreitete Epidemie.
Svelvig	1876	„ „
„	1877	3 Fälle.
Kongsvinger	1875	Einzelne Fälle im Hause des District-arztes.
Rendalen	1876	Grosse Epidemie.
Lom	1877	2 Fälle.
Kilebygden	1878	Die Krankheit breitete sich äusserst rasch aus; das Schliessen der Schulen wirkte gut.
Evje	1876	Epidemie.
Aamli	1877	14 Fälle.
Sätersdalen	1877	4 Fälle.
midtre Sogn	1877	Einzelne Fälle.
östre Söndmöre . . .	1875 u. 1878	„ „
Stadt Drontheim . . .	1865	Epidemie.
Levanger	1877	5 Fälle in einem isolirt gelegenen Hofe.
Stenkjär	1878	Einzelne Fälle.

Von Fortun in Lyster wird im Jahre 1878 von einem Manne erzählt, der jedem fremden Menschen den Zugang zum Hause verweigert und nur auf dem Hofplatz mit Leuten gesprochen haben soll; seine Kinder gingen frei aus, während sämmtliche Nachbarhäuser inficirt waren.

Es muss bemerkt werden, dass die Krankheit in über der Hälfte der aufgeführten Fälle auf wenige Personen eingeschränkt gewesen, so dass es also verhältnissmässig leicht gewesen ist eine effective Isolation zu Stande zu bringen.

Betrachtet man jetzt die Fälle, in welchen die präventiven Verhaltungsmaassregeln keinen Nutzen gebracht haben, muss bemerkt werden, dass häufig über den Fatalismus und die Gleichgiltigkeit des Volkes, an denen jeder Versuch die Verordnungen der Aerzte durchzusetzen, scheitert, geklagt wird. Bezeichnend ist es, dass der Districtsarzt Höegh [1]) als die erste Verhaltungsregel die Nothwendigkeit hervorhebt das Volk dazu zu bringen an das Ansteckungsvermögen der Krankheit zu glauben.

Die oben erwähnten Klagen schreiben sich von Eidsberg (1876), Röken (1877), Hallingdal (1876), Holmestrand (1876), söndre Osterdalen (1875—77), Skien (1876) und Tin (1876—77).

Directe Erklärungen. dass Isolation, Schliessen der Schulen u. s. w. wenig oder nichts geholfen haben, liegen von folgenden Orten vor:

Hedemarken (1875—78): „Die Verhaltungsmaasregeln zeigten sich nicht wirksam, selbst da nicht, wo sie innegehalten wurden. weil der Ansteckungsstoff auf 2. und 3. Hand überführt wurde, und die leichten Fälle, als Angina u. s. w. geeignet waren die Krankheit zu verpflanzen." (Grosse Epidemie.)

Tvedestrand (1876): „Die Krankheit hielt sich hier 2 Jahre. Nach der Meinung des betreffenden Arztes hat die Isolation bewirkt, dass die Krankheit sich jetzt in die Länge zieht, während früher mehrere Personen in kurzer Zeit ergriffen wurden, wonach die Epidemie vorbei war."

Ostre Nedenäs (Moland 1876). Die Epidemie setzte ihren Weg fort jeder Desinfection und Isolation zum Trotz.

In indre Nordhordland (1871—72) wirkte die Isolation nur dahin, die Krankheit in die Länge zu ziehen, so dass die Bevölkerung zuletzt schlaff und fatalistisch wurde und die Krankheit gehen liess, wie sie wollte.

In Laardal (1877) hörte die Epidemie von selbst auf. obgleich Isolation u. s. w. nicht gehalten wurden.

---

[1]) Bilag til Medicinalberetningen for 1867.

In Eivindvik in ytre Sogn (1877) waren Veranstaltungen unnütz, weil die Krankheit sich zu stark ausgebreitet hatte.

In Nordfjordeidet (1867) wirkte Isolation und Schliessen
der Schulen wenig.

Von der Stadt Drontheim wird im Jahre 1877 bemerkt,
dass das strenge Verbot gegen den Schulbesuch die Folge hatte, dass
die Eltern oft die Krankheit verhehlten.

Von Toten (1876—78) meldet man dasselbe Verhalten in Bezug auf die Arbeitsleute.

Speciell über Desinfection habe ich folgende Bemerkungen gefunden:

In der Stadt Bergen schienen im Jahre 1867 Essigdämpfe, in
den Zimmern entwickelt, die Ausbreitung der Krankheit in der Familie hindern zu können.

Von Frosten schreibt man im Jahre 1872, dass prophylastisches
Gurgeln mit Carbolwasser gute Wirkung hat.

Von Alten wird im Jahre 1878 gemeldet, dass Waschen in den
Zimmern mit Carbolsäureauflösungen und das Aufspritzen der Bettwäsche ebenfalls mit Carbolsäurelösungen die Ausbreitung der Krankheit ziemlich viel gehindert haben. —

Zum Beweise, dass die natürlichste Desinfection — frische Luft —
einen sehr günstigen Einfluss hat, werde ich nachstehende Bemerkung
von Hadeland-Land und ytre Hardanger, die schon früher erwähnt
worden sind, anführen:

Von Hadeland-Land wird im Jahre 1877 geschrieben, dass
die Krankheit dort gelinder verlief, wo die Kinder sich in der Luft
aufhielten, und dass die Ansteckungsgefahr geringer war, wo die
Kinder in der Küche, bei fortwährendem Luftwechsel, lagen.

Von ytre Hardanger und Land wird gemeldet, dass die
Krankheit in Zimmern ohne Oefen („Rögstuer") gelinder als in mehr
modernen Stuben, verlief[1].

Von Skien wird bemerkt (1876), dass Desinfection, Auslüften,
Reinwaschen u. s. w. im Winter in den Häusern der Armen oft sehr
schwer zu effectuiren war, weil die Wohnungen oft nur aus einem
Zimmer bestanden. —

In der Literatur ist ausserdem die Frage über präventive Maassregeln in der Versammlung der medicinischen Gesellschaft am

---

[1] Vgl. hiermit die interessante Bemerkung Dahls in „Til Oplysning om
Lungesvindsotten i Norge." N. Mag. for Lägev. 1879. S. 429.

14. November 1866 (ausserordentliche Versammlung) discutirt worden, in welcher Versammlung mehrere Stimmen gegen eine strenge Isolation und gegen Schulverbot für Kinder aus den angesteckten Häusern das Wort nahmen.

Als Resultat der Discussion fertigte Steffens ein Circular-schreiben an sämmtliche Aerzte in der Stadt aus, in welchem denselben empfohlen wurde:

1) darauf zu achten, dass Leib-, Bettwäsche etc., die von den Kranken benutzt worden waren, so weit möglich gereinigt werden,

2) auf die Ansteckungskraft der Krankheit aufmerksam zu machen, sowie auf die Nothwendigkeit fremden Personen (besonders Kindern) Zugang zu den Kranken zu verbieten, und

3) den Umständen nach und im Falle, dass keine sichere Trennung der kranken und gesunden Kinder sich bewerkstelligen lässt, den Eltern und Versorgern angerathen, die gesunden Kinder (besonders diejenigen unter 14 Jahren) von der Schule fern zu halten.

Im Jahre 1869 war die Sache schon wieder auf der Tagesordnung in der medicinischen Gesellschaft, indem es in der Versammlung am 3. November wieder discutirt wurde, ob es zulässig sei und nützlich mit Verordnungen wegen Isolation („Kommunales Absperrungssystem"), mit Schulverbot, mit Zettelanschlagen an den inficirten Häusern und mit Anzeigepflicht für die Aerzte in das private Leben einzugreifen. Solche Maassregeln, die von der Gesundheitscommission verordnet waren, erzeugten auch von mehreren Seiten einen starken Widerstand, und mehrere Aerzte sandten auch der Gesundheitscommission einen Protest zu.

Diese Maassregeln scheinen übrigens auch nichts Besonderes genützt zu haben, denn die Epidemie gewann eine ganz ausserordentliche Ausbreitung.

Es liegt indessen ausser dem Plane dieser Arbeit näher auf diese Discussionen, auf die in Verbindung hiermit stehenden heftigen Schreibereien in den Zeitungen oder auf die Kritik Prof. Fayes über die präventiven Verhaltungsmaassregeln (Abhandlung in Nord. med. Archiv 1872 No. 8 S. 11) einzugehen.

Thoresen[1]) hält es für nothwendig, bei dem ersten Zeichen des Daseins der Krankheit zu isoliren und alles, was mit den Kranken und sogar mit den übrigen Bewohnern des Hauses in Berührung gewesen, zu desinficiren, während er in Bezug auf die Landdistricte

---

[1]) Norsk Mag. f. Lägev. 1867 S. 207 und 1872 S. 67.

eine durchgeführte Isolation, wenn die Epidemie einen bedeutenderen Umfang genommen hat, sehr schwer durchzuführen findet, indem es der Bevölkerung sowohl an Willen wie an Vermögen fehlte; in den grossen Städten meint er doch, dass das Verhältniss sich etwas anders stellt.

Dahl[1]) hebt auch die Nothwendigkeit präventiver Maasregeln, deren Nutzen er besonders den ersten Fällen gegenüber einleuchtend findet, hervor[2]).

---

[1]) Den offentlige Sundhedspleie S. 43.

[2]) Als ein Seitenstück zu dem oben Erwähnten erlaube ich mir auf den Vortrag Henochs in der Berl. med. Gesellschaft vom 21. Febr. 1883 und die daran angeknüpfte interessante Discussion hinzuweisen (Berl. klin. Wochenschrift 1883 Nr. 25 und 26). Hier sollen die Forderungen Henochs und Veits, dass die Kinder der angesteckten Familien von der Schule ausgeschlossen werden sollen, diejenige Bagenskys auf Isolirhospitäler und das Desinfectionsverfahren Goldschmidts, das im Baden der kranken Kinder, Abreiben mit Speck und Pudern mit Salicylpuder besteht, hervorgehoben werden.

Pierer'sche Hofbuchdruckerei. Stephan Geibel & Co. in Altenburg.

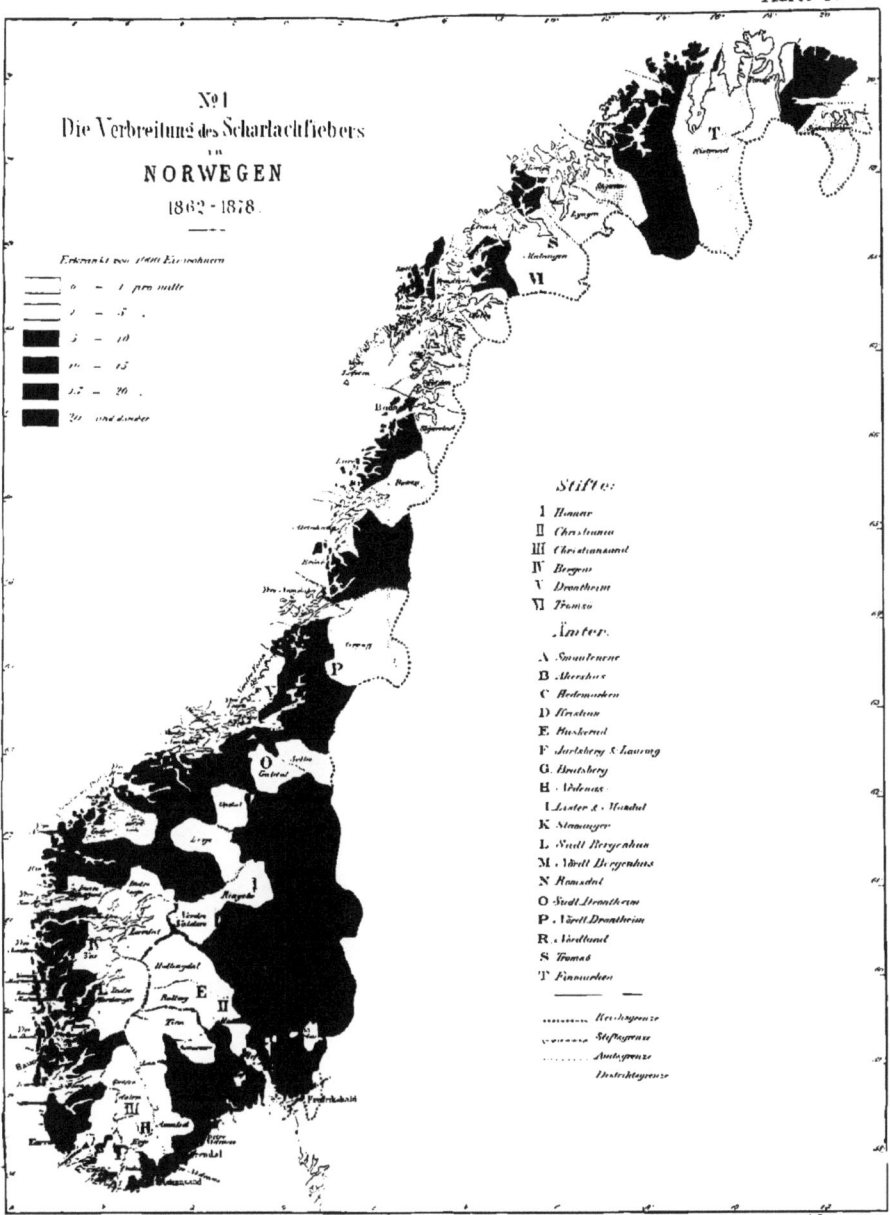

№ 1

Die Verbreitung des Scharlachfiebers
in
NORWEGEN
1862 - 1878.

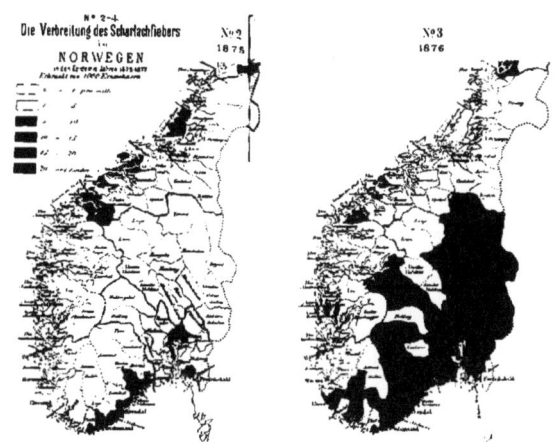

N.º 2-4.
Die Verbreitung des Scharlachfiebers
in
NORWEGEN
in den letzten Jahren 1875-1877
Erkrankt per 1000 Einwohner

N.º 2
1875

N.º 3
1876

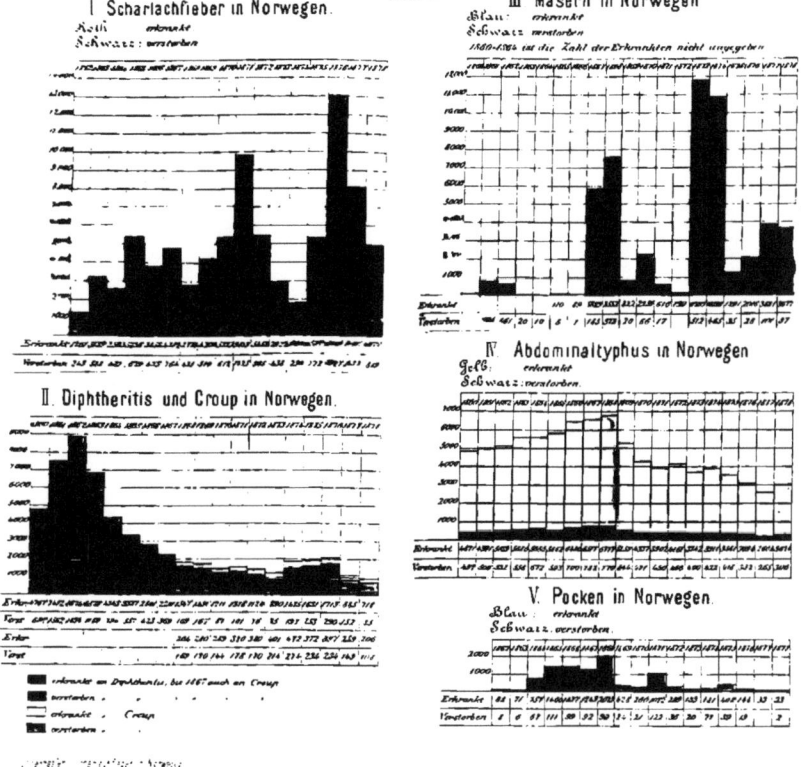

Graphische Darstellung

der an Scharlachfieber, Diphtheritis, Masern, Abdominaltyphus und Pocken
Erkrankten und Verstorbenen in Norwegen 1862-1878

Taf. A

Graphische Darstellung

Taf B.

der am Scharlachfieber Erkrankten und Verstorbenen
in Kristiania und in den Aemtern Akershus, Hedemarken, Südl Drontheim
1863 - 1878

Roth erkrankt.
Schwarz verstorben.

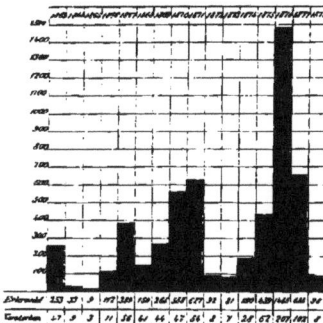

I Kristiania.

II Akershus Amt.

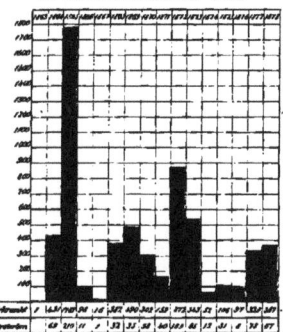

III. Hedemarkens Amt.

IV. Südl. Drontheims Amt.

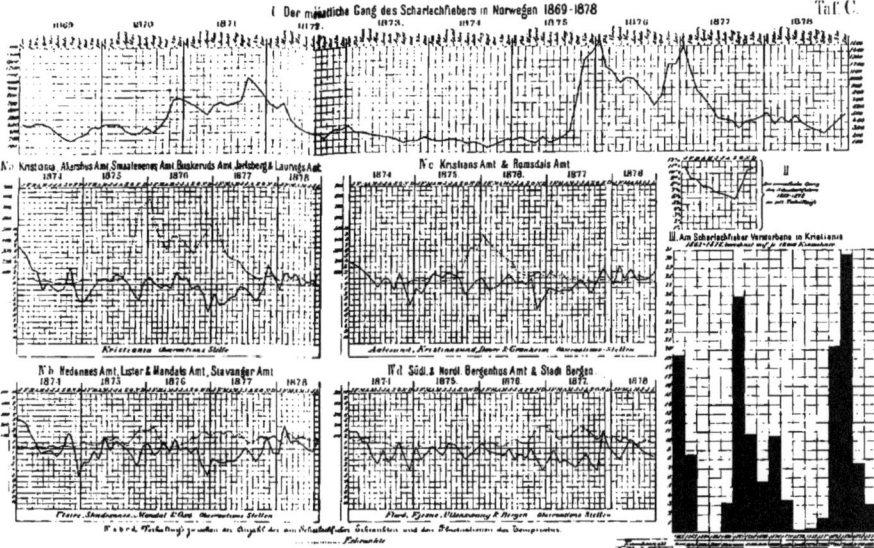

I. Der monatliche Gang des Scharlachfiebers in Norwegen 1869-1878

Taf. C.